Udo Achten

Dieses Jahr schenken wir uns nichts …
… uns wird nichts geschenkt.

Ein Bilder-/Lesebuch zu Weihnachten

Christel, Weihnachten 2015

1. Auflage September 2005
2. Auflage November 2010
Satz und Gestaltung: Udo Achten
Realisation: Klartext Medienwerkstatt GmbH, Essen
Druck und Bindung: Aalexx Buchproduktion GmbH, Großburgwedel

ISBN 978-3-89861-396-5

www.klartext-verlag.de

Dieses Jahr schenken wir uns nichts …
… uns wird nichts geschenkt.

Ein Bilder-/Lesebuch

Udo Achten

VORSICHT ES WEIHNACHTET!

Ach du liebe Weihnachtszeit

Der Weihnachtsrummel, beginnend im September mit Lebkuchen und leerer Urlaubskasse, steigert sich bis zum Adventendspurt. Wir haben beschlossen: Diesen Stress machen wir nicht mehr mit. Allgemeine Beschlusslage: „Diesmal schenken wir uns nichts.“
„Diesmal“ zeigt Mut zur Alternative, lässt jedoch auch erahnen, dass ähnliche Vorhaben schon hinter uns liegen. Ergebnis: Es werden zu Weihnachten kleine Geschenke ausgetauscht – wenn auch bescheidener als früher; nicht selten auch Gutscheine, weil im Weihnachtsstress keine Zeit war, das Entsprechende zu finden, oder sich die Preise im Einzelhandel gut in vor- und nachweihnachtlich einteilen lassen.
Weihnachtsstimmung wird allen abverlangt. Ob jedoch eine solche Stimmung auch die Verkäuferin im Einzelhandel erfasst, der man gerade das Weihnachtsgeld gekürzt und die Arbeitzeit verlängert hat, ist nicht auszumachen, denn die Teilzeitkraft lächelt immer freundlich, obwohl ihr vom endlosen Stehen die Füße brennen.
Stimmung, dass wissen wir Rheinländer, muss man erzeugen. Als unsere Tochter, der wir freigestellt hatten, am Religionsunterricht teilzunehmen, vor Weihnachten im Musikunterricht die fehlende Dosis Religionsunterricht eingetrichtert bekommen sollte, schritten wir ein.

> Am 25. Dezember, fum, fum, fum!
> Kam zur Welt ein herz‘ger Bub
> wie Milch und Blut.
> In dem Stalle ward‘s geboren,
> von der Jungfrau auserkoren,
> fum, fum, fum!
>
> S‘ ist 25. Dezember, fum, fum, fum!
> S‘ ist der Tag der Christgeburt,
> der größte Tag der Christgeburt,
> der größte Tag:
> Wenn wir heimgeh'n von der Metten,
> lassen wir es uns gut schmecken,
> fum, fum, fum!

Unser Einwand gegen eine solche Art der Beeinflussung wurde mit dem Argument gekontert, dass es hier nicht auf das Textverständnis, sondern auf den musikalischen Kontext und die Pflege der Tradition ankomme. Uns wollte das nicht so recht einleuchten, es steht im Widerspruch zu unseren Erziehungsbemühungen. Und: Bei militaristischem oder faschistischem Liedgut lassen wir doch auch nicht gelten, dass es hier „nur um die Musik“ ginge, wenn etwa in Bierglückseligeit zu später Stunde das Lied vom „Polenmädchen“ erschallt. Auch bei Liedern geht es immer um den Inhalt und dessen geschichtlichen Hintergrund.
Da es sich in diesem Fall um eine an der Montessori-Pädagogik ausgerichtete Schule handelte, mussten wir uns mit dem Argument auseinander setzen, dass diese Schule zwar nicht konfessionell gebunden, jedoch eine christliche Schule und unsere Verfassung auch christlich orientiert sei.
Wie heißt es in dem chemisch gereinigten Weihnachtslied von Erich Kästner:

> Kopf gut schütteln vor Gebrauch!
> Ohne Christbaum geht es auch.
> Tannengrün mit Osrambirnen –
> lernt drauf pfeifen! Werdet stolz!
> Reißt die Bretter von den Stirnen,
> denn im Ofen fehlt's an Holz!
> Stille Nacht und heil'ge Nacht –
> weint, wenn's geht, nicht! Sondern lacht!
> (…)
> Gottes Güte reicht so weit …
> Ach, du liebe Weihnachtszeit!

Die im Grundgesetz garantierte Freiheit der Religionsausübung ist keine einseitige Festlegung auf den christlichen Glauben, vielmehr ist Platz für unterschiedliche weltanschauliche Bekenntnisse bis hin zu den „Ungläubigen“. Unbestreitbar ist unsere Kultur durch die christliche Religion geprägt – aber auch durch die Aufklärung. Dass es sich hier nicht allein um unpolitische Traditionspflege handelt, kann man auch an

dem Streit um das Kruzifix im Klassenzimmer und der Auseinandersetzung um die EU-Verfassung sehen. Es ist es zu begrüßen, dass auch in der zukünftigen Europäischen Verfassung kein „Gottesbezug“ – wie von einigen christlichen PolitikerInnen gefordert – enthalten ist.
Frieden und soziale Gerechtigkeit wird von den Kanzeln gepredigt. Werte, für die es sich zu streiten lohnt. Die gesellschaftliche Wirklichkeit muss immer wieder mit diesen Idealen verglichen werden. In den Weihnachtsnummern der satirischen Zeitungen der Arbeiterbewegung *(Süddeutscher Postillon, Der wahre Jacob, Lachen Links)*, die unter anderem für das vorliegende Buch ausgewertet wurden, wird immer wieder in Zeichnungen, Gedichten und Geschichten aufgegriffen, dass „der Heiland“ noch nicht erschienen sei, der der Welt den Frieden bringe. Hohe Ideale können zwar Ziel und Wunschvorstellung und somit Anleitung zum Handeln sein, jedoch auch das Gegenteil: das Vertrösten auf eine ferne Zukunft. Die so hoch gelobte christliche Nächstenliebe entpuppt sich nicht selten als Krankenpflege statt Therapie. Die „Ware“ Weihnacht ist nicht die wahre Weihnacht. Alle Jahre wieder feiern wir die Ankunft des Erlösers und beklagen zugleich, das Fest sei nichts als Konsumterror; statt Liebe und Frieden bringt das Jahresende regelmäßig Stress und Hetze, in den Familien gibt es Streit. Hinter jedem Weihnachtsmann steckt ein Geschäftsmann, der laut ruft „KOMMET IHR KUNDEN!“ Kunden sind jedoch nur welche, die es sich leisten können.
Über 200 neue und alte Geschichten, Gedichte, Polemiken, Karikaturen und Zeichnungen wurden in dieses Weihnachtsbuch aufgenommen. Mit wenigen Strichen kann man manchmal mehr sagen als mit vielen Worten. Es sind nicht selten Polemiken, die durch Weglassen der Zwischentöne eine Aussage auf den Punkt bringen. Das kann schmerzen, ist nicht selten beißend – soll es auch. Durch das Schellengeläut muss man auch das Stöhnen der Getroffenen hören. Satire will durch Überhöhung Aufmerksamkeit erzeugen, nicht selten in der Hoffnung, dadurch aufklärend zu wirken.
Die Besinnung auf Frieden und die Hoffnung auf eine bessere Welt verbinden sich nach wie vor mit Weihnachten. Diese Bedeutung ist dem Weihnachtsfest nicht auszutreiben und wird immer im Gegensatz stehen zur „Ware“ Weihnacht. Aus diesem Spannungsverhältnis beziehen viele Bilder und Texte des Buches ihre Triebkraft und garantieren eine vergnügliche und manchmal auch nachdenkliche Lektüre. Kopf gut schütteln vor Gebrauch, heißt es bei Erich Kästner. Dennoch muss man bei Ablehnung von allzu lautem Schellengeläut nicht zum Weihnachtshasser werden.

Inhalt

Im Kreise froher Weihnachtsgäste – sei uns gegrüßt, o Lichterbaum!

Sohn Gottes – Jesses Maria, es ist ein Mädchen.

Reißt die Bretter von den Stirnen – denn im Ofen fehlt's an Holz.

Die Ware Weihnacht – ist nicht die wahre Weihnacht.

… uns wird nichts geschenkt.

Frieden – darf nicht nur ein Wunsch sein

Wenn die fünfte Kerze brennt – hast du Weihnachten verpennt.

Süßer die Glocken nie klingen,
oder Wird Weihnachten abgeschafft?

Weihnachten

Weihnachten (Christfest, Natale Domini), ursprünglich das heidnische Julfest (s.d.), das Fest der winterlichen Sonnenwende; in der Folge das Geburtsfest Christi, welches in jene Zeit fiel und mit vielen heidnischen Gebräuchen des alten Festes auch dessen passende deutsche Bezeichnung („heilige Nacht") annahm. Warum man, da der wirkliche Geburtstag Jesu niemals hat ausgemittelt werden können, gerade den 25. Dezember dazu gewählt hat, lässt sich nicht mit Bestimmtheit sagen. Nach einigen geschah es, weil dieser Tag im Altertum als Tag der Sonnenwende angesehen wurde und daher bei den Römern Dies natalis invicti, Geburtstag der Unbesiegten (Sonne), hieß, eine Bezeichnung, die sich leicht auf Christus, das Licht der Welt, beziehen ließ. Nach andern war es bloß die Folge der auf mystischen Berechnungen und prophetischen Äußerungen beruhenden Annahme des 25. März als feststehenden Tages der Empfängnis Christi. Gewiss ist, dass der 25. Dezember als Geburtstag Christi in dem römischen Festverzeichnis von 354 zum ersten Mal im Abendland erwähnt wird, und dass im Orient der 6. Januar, das Fest der Erscheinung Christi, auch für das seiner Geburt galt, bis das letztere durch ein Gesetz des Kaisers Justinian ausdrücklich auf den 25. Dezember verlegt und seitdem in allen christlichen Kirchen gleichmäßig an diesem Tage gefeiert wurde. Das Fest des hl. Stephan (26. Dezember) kommt schon in den ersten Jahrhunderten der Kirche vor und wurde später als zweiter Weihnachtsfeiertag begangen. Auf einem Konzil zu Mainz wurden sogar vier Weihnachtstage angeordnet, welche jedoch später auf drei reduziert wurden, bis nach Preußens Vorgang (1773) fast allenthalben auch der dritte Feiertag als kirchlicher Festtag aufgehoben wurde. Die Feier der eigentlichen Christnacht, d.h. der Nacht vor dem Feste, wurde früher sehr festlich begangen (Christmetten), wobei besonders dramatische Darstellungen der Geburt Christi vorgeführt wurden (s. Weihnachtsspiele). W. bildet auch in dem Kirchenjahr einen besonderen Abschnitt (Weihnachtszyklus), der vom ersten Adventssonntag bis zum Hohen Neujahr (6. Jan.) reicht. Die sogen. Christbescherung, die man jedoch nur in Deutschland und Skandinavien antrifft, hängt zwar, wie der Christ- oder Weihnachtsbaum (s.d.), mit alteinheimischen Vorstellungen zusammen, fand aber in der christlichen Idee von W. einen geeigneten Anhalt, wodurch das ganze Fest noch außerdem die Bedeutung eines Kinderfestes erhielt, welche es jetzt in Deutschland hat. Vgl. Strauß, Das evangelische Kirchenjahr (Berlin 1850); Sandys, Christmas-tide (2. Aufl., London 1860); Usener, Religionsgeschichtliche Untersuchungen, 1. Teil: „Das Weihnachtsfest" (Bonn 1888); De Lagarde, Altes und Neues über das Weihnachtsfest (Göttingen 1891); Tille, Geschichte der deutschen Weihnacht (Leipzig 1893).

Meyers Konversations-Lexikon,
Ein Nachschlagewerk des Allgemeinen, 1897

Alle Jahre wieder

Wilhelm Hey

Alle Jahre wieder
kommt das Christuskind
auf die Erde nieder,
wo wir Menschen sind.

Kehrt mit seinem Segen
ein in jedes Haus,
geht auf allen Wegen
mit uns ein und aus.

Steht auch mir zur Seite
still und unerkannt,
dass es treu mich leite
an der lieben Hand.

Stille Nacht, heilige Nacht

Joseph Mohr

Stille Nacht, heilige Nacht!
Alles schläft, einsam wacht
nur das traute, hochheilige Paar.
Holder Knabe im lockigen Haar,
schlaf in himmlischer Ruh,
schlaf in himmlischer Ruh!

Stille Nacht, heilige Nacht,
Hirten erst kundgemacht.
Durch der Engel Halleluja
tönt es laut von fern und nah:
Christ, der Retter ist da,
Christ, der Retter ist da!

Stille Nacht, heilige Nacht!
Gottes Sohn, o wie lacht
lieb aus deinem göttlichen Mund,
da uns schlägt die rettende Stund,
Christ, in deiner Geburt,
Christ, in deiner Geburt!

Stille Nacht, heilige Nacht,
lange schon uns bedacht,
als der Herr, vom Grimme befreit,
in der Väter urgrauer Zeit
aller Welt Schonung verhieß,
aller Welt Schonung verhieß!

Der Friedensengel.
Gezeichnet von Rata Langa in Rom.

Weihnachten bringt alles durcheinander

Georg Kreisler

Ich wasch mich jeden Morgen so um sieben,
geh jeden dritten Mittwoch zum Ballett,
schreib Mutter jeden Elften
und in beiden Monatshälften
geh ich einen Tag besonders früh zu Bett.
Ich schwimm im Sommer dienstags nach der Arbeit
und kriege jeden Fünfzehnten mein Geld.
Ich darf an jedem Achten
bei der Käthe übernachten,
wenn der Neunte nicht auf einen Montag fällt.

Ich esse mittags stets in der Kantine.
Dort isst man billig, wenn auch schlecht.
Ich fahre jeden Sonntag raus ins Grüne,
und wenn es regnet, dann erst recht.

In andern Worten, ich bin sehr zufrieden,
ich hab mein Leben sorgsam arrangiert,
nur Weihnachten bringt alles durcheinander,
durcheinander, durcheinander.
Die Leute bevölkern die Straßen
bis spät in den Abend mit tausend Paketen
und sind so zerstreut und verworren
und irgendwie glücklich, man könnte sie treten.

Ich irre umher, und ich weiß nicht wohin
und mein Leben wird zum Labyrinth,
in dem ich warten muss,
bis der Alltag wieder beginnt.
Der Alltag kommt und mit ihm meine Freude.
Ich darf mich wieder kurz nach sieben rasieren,
trink abends meinen Schoppen,
darf mir Untergebene foppen
und mir allzu Untergebene ignorieren,
darf wieder meine Vorgesetzten grüßen –
nach Weihnachten erwidern sie's nicht so schnell –
darf wieder streng vermeiden,
mich so weit zu unterscheiden,
dass man glaubt, ich wäre individuell.

Ich gehe durch die Straßen mit Migräne
und lächle niemals, wo ich geh.
Ich zeige überhaupt nie meine Zähne,
außer beim Zahnarzt, da tut's auch weh.

In andern Worten, ich bin sehr zufrieden.
Mein Leben ist vor allen Dingen ernst.
Nur Weihnachten bringt alles durcheinander,
durcheinander, durcheinander.
Denn plötzlich erwartet man grundlos,
ich solle die ärmeren Leute bedauern,
womöglich am Boden mit rotzigen Kindern
bei 'nem schäbigen Tannenbaum kauern.
Zu Weihnachten wird die Bevölkerung verrückt,
jeder Bettler bekommt Appetit.
Da muss man stark sein,
sonst macht man am Ende noch mit.

Von Zeit zu Zeit betracht ich meine Umwelt.
Die meisten Menschen halten ziemlich dicht.
Man arbeitet, man frisst was,
manchmal fühlt man, man vermisst was,
aber trotzdem tut man immer seine Pflicht.
Man fährt zur Kirche oder nach Italien,
man kauft sich erst ein Auto, dann ein Haus,
man kriecht entlang des Lebens –
dass man jung war, war vergebens –
und man sucht sich einen Lieblingsfilmstar aus.

Man ließe sich fürs Vaterland zerlegen,
man wählt den Kanzler, schreit hurra
und geht der Zukunft frohgemut entgegen.
Erst wenn sie da ist, ist sie da.

In andern Worten, ich bin sehr zufrieden.
Die meisten Leute sind genau wie ich.
Nur Weihnachten bringt alles durcheinander,
durcheinander, durcheinander.
Die Menschen vergessen die Zukunft,
vor allem diejenige, die schon gewesen.
Sie kaufen einander Geschenke,
darunter auch Bücher, die könnten sie lesen.
Zu Weihnachten ziehn sich die Völker zurück,
man wird weich und empfindsam und schlapp.
Deutschland erwache! Schaff Weihnachten ab!

Weihnachtsfeier

Der Wahre Jacob, 1899

Merkt auf, ihr Kinder, große, kleine!
Es naht der alte Märchentraum,
es funkelt in der Kerzen Scheine
in bunter Pracht der Weihnachtsbaum.
Da kommt der Friede auf die Erde,
da flammt des Mitleids mildes Licht,
man spricht mit segnender Gebärde
von Menschenliebe, Bruderpflicht.

Die Welt durchfliegt die Friedenskunde –
in Transvaals blutigen Wüsteneien,
stellt Kitchener auf eine Stunde
vielleicht sogar das Morden ein.
Und, eine Rührungsträne im Blicke,
beim Klang der Weihnachts-Liturgie,
fällt König Eduard der Dicke
vor Onkel Krüger auf die Knie.

Der Weihrauch dampft, die Orgeln brausen,
es tönt wie himmlischer Gesang –
des Wucherers Herz erfasst ein Grausen,
bei diesem wundersamen Klang.
Denn er gedenket seiner Sünde
und fühlt, dass er sie sühnen muss,
drum schenkt er einem armen Kinde
in Gnaden eine Pfeffernuss.

Der Weihnacht freudenreiche Tage,
ja, das ist eine heilige Zeit,
da fühlt sich von des Alltags Plage
das arme Menschenherz befreit;
da werden selig unsre Seelen,
versenken sich in Andacht tief –
man wird indes das Brot uns stehlen,
beim Schachern um den Zolltarif.

Auch du sollst mir das Fest nicht meiden,
du hartgesottener Sozialist,
sollst mit dem Sonntagsrock dich kleiden,
sofern er nicht im Leihhaus ist.
Und dringt die Botschaft dir zu Ohren
der Kirche, der Verkünderin,
dass der Erlöser sei geboren,
du stimmst ihr zu – in deinem Sinn.

Wird Weihnachten abgeschafft?

Hanna Hanisch

Wie ein graues Tuch hängt der Himmel über der Siedlung. Nieselschnee fällt auf Achims Haar. Er prellt seinen Fußball gegen ein Garagentor. Jedes mal gibt es einen dumpfen Ton. – Da kommt die Stimme von oben: „Hör endlich auf mit dem Gepolter! Das klingt ja grässlich!“ Der alte Bokelmann! Achim kennt ihn. Immer hat er etwas zu meckern.

Achim setzt sich auf den Abfalleimer, den Fußball zwischen den Beinen. Noch fünf Tage bis Weihnachten! Ist denn niemand auf dem Vorplatz, mit dem er spielen kann? Werner ist mit seiner Mutter in die Stadt gegangen. Achims Mutter kommt erst gegen sieben nach Hause. Vor Weihnachten wird es immer so spät im Geschäft. Was tun? Nach oben zu gehen hat Achim keine Lust. Im Fernsehen gibt es doch nur Kleinkinderkram.

Zwei Arbeiter gehen vorbei. Einer trägt einen verschnürten Baum unterm Arm. „Ich habe noch keinen Baum besorgt“, sagt der andere. „Im vorigen Jahr waren sie Heiligabend um die Hälfte billiger. Überhaupt, der ganze Rummel! Von mir aus kann Weihnachten abgeschafft werden.“ Achim hört nicht mehr, was der andere darauf antwortet. Ihm ist plötzlich kalt im Rücken geworden. Was meint der Mann? Weihnachten abschaffen? Kann man etwas abschaffen, das es schon immer gibt? Achim umkrallt seinen Ball. Gibt es Weihnachten nicht schon immer? Nicht schon seit zweitausend Jahren? So hat er es doch gehört. Eine lange Zeit! Warum gefällt es dem Mann jetzt nicht mehr? Abschaffen! Oma Lettwig hat im Herbst ihren Hund abschaffen müssen. Er hatte die Mieter gestört. Noch lange Zeit hat sie deshalb geweint. Aber Weihnachten! Kann man das auch abschaffen wie einen Hund, der die Leute stört?

Achim rutscht vom Eimer und fingert nach seinem Schlüssel. Oben klingelt er bei Oma Lettwig. Zum Glück ist sie zu Hause. Warmer Dunst schlägt ihm entgegen, als er die Tür öffnet. „Ich bin beim Backen“, sagt Oma Lettwig. „Wenn du dir die Finger wäschst, kannst du mir ausstechen helfen.“

Achim ist es recht. Nur jetzt nicht allein sein müssen!

Auf der Kommode hat Oma Lettwig ihre Figuren aufgestellt. Achim kennt sie vom letzten Jahr: kleine Engel mit kurzen Hemden und nackten Füßen. Jeder spielt ein anderes Instrument. Sie haben ihm eigentlich immer gut gefallen. Jetzt kommen sie ihm plötzlich albern vor.

Er sticht Herzen und Sterne aus, Monde und Blumen. Seine Finger erwärmen sich und werden geschickter.

Was hat doch der Mann auf der Straße gesagt? „Kann man Weihnachten abschaffen?“ Im gleichen Augenblick hat er es laut gesagt. Es ist heraus. Oma Lettwig schaut ihn erschrocken an. „Wie kommst du denn darauf?“ „Nur so. Ein Mann hat es gesagt. Es stört ihn. Zuviel Rummel.“

Oma Lettwig antwortet nicht. Sie knetet die Teigreste zusammen, rollt sie von neuem aus und drückt die Förmchen hinein. Achim hängt seinen Gedanken nach. Es stimmt: Im Kaufhaus, wo die Mutter an der Kasse sitzt, drängen sich die Leute. Es ist hell und warm dort, die Menschen lachen und reden. Hier bei Oma Lettwig ist es auch sehr gemütlich. Aber ist das Weihnachten? Weihnachten muss doch noch etwas anderes sein. Der Mann ist schuld, dass seine Weihnachtsfreude plötzlich einen Sprung bekommen hat.

Ob der Sprung wieder heilt? Oder wird Achim nun über Weihnachten nachdenken müssen, bis er das Geheimnis entdeckt? Ein Geheimnis muss dahinter stecken, das spürt er genau. Auch Oma Lettwig scheint es zu wissen. Aber sie schweigt noch immer.

Wir sind eine demokratische Familie

Max von der Grün

Vor drei Jahren beschlossen wir, in unserer Familie Weihnachten abzuschaffen. Drei stimmten dafür: ich, meine Frau und meine Tochter. Sohn Frank, damals erst drei Jahre alt, enthielt sich der Stimme, er sagte nur, als er gefragt wurde: Ei ei. Das brachte uns auf einen Kompromiss, denn keinen Baum in der Wohnung zu haben an Weihnachten war uns, trotz wilder Entschlossenheit, mit diesem bürgerlichen Relikt zu brechen, doch nicht geheuer.
Seitdem putzen wir am Heiligen Abend, genau ab 14 Uhr, eine Tanne (aus dem Sauerland) mit gefärbten und ausgeblasenen Eiern. Es ist ein wunderschöner bunter Baum, die Eier werden von uns, immer genau sechzig Stück, Tage vorher in Heimarbeit und mit vergnüglicher Gemeinsamkeit, ausgeblasen und bemalt. In der Küche. Es gibt bis zum Heiligen Abend nur Eierspeisen, denn irgendwo muss das, was sich innerhalb der Schalen befindet, ja bleiben. Ein aufgeklärter, aber zufällig zu den Feiertagen angewehter Besucher stand staunend vor dem Baum und sagte: Ein Antibaum. Dem Besucher, Jurist aus alter deutscher Pastorenfamilie, war anzusehen, dass es ihm schmeichelte, in so einer fortschrittlichen Familie Gast zu sein. Er bestaunte die Eier gehörig, meinte, da sei wohl viel Arbeit dran. Er befühlte die Eier und war noch mehr beeindruckt, weil etliche mit Wasserfarbe, etliche mit Öl bepinselt waren, konkrete und abstrakte Musterung.
Damit aber nicht genug. Die 18 Weihnachtsplatten, die meisten davon LPs, wanderten in den Kleiderschrank ganz nach hinten, wo meine seit dreißig Jahren nicht mehr benützte Geige in einem vergammelten Kasten schmort, damit wir nicht der Versuchung erliegen sollten, sie abzuspielen, denn wir hatten uns im Laufe der Zeit eine Menge Frühlingslieder gekauft. Die spielen wir immer ab zum Heiligen Abend, nämlich: Der Mai ist gekommen, oder: Alle Vöglein sind schon da, oder: Am Brunnen vor dem Tore.
Meine Tochter, sie steht vor dem Abitur, meinte zwar, was wir trieben, sei reaktionär, aber sie konnte es doch nicht lassen, damals nacheinander ihre Freundinnen einzuladen, ihnen den Baum zu zeigen, ihnen die Platten vorzuspielen. Die Freundinnen, die auch Klassenkameradinnen sind, fanden das ungeheuer aufregend und chic, sie liefen nach Hause und erzählten ihren Eltern von unserem Antibaum. Die Eltern meinten zwar, wir wären verrückt, Schriftsteller haben alle einen Dachschaden und die können sich den Dachschaden auch leisten, weil er von der Gesellschaft akzeptiert wird, aber diese Töchter haben doch erreicht, dass ihre Eltern unsicher wurden auf dem Gebiet der Stillen und Heiligen Nacht. Ein Jahr später konnten einige dieser Töchter in der Schule stolz melden, dass sie nun auch einen Antibaum hätten, und im letzten Jahr gab es in unserer Siedlung keine Wohnung mehr, in der nicht ein mit Eiern behangener Baum stand, zumindest in den Zimmern der Familien, die sich Intellektuelle, Bürger und Handeltreibende nennen. Nur im grauen Viertel unserer Siedlung, wo diese exotischen Gewächse wohnen, von Linksradikalen auch Proletarier genannt, da hängen noch Kugeln an den Bäumen und brennen noch echte Bienenwachskerzen und da spielt man auch noch richtige Weihnachtslieder. Aber auch dieses graue Viertel tauen wir noch auf. Der Anfang wurde letzte Weihnachten gemacht, als wir am ersten Feiertag unsere Fenster öffneten und mittels Verstärker unsere Lieder zur anderen Straßenseite hinüberschickten, nämlich: Der Mai ist gekommen, und: Alle Vöglein sind schon da.
Erst versuchten die Exoten von der anderen Seite gegen uns anzustinken mit: O Tannenbaum, und mit: Leise rieselt der Schnee, aber da sie keine Verstärker hatten, ließen sie es bald. Trotzdem. Meine Tochter und ihre Freundinnen sind sich sicher, dass uns nächstes Jahr der Einbruch in die Arbeitersiedlung gelingen wird, dass nächstes Jahr auch im grauen Viertel Antibäume stehen werden, mit Eiern behan-

gen und mit Frühlingsliedern garniert. Man muss bei den Leuten nur behutsam vorgehen, darf nicht erkennen lassen, dass es eine linke, vielleicht sogar eine radikal linke Initiative ist. Meine Tochter tarnt das mit Mode, gegen die auch Proletarier nichts einzuwenden haben, im Gegenteil, für Mode sind sie immer zu haben, sofern sie dafür bezahlen müssen und nicht dafür bezahlt bekommen.

So schön dieser Erfolg ist, mit Konsequenz seit drei Jahren betrieben, was uns gar nicht so leicht fiel, wie es vielleicht den Anschein hat, dass wir ihn in das Viertel tragen konnten und vielleicht auch das Exotenviertel unterwandern könnten, es gab im eigenen Haus einen Misston, der uns letzte Weihnachten das Blut gerinnen ließ. Denn bei unserer Aufgabe, allen Menschen, die guten Willens sind, den Antibaum schmackhaft zu machen, vergaßen wir ganz, dass unser Sohn Frank älter geworden war. Damals, als wir den Entschluss fassten, Eier statt Kugeln an den Baum zu hängen, da sagte er nur: Ei ei. Jetzt aber, letztes Weihnachtsfest, meine Frau brutzelte in der Küche die Gans, meine Tochter vertrug in die Nachbarschaft einen Waschkorb voll Geschenke, und ich lümmelte im Sessel in meinem Zimmer und las in dem Buch: „Einführung in den dialektischen und historischen Materialismus", da riss es mich hoch, denn ganz laut, mit Verstärker natürlich, lief in unserer Wohnung das Lied von der Stillen und Heiligen Nacht ab. Sohn Frank hatte im Kleiderschrank gestöbert und die Platten gefunden. Er saß im Wohnzimmer auf dem Teppich, um ihn herum die Weihnachtsplatten. Er legte sie auf, spielte sie ab, und was das Erschütterndste war: Er sang mit. – Meine Frau kam schwitzend aus der Küche gelaufen und rief: Mein Gott, wo hat das Kind das nur her! Von mir nicht, sagte ich. Denkst du vielleicht, von mir? Wir stritten uns dann noch lautstark, aber viel zu hören war nicht von unseren Worten, denn Sohn Frank war bei O Tannenbaum angekommen. Wir ließen ihn erst gewähren, dann aber nahmen wir ihn ins Gebet: Das dürfe er nie wieder tun, da werde das Christkind böse und bringe keine Geschenke mehr, und überhaupt, was werden die Nachbarn sagen, die müssen uns ja für verrückt halten und glauben, wir hätten einen Dachschaden. Da wir eine tolerante Familie sind, mit Sinn für Fortschritt und dem Glauben an den Verstand, haben wir das unserem Sohn natürlich nicht mit Holzhammermanier beigebracht, wir haben ihm den Unterschied erklärt, der zwischen einem Baum mit Kugeln und einem Baum mit Eiern besteht. Frank hörte zu, ganz Innerlichkeit, ganz unser Sohn, was die Aufmerksamkeit betrifft.

Meine Frau ging wieder in die Küche zu ihrer Gans, ich zu meiner Einführung in … Die Tochter kam prustend zurückt, sie war ihre Geschenke endlich losgeworden, da hörten wir es wieder, diese grässlichen Weihnachtslieder, wie der Schnee leise rieselt. Ich lief zu meiner Frau in die Küche, ich war wütend, ich schrie sie an: Sofort verbietest du deinem Sohn, dass er diese Platten spielt. Aber sie stand vor dem Herd und weinte, sie sagte nur: Die Gans ist verkohlt. So ein Unglück. Das ganze Fest ist verdorben. Weihnachten ohne Gans … mein Gott, wenn das meine Mutter noch erlebt hätte … mein Gott.

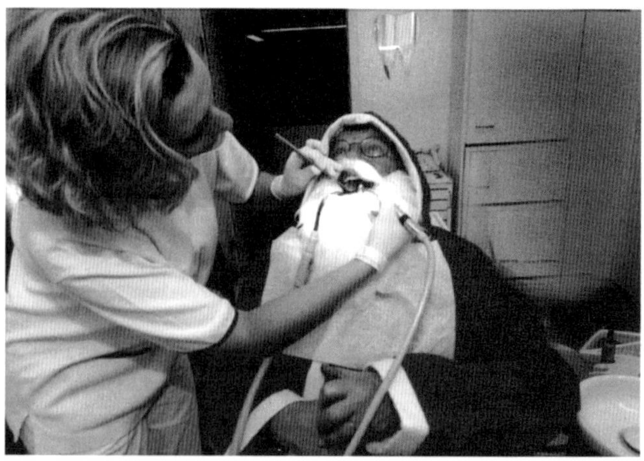

Der Heiland ist tot

H. Nerwald (*Der Wahre Jakob,* 1909)

„Kauft Schäfchen, kauft, zehn Pfennig nur das Stück." – Die Kleine ruft es mit schriller Kinderstimme und späht nach Käufern, doch die gehen alle achtlos vorüber an dem armen Tand und an dem Kinde, das mit blauem Näschen, vor Kälte zitternd hinterm Tische kauert.
Es ist Weihnachtsheiligabend, jeder eilt, dass er nach Hause komme zu den Seinen, das Fest der Liebe fröhlich dort zu feiern. Und keiner sieht die großen Kinderaugen, die bang ins bunte Christmarkttreiben starren.
Es dämmert schon, und stiller wird es rings. Des Kindes zage Hoffnung flackert neu, denn eine Dame aus dem Dome drüben, den Weihrauchduft noch in den Kleiderfalten, kommt rasch herüber, bleibt wie suchend stehen und sieht die Kleine mit den Schäfchen dort.
„Zehn Pfennig nur das Stück, kauft, liebe Dame, wir sind so arm, wir haben nichts zu essen, und kalt ist unsre Stube, bitte kauft, seid gütig, heut ist Weihnachten ja für Euch!"
„Und für dich nicht?" Sie beugt sich zu dem Kinde. „Dich kenn' ich doch, ich sah dich in dem Saale, als wir die armen Kinder bescherten; dich merkt' ich mir, denn du bekamst das Kleid, das ich gemacht. Wann war doch die Bescherung?"
„Es ist lange her; noch im November war es. Armeleute-Weihnachtsfeiern sind so früh, damit die Reichen nicht mehr gestört werden in ihren Freuden, sagte Vater mir." „Gab man dir nicht ein Bäumchen mit, voll Äpfeln und bunten Kugeln, damit du dich heute, am Weihnachtsabend, noch daran erfreuen kannst?" „Die Äpfel haben wir gleich aufgegessen, die bunten Kugeln sind verkauft, und das Bäumchen hat alle seine Nadeln längst verloren, es hat uns die Stube geheizt …" „Das Geld, die Kohlen", fragt streng die Dame, „und das Kleidchen, sprich?" „Ach, Geld und Kohlen sind schon lang verbraucht." „Nun, und das Kleid, das selber ich genäht, es war so hübsch, was fingst du damit an?"
„Der Vater hat es versetzt –"
„Unwürdige Leute! Man wird ein andermal wohl besser wählen!"
Die Dame ruft es empört und wendet sich dann wieder zu dem Kinde, salbungsvoll: „Auch für dich ist der Heiland heut geboren –"
„Der Heiland, der ist tot!" Die Kleine sagt es so vor sich hin.
„Wie, solltest du nichts wissen von der Geburt des Herrn?", fragt streng die Dame. „Ich weiß es wohl, der Heiland ist geboren, vor vielen, vielen, vielen hundert Jahren zu Bethlehem in einem armen Stall, und Ochs und Esel, die wärmten ihn. Und als er groß war, gab er mitleidsvoll den Armen alles, was er nur besaß; war mild und gütig, segnete die Kinder, brach mit den Hungrigen sein Brot und teilte den Dürftigen von seinem Tranke mit, und wo er ging, da sprossen Blumen auf, des Mitleids und der Liebe reine Blüten, so sprach mein Mütterlein, doch böse Menschen, die haben ihn gekreuzigt, er ist tot."
„Doch stand er nach drei Tagen wieder auf."
„Nein, er ist tot, mein Mütterlein starb auch, ich herzte und küsste ihr weißes Angesicht und bat so inniglich: ‚Sei doch nicht tot!' Mein kleiner Bruder schrie: ‚O wach doch auf! Lieb Mütterlein, o wach doch wieder auf!' Allein sie blieb so kalt, so starr, so stumm, und schwarze Männer trugen sie uns fort und senkten in die Erde sie hinunter. Dort schläft sie und steht nie wieder auf."
„Du töricht Kind!", ruft da die Dame zornig. „Die Mutter war ein Mensch, jedoch der Heiland ist Gott, er fuhr zum Himmel auf und wird in Glanz und Herrlichkeit einst wiederkommen."
„Der Heiland starb im fernen Morgenland, wo es immer Sommer ist und Blumen blühen, wenn Schnee und Eis bei uns die Erde bedecken; wo man nicht friert, und wo man süße Feigen und Datteln von den Bäumen essen kann. Dort, sprach mein Mütterlein, dort ruht der Heiland, und Palmen rauschen über seinem Grab."

„Du lernst den Katechismus nicht, mein Kind, und deine Mutter wird sich wenig freuen wenn sie dich hört, wenn sie herunter schaut vom hohen Himmelssaal, wo sie in Freuden und Herrlichkeit an Gottes Tische sitzt und nie mehr Frost und nie mehr Hunger leidet." „Die Mutter isst nicht, wenn wir Kinder hungern, sie freut sich nicht, wenn wir so elend sind. Wäre sie im Himmel, flöge sie hernieder und trocknete uns die Tränen und brächte uns Brot und Himmelsfrüchte." Die Kleine ruft es fast laut und freudig, senkt ihr Köpfchen dann und seufzt schwer: „Die Mutter ist nicht dort, sie liegt im Grab, tief unten in der Erde." Die Dame zuckt die Schultern, murmelt was von „starrem Eigensinn" und „schlecht erzogen" und wendet sich und geht – vergisst die Schäflein. Da schrickt das Kind zusammen; bangen Tones, mehr wie ein Hilferufen, klingt es wieder hin über den Christmarkt, der schon fast geleert: „Kauft Schäfchen, kauft, zehn Pfennig nur das Stück."
Nun wird es dunkel, schärfer weht der Wind. Die Kleine sammelt ihren Kram ins Körbchen und schleicht davon. An ihr vorüber zieht die bunte Menge in den hellen Straßen. Ein Spielzeugladen hier voll Herrlichkeit – und Kinder stehen davor und jubeln laut. Mit glücklichen, erwartungsfrohen Augen erzählen sie, was sie vom Christkind sich erhoffen. Und alles eilt und drängt und achtet nicht auf das arme Kind, das, vom Frost geschüttelt, vor Hunger krank, sich mühsam weiter schleppt. Schon brennen Christbaumkerzen hier und dort, bald hinter diesen, hinter jenen Scheiben. Wie goldene Sterne, die man nur von weitem bewundern kann, erscheinen sie der Kleinen.
In finstre Gassen, wo die Armut wohnt, führt jetzt ihr Weg; von fern noch hört sie es aus jenem lichten Paradies der Freude klingen, ein jubelnd Weihnachtslied: Christ ist geboren! Da schüttelt sie das Köpfchen, hebt den Blick, den tränenschweren, auf zum dunkeln Himmel und flüstert bang: „Der Heiland, der ist tot."

Vertrauen

Uwe Wandrey

Er trug wie alle Weihnachtsmänner: roten Mantel mit weißem Pelz, Mütze, weißen Bart und rote Stiefel. Niemand sah schwarz in München. So ging er vor, so ging er in das Kaufhaus, unter ängstlichen Kinderaugen, lächelnden Frauen, verständigen Männern. Und dann kämpfte der Sprecher der Tagesschau gegen ein Lächeln: „Heute abend stahl ein Weihnachtsmann aus der Kasse eines Münchener Warenhauses 300.000 DM."
Die Verkäuferinnen sahen schmunzelnd zu. Ihr Vertrauen in Weihnachtsmänner war von Kindheit an intakt geblieben.

Die Jahreszeiten – Eine Weihnachtsrede

Gustav Radbruch

Weihnacht wollen wir miteinander feiern, wir, ein buntgemengter Kreis verschiedener Berufe, verschiedener Bekenntnisse, manche, deren Leben noch fest in dem Grunde des alten Glaubens wurzelt, viele, die sich längst, schmerzlich oder schmerzlos, aus ihm gelöst haben, einige vielleicht auch, die in ihm nie heimisch waren. Ja, haben wir denn das Recht, uns zu einer Weihnachtsfeier zusammenzufinden? Gibt es noch eine Saite, die das Weihnachtsfest in uns allen gleichermaßen zum Klingen bringt? Ich glaube: doch. Wie die Madonnenbilder der großen Meister, so haben auch die christlichen Feiertage, von der Kirche nicht erzeugt, sondern übernommen, außer ihrer geschichtlich-kirchlichen Bedeutung noch einen ewigen, rein menschlichen Stimmungsgehalt, der sich ohne Unterschied des Glaubens einem jeden erschließt, als Feste der Jahreszeiten, als Sinnbilder menschlicher Lebensrichtungen. Ostern, das die Menschen auf tausend Wegen durch die lockende Frühlingswelt zerstreut; Weihnachten, das sie aus winterlich unwirtlicher Weite um die vertraute Flamme der Heimstätten versammelt – das ist der alljährliche Atemzug des Menschenlebens, sein Ausatmen gleichsam und sein Einatmen. Wie weit war die Welt und wie lockte die Ferne um die Osterzeit! Aber das Jahr ging seinen Gang, trug Blüten, trug Früchte, ward alt und entblätterte sich – und jetzt ist die Welt so eng geworden unter dem schwerlastenden Himmel, so kurz der Tag vom späten Aufgang bis zum frühen Niedergang, dass man schier fürchtet, die Nacht wolle das Licht ganz verschlingen. Ist es nicht, als wenn die Heimstätten der Menschen mit ihren trübe zwinkernden Lichtern, belagert von der Übermacht meilenweiter Finsternis, sich ihrer kaum noch erwehren? Und auch das Fünklein Lebensfreude, das Lebenslicht selbst droht in all der Dunkelheit auszulöschen, und wer sich der Altersgrenze nähert, die dem Menschenleben beschieden ist, denkt wohl in diesen trüben Tagen, er werde den Frühling nie mehr sehen. Aber die Menschen ergreift in solch gemeinsamer Not ein Heimverlangen, das Heimweh nach Liebe, die Sehnsucht, selbst Liebe mit Liebe zu erwidern, und, wie es zum ersten Mal geschah, „da Eyrenius Landpfleger in Syrien war“, ziehen sie zu Weihnachten auf allen Straßen – in überfüllten Eisenbahnwagen heutzutage – in ihre Heimat, „ein jeglicher in seine Stadt“, und zünden einander zum Troste in der Dunkelheit Lichter an, soviel sie können.

Aber diese Einsamkeit inmitten dunkler Weiten, die uns um Weihnachten zum Bewußtsein kommt, ist sie nicht dauerndes Menschenlos? Auf unserem winzigen Balle in irgendeinem Winkel des grenzenlosen Weltenraums, einer grauenvollen Unendlichkeit voll unbekannter Gefahren – was sind wir anderes als ein Häuflein Kinder, die sich im Dunkel frierend und angstvoll zusammendrängen, Genossen des gleichen schweren Schicksals, die unter sich wenigstens ein Reich der Liebe aufrichten sollten. „Kindlein, liebet euch untereinander!“ und: „Friede auf Erden und den Menschen ein Wohlgefallen!“, das möchte uns bei solcher Betrachtung wohl als der Weisheit letzter Schluss und das Weihnachtsbild der Mutter mit dem Kinde als tiefstes Sinnbild unserer Lebensaufgabe erscheinen.

Aber es wehrt sich etwas in uns dagegen, die Liebe zum einzigen Gesetze unseres Lebens zu erheben. Sind wirklich ich und du, der Nächste, die Menschen und der Mensch, sein Glück und seine seelische Erhöhung unseres Daseins letzter Zweck? Sind wir alle nicht vielmehr umgekehrt auf der Welt nur um unseres Werkes willen? Um mitzubauen an der großen Pyramide, in der auf dem Fundamente rastlos verfeinerter Technik sich die Freiheit und Gerechtigkeit des Gemeinschaftslebens und als höchster Gipfel die Werke der Wissenschaft, der Philosophie, der Kunst übereinandertürmen sollen? Mitzubauen an dem Monumentalbau der Kultur? Was gilt es, wenn wir und andere darüber zugrunde gehen, wenn nur der Bau steigt, Stufe um Stufe! Da gibt es nur eine Liebe, die zu unserer Arbeit, und die Menschen sind uns nur Mitarbeiter oder Zerstörer unseres Werkes, Kameraden oder Gegner – gerade wie wir in der Osterwelt uns nach allen Richtungen zerstreuen, mit wenigen Weggenossen nur, die das gleiche Ziel mit uns zusammenführte. Beim Bau an dem Babelturm der Kultur verwirren sich die Sprachen, scheiden sich die Geister, spalten sich die Menschen in Parteien, die einander nicht mehr verstehen und einander befehden. Da gibt es keinen Frieden – unser Werk ruft uns zum Kampfe bis zum letzten Blutstropfen gegen seine Gegner. Und ein Sinnbild dieser Welt des Kampfes der Meinungen und des Sieges der Idee mag uns wohl die österliche Heldengestalt sein, die mit der Siegesfahne in der Hand triumphierend aus dem Grabe aufersteht, das die Schergen ihrer Feinde vergeblich bewachen.

So leben wir ein jeder in zwei Welten mit verschiedenen, ja entgegengesetzten Aufgaben: in einer Welt der Liebe und des Friedens und in einer Welt des Wirkens und des Kampfes. Auch das schlichteste Leben hat an ihnen beiden Anteil: durch die Familie an der einen, durch den Beruf an der anderen. Durch die Familie wird es hinein verwoben in ein Netz hilfreicher Beziehungen von Mensch zu Mensch; im Berufe und vielleicht auch in der auf die Berufszugehörigkeit aufgebauten Partei arbeitet es, an wie bescheidener Stelle auch immer, mit am Bau der Kultur. Aber auch der Weiseste gelangt nie zu endgültiger Klarheit darüber, in welcher dieser beiden Welten der letzte Sinn unseres Lebens liegt. Vielleicht sagten wir gestern noch: Was gilt der Mensch, sein Glück und sein Leben, wenn nur das Werk der Menschheit erfüllt wird! Und heute sprechen wir: Was ist mit alledem geschehen? Ein wenig Licht, Ordnung und Schönheit in das Leben unserer Brüder zu bringen, gilt es nicht viel mehr als dies? Man möchte vielleicht sagen, die Welt der Liebe – das sei das Reich der Kindheit und des Alters,

Die Beschenkten (Zeichnung von J. B. Engl)

„Am liebsten ist mir dös fressate Sach; dös kann d' Muatter nöt versetzen!"

die Welt des Wirkens, das Reich der Mannheit; oder auch: dort sei die Frau heimisch, hier der Mann – wohnte nicht in jeder Menschenbrust die Fülle der Menschheit. Mensch sein heißt Kind, Mann und Greis zugleich sein; und männliches und weibliches Fühlen ist an alle Menschen ausgeteilt. Die Feste aber sind an unseren Lebensweg gestellt, wie man wohl an den Kreuzwegen Heiligenbilder errichtet: um an die Seiten unseres Wesens mahnend zu rühren, die der Werktag nicht zur Entfaltung kommen lässt.

Ostern sagt zu uns: Gedenke, dass du jung bist und dass die Welt weit ist. Die Ferne lockt. Sei frisch und hart. Lass nichts dich an die Heimat fesseln, auch die nicht, die dir die liebsten sind. Denn höher steht dein Wandern und dein Ziel.

Aber dann spricht die Weihnacht: Konntest du vergessen, dass du ein Kind warst und Greis sein wirst? Vergessen der Sehnsucht nach Liebe und der Sehnsucht, Liebe zu erweisen?

Und wiederum Ostern sagt: Sei frisch und hart zum Kampf. Der Mensch gilt nichts, das Werk der Menschheit alles. Dein Werk will Kampf.

Aber die Weihnacht spricht:

Wohin du blickst, ist Kampf auf Erden.
Wohin du blickst, kann Friede werden.

Prager Weihnachtsengel

(Th. Th. Heine)

Das böhmische Christkindchen hat bei Bürgermeister Grosch reich beschert; Uhren, Silberzeug, Betten, Wäsche und vieles andere, was vorher bei den Straßenkrawallen gestohlen wurde.

Wer war Jesus?

Ein Revolutionär?

Da Herodes nun sah, dass er von den Weisen betrogen war, ward er sehr zornig und schickte aus und ließ alle Kinder zu Bethlehem töten und an ihren ganzen Grenzen, die da zweijährig und darunter waren, nach der Zeit, die er mit Fleiß von den Weisen erlernt hatte.
Da ist erfüllt, was gesagt ist von dem Propheten Jeremia, der da spricht: Auf dem Gebirge hat man ein Geschrei gehört, viel Klagen, Weinen und Heulen; Rahel beweinte ihre Kinder und wollte sich nicht trösten lassen; denn es war aus mit ihnen.
Matthäus-Evangelium 2, 16–18

Die Kunde von Bethlehem
Heinrich Böll

Die Tür war keine richtige Tür: sie war lose aus Brettern zusammengenagelt, und eine Drahtschlaufe, die über einen Nagel gezogen war, hielt sie am Pfosten fest. Der Mann blieb stehen und wartete: ‚Es ist doch eine Schande, dachte er, dass eine Frau hier ihr Kind kriegen muss.' Er nahm die Drahtschlaufe vorsichtig vom Nagel, stieß die Tür auf und erschrak: er sah das Kind im Stroh liegen, die sehr junge Mutter hockte daneben, lächelte das Kind an ... hinten an der Wand stand einer, den der Mann nicht richtig anzusehen wagte: das könnte einer von denen sein, die die Hirten für Engel gehalten hatten. Der dort an der Wand lehnte, hatte einen mausgrauen Kittel an und hielt in beiden Händen Blumen: schlanke, gelbliche Lilien waren es. Der Mann spürte die Furcht in sich aufkommen und dachte: ‚Vielleicht stimmen doch die tollen Dinge, die die Hirten in der Stadt erzählt haben.'
Die junge Frau blickte jetzt auf, sah ihn freundlich und fragend an, und der Mann fragte leise: „Wohnt hier der Tischler?" Die junge Frau schüttelte den Kopf: „Tischler ist er nicht – er ist Zimmermann."
„Das macht ja nichts", sagte der Mann, „eine Tür wird er ja reparieren können, wenn er Werkzeug mit hat."
„Er hat Werkzeug mit", sagte Maria, „und Türen reparieren kann er. Das hat er in Nazareth auch gemacht."
Sie waren also wirklich aus Nazareth.
Der mit den Blumen in der Hand sah jetzt den Mann an und sagte: „Du brauchst dich nicht zu fürchten." Seine Stimme klang so schön, dass der Mann wieder erschrak, aber er blickte auf: der Mausgraue sah sehr freundlich, aber auch traurig aus.
„Er meint Joseph", sagte die junge Frau, „ich will ihn wecken. Soll er die Tür reparieren?"
„Ja, in der Herberge zum ‚Roten Mann', nur den Falz ein bisschen aushobeln und das Futter nachsehen. Die Tür klemmt so. Ich warte draußen, wenn du ihn holen willst."
„Du kannst ruhig hier warten", sagte die junge Frau.
„Nein, ich will lieber draußen warten." Er sah flüchtig zu dem Mausgrauen hinüber, der ihm lächelnd zunickte, ging dann rückwärts hinaus und schloss die Tür vorsichtig, indem er die Drahtschlaufe über den Nagel zog. Männer mit Blumen waren ihm immer komisch vorgekommen, aber der Mausgraue sah nicht wie ein Mann aus, auch nicht wie eine Frau, und komisch war er ihm gar nicht vorgekommen.
Als Joseph mit der Werkzeugkiste herauskam, nahm er ihn beim Arm und sagte: „Komm, wir müssen links herum." Sie gingen links herum, und jetzt fand der Mann endlich den Mut, das zu sagen, was er der jungen Frau schon hatte sagen wollen, aber er hatte sich gefürchtet, weil der mit den Blumen dabei stand. „Die Hirten", sagte er, „erzählen ja tolle Dinge über euch in der Stadt." Aber Joseph antwortete nicht darauf, sondern sagte: „Hoffentlich habt ihr wenigstens ein Stecheisen da, an meinem ist mir der Griff abgebrochen. Sind es mehrere Türen?"
„Eine", sagte der Mann, „und ein Stecheisen haben wir. Es ist sehr dringend mit der Tür. Wir bekommen Einquartierung."
„Einquartierung? Jetzt? Es sind doch keine Manöver."
„Nein, Manöver sind nicht, aber es kommt eine ganze Kompanie Soldaten nach Bethlehem. Und bei uns", sagte er stolz, „bei uns soll der

Hauptmann wohnen. Die Hirten …“, aber er unterbrach sich, blieb stehen, und auch Joseph blieb stehen. An der Straßenecke stand der Mausgraue, er hatte den ganzen Arm voller Blumen, weißer Lilien, und verteilte sie an kleine Kinder, die gerade laufen konnten: es kamen immer mehr Kinder, und Mütter kamen mit solchen, die noch nicht laufen konnten, und der Mann, der Joseph geholt hatte, erschrak sehr, denn der Mausgraue weinte: die Stimme, die Augen hatten ihn schon erschreckt, aber seine Tränen waren noch schrecklicher: er berührte die Münder der Kinder, ihre Stirn mit seiner Hand, küsste ihre kleinen schmutzigen Hände und gab jedem von ihnen eine Lilie.
„Ich habe dich gesucht“, sagte Joseph zu dem Mausgrauen, „eben, während ich schlief, habe ich geträumt …“
„Ich weiß“, sagte der Mausgraue, „wir müssen sofort weg.“ Er wartete noch einen Augenblick, bis ein ganz kleines, schmutziges Mädchen an ihn herangekommen war.
„Soll ich die Tür für diesen Hauptmann nicht mehr reparieren?“
„Nein, wir müssen gleich weg.“ Er wandte sich von den Kindern ab, nahm Joseph beim Arm und Joseph sagte zu dem Mann, der ihn geholt hatte: „Tut mir leid, ich glaube, es geht nicht.“
„Oh, lass nur“ sagte der Mann. Er sah den beiden nach, die zum Stall zurückgingen, blickte dann in die Straße, in der die Kinder lachend mit ihren großen weißen Lilien herumliefen. Da hörte er das Getrappel von Pferdehufen hinter sich, wandte sich um und sah die Kompanie, die von der Landstraße aus in die Stadt einritt. ‚Ich werde wieder ausgeschimpft werden‘, dachte er, ‚weil die Tür nicht repariert ist.‘
Die Kinder standen am Straßenrand und winkten den Soldaten mit den Blumen zu. So ritten die Soldaten durch ein Spalier weißer Lilien in Bethlehem ein, und der Mann, der Joseph geholt hatte, dachte: ‚Ich glaube, die Hirten haben recht, mit allem, was sie erzählt haben …‘

„Kaufen Sie mir einen Hampelmann ab?“

Dem Revolutionär Jesus zum Geburtstag

Erich Kästner

Zweitausend Jahre sind es fast,
seit du die Welt verlassen hast,
du Opferlamm des Lebens!
Du gabst den Armen ihren Gott.
Du littest durch der Reichen Spott.
Du tatest es vergebens!

Du sahst Gewalt und Polizei.
Du wolltest alle Menschen frei
und Frieden auf der Erde.
Du wusstest, wie das Elend tut
und wolltest alle Menschen gut,
damit es schöner werde!

Du warst ein Revolutionär
und machtest dir das Leben schwer
mit Schiebern und Gelehrten.
Du hast die Freiheit stets beschützt
und doch den Menschen nichts genützt.
Du kamst an die Verkehrten!

Du kämpftest tapfer gegen sie
und gegen Staat und Industrie
und die gesamte Meute.
Bis man an dir, weil nichts verfing,
Justizmord, kurzerhand, beging.
Es war genau wie heute.

Die Menschen wurden nicht gescheit.
Am wenigsten die Christenheit,
trotz allem Händefalten.
Du hattest sie vergeblich lieb.
Du starbst umsonst. Und alles blieb
beim Alten.

Flucht der Heiligen Familie

Kurt Marti

Nicht
Ägypten
ist Fluchtpunkt
der Flucht

Das Kind
wird gerettet
für härtere Tage

Fluchtpunkt
der Flucht
ist
das Kreuz

Vermutung

Kurt Marti

Ein Gott,
der kirchenförmig gedacht wird,
hindert die Kirche daran,
gottesförmig zu werden.

Ein Weihnachtslied

Süddeutscher Postillon, 1898

Weihnacht ist's. Die Flocken wiegen
leise sich im Winterwinde.
Wiederum die Kunde fliegen
hör ich von dem Jesuskinde,
von dem Freund der elend Armen,
der die Welt gelöst von Sünden,
der der Menschenliebe Fackel,
allen Brüdern wollt' entzünden.

Und ich hör' Posaunen klingen,
höre fromme Liebesworte,
wohlgenährte Bürger dringen
emsig durch der Kirche Pforte,
ihre warm umhüllten Leiber
füllt ein andachtsvolles Grausen. –
Doch die Armen gehn vorüber,
doch die Armen bleiben draußen.

Christe du, du Freund der Armen,
der die Wechsler trieb vom Tempel –
deine Lehre vom Erbarmen,
trägt jetzt einen andern Stempel!
Eine Waffe ist sie worden,
Reichen Hab' und Gut zu bürgen,
eine Waffe ist sie worden,
trotzige Armut zu erwürgen.

Jetzt zu deinem Grabe ziehen
hohe Herrn im Purpurkleide,
und sie beten und sie knieen
reich in Dimant und Geschmeide.
Du, ja du – du wirst gepriesen!
Uns – uns will das Zuchthaus winken!
Und wir seh'n die Bajonette
und die Gendarmenhelme blinken.

Und doch sind wir jene Armen,
denen du das Heil verkündet,
denen du der Bruderliebe
heilige Fackel hast enzündet,
jene, die du führen wolltest
hirtengleich zu besserem Leben,
denen du im Opfertode
noch dein Bestes hingegeben.

Siehe, jene Zuchthausworte,
die gesprochen dein Bekenner,
scheuchen rau vom heiligen Orte
bleicher Armut Frau'n und Männer.
Zwischen Theorie und Praxis
ist zu weit die Kluft gediehen. –
Wo die Zuchthausschwärmer beten,
mag der Armut Volk nicht knieen.

Christ du, du einst Gekreuzter,
lass in stolzen Kathedralen
jetzt vor feisten Pharisäern
deine Liebeslehre strahlen. –
Wir, die Zöllner und die Sünder,
tragen, wie einst du, Rebelle,
unsre neue Liebeslehre
in die Hütten, in die Ställe.

Der Optimist.

Der kleine Willy: Papa, was ist denn ein Optimist?
Der Papa: Das ist einer, der sich über alles freut, was er angerichtet hat.

Jesus und der Ungehorsam – Eine Predigt

Peter Noll

Lassen Sie mich mit einer ganz naiven Frage beginnen: Was würde geschehen, wenn Jesus heute hier lebte?
Ich bin mir wohl bewusst, dass die Frage aus theologischen wie aus historischen Gründen eigentlich gar nicht gestellt werden darf. Trotzdem scheint sie mir notwendig, die Frage nach dem Jesus im Diesseits. Denn dieser spricht uns ganz anders an als der in den Himmel entrückte, jenseitige und abstrakte, unsichtbare und unfassbare Jesus des Dreieinigkeitsdogmas, welchen man für alle möglichen Zwecke schon benützt hat. Also, was würde Jesus hier und heute tun, und was würden die Menschen mit ihm tun?
Würde er zum Beispiel Militärdienst leisten, wenigstens bei uns in der Schweiz, bei uns, die wir doch niemanden angreifen? Würde er beispielsweise einer regelmäßigen Arbeit nachgehen? Würde er überhaupt in geregelten Verhältnissen leben? Er hat es damals nicht getan. Würde er es jetzt tun? (Die heutigen Umstände sind natürlich von den damaligen ganz verschieden.)
Was würde geschehen, wenn Jesus heute aufträte, hier in Zürich zum Beispiel, und mit seinen Jüngern, gefolgt von einer riesigen Menge von Anhängern und Neugierigen, zum Hallenstadion ginge, um beispielsweise eine Zürichbergpredigt zu halten?
Wenn es eine zulässige Antwort gibt auf solcherlei unzulässige Fragen, so fällt sie wenigstens nicht schwer. Sicher würde es wieder Ärger geben mit Jesus, eher noch mehr als damals. Das Zusammenströmen einer so großen Menschenmenge würde Verkehrsprobleme schaffen, vielleicht müsste man annehmen, dass es sich um eine nicht bewilligte Demonstration handle. Die Polizei müsste eingreifen, mindestens regelnd, eventuell hindernd. Wahrscheinlich würde Jesus mit unseren Gesetzen genauso in Konflikt geraten wie mit den damaligen Gesetzen.
Man würde heute Jesus wahrscheinlich nicht nur das Gesetzwidrige, sondern auch das Unchristliche seiner Verhaltensweise vorhalten. Denn inzwischen, d.h., seit das Christentum staatlich anerkannt ist, ist es ja christlich geworden, der Obrigkeit unter fast allen Umständen zu gehorchen. Das 13. Kapitel des Römerbriefs, wo Paulus den Satz ausspricht, dass jedermann der Obrigkeit Untertan sei, hat man zur wichtigsten Stelle der Bibel gemacht, was das staatsbürgerliche Verhalten anbetrifft. Die traditionelle christliche Ethik ist, das lässt sich nicht leugnen, in erster Linie eine Gehorsamsethik. Nirgends wird so viel Gehorsam gepredigt wie in der Kirche, im christlichen Elternhaus, im Religionsunterricht, in der Schule.
So ganz selbstverständlich ist das nun doch nicht. Jedenfalls hat Jesus nie gesagt, man solle den staatlichen Geboten und Befehlen nachkommen und seine staatsbürgerlichen Pflichten erfüllen. Er hat auch nie gesagt, man solle arbeitsam, zuverlässig und pünktlich sein, gut für die Familie sorgen und etwas sparen für das Alter. Im Gegenteil: Seine Äußerungen zu diesen Fragen und Themen waren eher destruktiv und subversiv. Er verwies auf die Lilien auf dem Feld und die Vögel unter dem Himmel, die weder säen noch ernten, die sich keine Sorgen machen und für die doch gesorgt ist. Er forderte seine Jünger dazu auf, ihre Familien zu verlassen. Und es sind ihm sogar mehrere eindeutige Gesetzesbrüche nachgewiesen worden. Er hat die Sonntagsheiligung nicht eingehalten und sogar das entsprechende göttliche Gebot kritisiert, indem er sagte, der Sonntag sei für den Menschen da und nicht der Mensch für den Sonntag. Er hat die staatlich konzessionierten Gewerbetreibenden mit Brachialgewalt aus dem Tempel geworfen. (Dieses Beispiel ist nicht aktuell. Heute haben die Wechsler ihre eigenen Tempel und ihre eigenen Priester, die ihnen Public-Relations-Texte verfassen, wie es die Pharisäer nicht besser könnten. Heute wäre es Jesus, der aus dem Tempel hinauskomplimentiert würde.)
Und schließlich hat Jesus völlig eigenmächtig das Todesurteil gegen eine auf frischer Tat er-

tappte und rechtmäßig angeklagte Verbrecherin verhindert und sie der verdienten Strafe entzogen, also den Straftatbestand der Begünstigung erfüllt. Er tat dies, indem er sagte, dass derjenige, der ohne Sünde sei, den ersten Stein werfen solle, d.h.: Er stellte die extreme und absurde Forderung auf, dass nur solche Personen an einem strafrechtlichen Urteil mitwirken dürften, die noch nie ein Delikt begangen hätten. Damit würde die ganze Strafrechtspflege lahm gelegt, denn die Kriminologie hat uns darüber belehrt, dass 100 Prozent der erwachsenen Bevölkerung schon einmal irgendein Delikt begangen haben, wenn auch meist unentdeckt. Jeder kann das bei sich selber feststellen. Jeder von uns hat mindestens einmal ein Straßenverkehrsdelikt, jeder mindestens einmal eine Ehrverletzung, einen mehr oder minder frommen Betrug begangen, die meisten einmal gestohlen oder einen Fund unterschlagen.

Jesu „Moral" (soweit von Moral überhaupt die Rede sein kann) war, wir kommen nicht um eine „Moral" des Ungehorsams, der Auflehnung, mindestens eine der Relativierung gegebener Ordnungen und Systeme, herum. Man kann ihn für kein System und für keine Ideologie in Anspruch nehmen.

Was motivierte ihn, so zu denken und zu handeln? Er lebte die Einheit des Denkens und Handelns; alle seine Handlungen waren aussagekräftig und alle seine Aussagen handlungsbezogen. Das geläufige Rezept, Handlungen von minderer Qualität mit Gedanken von höherer Qualität zu rechtfertigen, z.B. Waffenausfuhr mit Arbeitsplatzbeschaffung oder schnell sich amortisierende Investitionen mit Entwicklungshilfe, hat er gründlich durchschaut; die Diskussionen mit den Pharisäern zeigen es deutlich.

Es gibt, wenn ich richtig sehe, drei Gründe für seine Haltung:

Jesus war kritisch gegen alle Normen und Ordnungen, selbst gegen heilige Ordnungen und Normen, die ja als heilig erklärt wurden, damit man sie außer Diskussion setzen konnte, weil er sah, dass diese Normen und Ordnungen mit ganz konkreter, ganz weltlicher Macht zusammenhingen, dass sie Macht verliehen, Zwang rechtfertigten. Denn wer sich nicht nach den Gesetzesvorschriften verhält, wer nicht angepasst ist, der verfällt den Sanktionen der Gesellschaft und steigt im sozialen Ansehen ab. Gegen diese soziologische Gesetzmäßigkeit hat Jesus stets gekämpft.

Immer ist er für die Machtlosen und Diskriminierten eingetreten, sogar für die Huren, für die Verwahrlosten, die Liederlichen und Arbeitsscheuen. Die Liebe zu den Machtlosen, zu den Gescheiterten, den Tunichtguten hat Jesus dazu gebracht, die Gesetze und Ordnungen der Mächtigen und der Machtdiener höchst kritisch und distanziert zu betrachten. Denn diese waren es, die auf dem Wagen saßen, unter dessen Räder die anderen kamen. Die zweite Beobachtung, die er machte und kritisch verwertete, war die, dass die Menschen, die sich strikt an Normen halten, unfrei, unschöpferisch und schließlich unglücklich werden. Wer sich zu sehr sorgt (und das ist ja derjenige, der sich den gängigen Normen unterzieht), wer Karriere machen, sozialen Status (oder wenigstens die Statussymbole) erreichen, Vermögen häufen will – der geht am Leben vorbei, der verliert seine Spontaneität, sein schöpferisches Potential, seine Freiheit. Er wird Knecht seines eigenen Strebens, er muss ständig aufpassen, dass er sich richtig anpasst an die Erwartungen der andern. „Was würden denn die Leute sagen!" ist immer noch der wichtigste Leitsatz der herkömmlichen Erziehung.

Die radikale Kritik der Macht und die Freiheit ihr gegenüber hat Jesus nicht aus dem Nichts abgeleitet, sondern in der Berufung auf höchste Legitimation von einer ganz anderen, umgekehrten Ordnung her: Die Ersten sind die Letzten und die Niedrigsten die Höchsten. Nur so konnte er die Macht, die er nicht einmal bekämpfte – er nahm sie einfach nicht ernst – so grundtief verachten, wie er es tat. Er hat sich direkt auf Gott berufen. Er hat die unrealistische Behauptung aufgestellt, Gott stehe auf der Seite der Schwachen.

So, meinte Jesus, sollten wir leben: kritisch gegenüber der Macht, offen zur Freiheit, zum spontanen, nicht normierten, sondern nach dem Liebesgebot orientierten Handeln, bereit, wie es

heißt, Gott mehr zu gehorchen als den Menschen, obwohl Gott gar nicht befiehlt, sondern höchstens fragt und in Frage stellt, fragt, ob unser Tun, ob unsere ganze Existenz richtig und verantwortbar sei.
Diese Frage ist lästig und auf sie zu hören viel schwerer als Gesetzen und Befehlen zu gehorchen. Die menschlichen Normen, Ordnungen und Institutionen sind ja, wie die Anthropologen und Soziologen mit Recht feststellen, gerade dazu da, uns unsere persönlichen Entscheide zu erleichtern und die damit verbundene Unsicherheit abzunehmen. Wir müssen nicht immer wieder neu alles von Anfang an durchdenken und in Frage stellen. Wir können das übernehmen, was die Tradition uns bereitgestellt hat, und wir können uns dem anpassen; dann vermeiden wir das Risiko von Strafen und vor allem das Risiko der Unsicherheit und der Zweifel an uns selbst. Die Moral Jesu oder besser: sein Vorbild (denn eine Moral im herkömmlichen Sinne als ein Gefüge von Vorschriften lässt sich aus seinem Sprechen und Handeln nicht ableiten) nimmt uns diese Zweifel und die Unsicherheit nicht ab.
Um so erstaunlicher ist es, dass sein Vorbild bis heute immer wieder einzelnen Menschen den Mut und die Fähigkeit gegeben hat, im Widerstand gegen die Macht und das Unrecht ganz allein zu sein, ohne Zustimmung, die wenigstens Sicherheit verleihen könnte, und die ärgsten körperlichen und seelischen Torturen auf sich zu nehmen. Es ist ja nicht so, dass die Märtyrer „für den Glauben" im Sinne irgendeines Dogmengebäudes, wie es das kirchliche Credo darstellt, sich haben foltern und hinrichten lassen, sondern sie haben es zum Beweis dafür getan, dass die Macht scheitert, wenn man sich ihr nicht beugt.
Jesus sagte (Matthäus 10,17 und 26):
„Macht euch keine Illusionen über die Mitmenschen: sie werden euch denunzieren; ihr werdet verhaftet und in die Polizeigefängnisse eingeliefert und gefoltert werden. Wenn sie euch aber verhören, so sorgt euch nicht um eure Aussagen. In dieser Situation wird es immer der Geist Gottes sein, der aus euch spricht."
„Habt keine Angst vor ihnen. Lasst euch durch keine Drohungen und keinen Druck daran hindern, öffentlich zur Wahrheit zu stehen. Denn es ist unmöglich, mit der Macht und mit ihrer Zensur die Wahrheit zu unterdrücken. Darum fürchtet euch nicht vor denen, die den Leib töten, Geist und Seele aber nicht töten können."
Wie die Technik insgesamt haben sich auch die Foltertechniken weiterentwickelt und weiter perfektioniert. Nach den Berichten von amnesty international wird in mehr als 60 Staaten der Welt systematisch gefoltert. Wozu das? Es handelt sich offensichtlich um den Versuch der Macht, den Geist zu töten.

In besonderer Weise berührt dabei die Tatsache, dass die Macht, wo sie mit Hilfe von Folterern ihre massiven Ansprüche erhebt und durchsetzt, die Passion Jesu nachzeichnet und aktualisiert. Sie unterwirft sich damit ungewollt ihren Opfern. Sie schürt ungewollt den Verdacht, dass da eine Identität besteht zwischen dem damals Gefolterten und den heute Gefolterten. So halten die Gefolterten und die Folterer von heute die Erinnerung an den Gefolterten und die Folterer von damals lebendig. Und die Macht leistet selbst den Beweis für ihre Hinfälligkeit und für ihre Ohnmacht gegenüber dem Geist.
Die Extremsituationen, in denen die Leidensproben des Ungehorsams gegen die Macht bestanden werden müssen, bleiben uns hier in der Schweiz erspart. Fast scheint es, als wäre das schöne Wort Jesu „Meines Vaters Haus hat viele Wohnungen" eine Art Segensspruch, der über der Schweiz hängt: Toleranz, Freiheit, Föderalismus, bis hin zum Kanton Jura.
Hier in der Schweiz wäre wohl eher die von Jesus stets ausgehende Frage in Frage zu stellen. Denn hier ist das Infragestellen erlaubt, ja sogar geboten.
Natürlich wissen wir, dass es sich anders verhält. Das Gleichnis, das auf uns zutrifft, ist die Randgeschichte der Passion.
Als Jesus gefoltert und hingerichtet wurde, schwiegen alle. Es gab keine Zeugen zu seinen Gunsten, es gab nicht einmal Proteste. Seine vielen Anhänger waren plötzlich verschwunden.

Sie schwiegen. Sie schwiegen aus Angst, oder sie hatten ihre Meinung geändert. Jedenfalls war es riskant geworden, zu seinen Anhängern zu zählen. Man war ängstlich geworden und versuchte sich zu beruhigen; man war unsicher geworden und suchte neue Sicherheit. Man sah nun ein, dass Jesus viele Fehler gemacht hatte; er war zu weit gegangen, er hatte den Staat herausgefordert, er war offenbar doch ein Extremist. Sogar im Prozess noch hatte er sich als Angeklagter ausgesprochen provozierend aufgeführt, indem er die Aussage verweigerte. Warum musste er bloß so verstockt sein? Er hätte doch ohne weiteres klarlegen können, dass er die Bevölkerung dazu aufrufen wollte, gut zu sein und Gutes zu tun, und wir alle sind doch für das Gute.
Der verstockte, schweigende Angeklagte mit den Personalien Jesus von Nazareth, Religion jüdisch, hat sich nicht so verteidigt. Er hat sich überhaupt nicht verteidigt. Wenn man die Prozessgeschichte des Falles Jesus von Nazareth liest, ergibt sich aus diesem verstockten Schweigen des Angeklagten eine Anklage gegen die Richter und gegen die Gesellschaft. So etwas kann nicht geduldet werden, auch heute nicht. Es gibt eben Grenzen, die man nicht überschreiten soll. Eine gewisse minimale Anpassung ist einfach nötig und unvermeidlich. Die Anarchie, die Herrschaftslosigkeit, die Jesus lebte, ist keine reale Alternative.
Mindestens im liberalen, sozialen, humanen und gemäßigt christlichen Rechtsstaat scheint also die alles in Frage stellende, kritische, rebellische und letztlich anarchistische Haltung Jesu nicht nur überflüssig, sondern sogar schädlich.
Dabei sollten wir aber nicht übersehen, dass die Anpassung kein Zustand ist, sondern ein Prozess. Je mehr man sich anpasst, desto mehr muss man sich weiter anpassen, desto kleiner wird der Freiheitsraum, desto weiter breitet sich ein Klima der Intoleranz aus. Schon braucht es auch bei uns Mut, für die Rechte von unpopulären oder gar verhassten Außenseitern einzutreten, nicht besonders viel Mut, aber doch so viel, dass nur wenige ihn aufbringen. Man exponiert sich zum Beispiel schon ganz erheblich, wenn man sagt, dass Terroristen die gleichen Verteidigungsrechte haben wie jeder andere Angeklagte auch und dass Anwälte, die Terroristen verteidigen, die gleichen Rechte haben wie andere Anwälte auch. Schon ist es fast ein wenig gefährlich, dagegen aufzutreten, dass gegen Anwälte, die Terroristen verteidigt haben, Disziplinarverfahren eröffnet werden, obwohl sie nichts Strafbares getan haben. Der Bereich des Anpassungszwangs wird desto weiter ausgedehnt, je häufiger und je williger man sich anpasst. Es gibt ein Gefälle, das schließlich zu Grenzwerten führt. Wenn diese erreicht sind, dann fragen alle: Wie konnte es dazu kommen? Weil sie nicht sahen, wie es dazu kam. Pfarrer Heinrich Albertz, früherer Bürgermeister von Berlin, sagte:
„Ich war 1933 19 Jahre alt. Ich trage noch heute daran, dass meine Väter geschwiegen haben, als sich die Katastrophe der Demokratie in Deutschland schon abzuzeichnen begann. Martin Niemöller, der 10 Jahre in einem KZ Hitlers war, hat das so formuliert: ‚Als die Kommunisten verhaftet wurden, habe ich geschwiegen; denn ich war ja kein Kommunist. Als die Sozialdemokraten ins Gefängnis gingen, habe ich geschwiegen; denn ich war ja kein Sozialdemokrat. Als die ersten Juden verschwanden, habe ich geschwiegen; denn ich war ja kein Jude. Als ich selbst abgeführt wurde, war niemand mehr da, der reden konnte.'"
(Und dann sprach Albertz zum Radikalenerlass, der in Deutschland zu einer neuen Art von Inquisition geführt hat.)
Das Gefälle der Anpassung und die Dynamik des Freiheitsverlustes ist eine soziologische Tatsache. Das Gegengewicht, das Jesus beispielhaft darstellte, lässt sich nur setzen in der Anerkennung der Rebellion zur Freiheit und in der sehr gewagten Berufung auf Gottes Freiheitsgebot. Wer sich unter dieses Freiheitsgebot stellt, wird keine Ruhe haben; er wird immer Außenseiter sein, aber er wird eine Gelassenheit und Distanz erreichen, die es ihm ermöglicht, gegenüber allen anderen Mächten, gegenüber ihren Drohungen und ihren Verlockungen immun zu sein.

Einst und jetzt.

Von Rata Langa, Rom.

Verantwortlich für die Redaktion Georg Baßler in Stuttgart. — Verlag und Druck von J. H. W. Dietz Nachf. (G. m. b. H.) in Stuttgart, Furthbachstraße 12.

Politische Weihnachts-Idylle

Knecht Rupprecht: *Könnt ihr auch ein wohlgefälliges Gebetlein hersagen?*
Sonst müsst ihr in den Sack.

Die Kinder: *O Aegir, Herr der Fluthen,*
Dem Nix und Möck sich beugt.

Die Geburt

Robert Gernhardt

Als aber in der finsteren Nacht
die junge Frau das Kind zur Welt gebracht,
da haben das nur zwei Tiere gesehn,
die taten grad um die Krippen stehn.

Es waren ein Ochs und ein Eselein,
die dauerte das Kindlein so klein,
das da lag ganz ohne Schutz und Haar
zwischen dem frierenden Elternpaar.

Da sprach der Ochs: „Ich geb dir mein Horn.
So bist du wenigstens sicher vorn."
Da sprach der Esel: „Nimm meinen Schwanz,
auf dass du dich hinten wehren kannst."

Da dankte die junge Frau,
und das Kind empfing Hörner vorn und ein
Schwänzlein hint.
Und ein Hund hat es in den Schlaf gebellt.
So kam der Teufel auf die Welt.

Auch eine Bescherung

Der kalte Himmel und die warme Hölle

„Den Schiebern und Wucherern ist der Eintritt zu versagen, — hier in unsern warmen Räumen sollen nur frierende Arbeiter und deren Angehörige Unterkunft für die kalte Jahreszeit finden."

Heiliger Abend.

Nicht wahr, Papa! Das sind Alles Zuchthaus-Kandidaten?

SÜDD. POSTILLON

Nr. 26. 1897. XVI. Jahrgang. ✻ Weihnachts-Nummer. ✻ Preis pro Nummer 10 Pfg.

Alles Glaubenssache

Ursula Haucke

Sohn: Papa, Charly hat gesagt, seine Schwester hat gesagt, ohne irgendwas Höheres geht's eben auch nicht …

Der Vater gibt abwesend einen halb zustimmenden Laut von sich.

Sohn: Ich meine, sie sagt: Da lohnt sich eigentlich das ganze Leben nicht, wenn's da nicht noch irgendeinen Sinn gibt. –

Vater immer noch abwesend: Da hat sie schon recht …

Sohn erstaunt: Du findest das also auch?

Vater: Sicher. Wenn man nur arbeiten würde, um essen zu können, und nur schlafen, um arbeiten zu können – das wäre wohl ein bisschen wenig.

Sohn: Aber es gibt doch gar nichts Höheres heute!

Vater jetzt richtig da: Was soll denn das heißen? Es gibt nichts „Höheres"?

Sohn: Na, dann sag doch mal was!

Vater: Dazu könnte ich eine ganze Menge sagen – aber zunächst mal müsste man sich darüber klar werden, was man unter „Höherem" verstehen will …

Sohn: Sag doch einfach mal, was, dann werden wir schon sehen!

Vater: In erster Linie haben wir schließlich die Religionen. In unserem Kulturbereich heißt das: die christliche Religion.

Sohn: Die glaubt doch aber keiner mehr so richtig, oder?

Vater: Was redest du denn da? Selbstverständlich glauben die Menschen an ihre Religion.

Sohn: Woran merkt man denn das?

Vater: Woran merkt man das! An vielem. Äußerlich schon mal daran, dass die meisten Menschen einer Kirche angehören.

Sohn: Wir auch?

Vater: Das fragst du mich? Das ist ja wohl einigermaßen blamabel. Selbstverständlich gehören wir einer Kirche an.

Sohn: Aber rein gehn wir nicht. Ich meine, so jeden Sonntag, wie du früher immer musstest.

Vater: Ja, musstest. Du sagst es! Wir mussten als Kinder eben noch genau das tun, was die Eltern anordneten. Da hat uns keiner gefragt, ob wir wollten oder nicht.

Sohn: Du hast mich aber auch nicht gefragt, ob ich in die Kirche gehen will oder nicht!

Vater: Ach! Willst du damit vielleicht sagen, dass ich dir etwas vorenthalten habe?! Möchtest du vielleicht jeden Sonntag früh aufstehen und dir eine Predigt anhören, wie??

Sohn: Ich weiß ja nicht. Interessanter als Autowaschen wär's ja vielleicht …

Vater: Na bitte schön, wenn das so ist, dann können wir das gern einführen! Dann wird sonntags zur Kirche gegangen. Aber dann auch regelmäßig und ohne Widerrede, verstanden??

Sohn: Ich weiß gar nicht, warum du dich so aufregst, Papa. Du hast gerade gesagt, Kirche wäre was Höheres.

Vater: Allerdings, ja. Aber ich war davon ausgegangen, dass die Religion etwas ist, wohin jeder Mensch von allein kommen muss, ohne Zwang.

Sohn: Es will dich ja gar keiner zwingen.

Vater: Wer redet denn von mir?!

Sohn: Na ich, weil du doch nicht in die Kirche gehen willst.

Vater: Es geht nicht um „wollen". Ich komme nicht dazu … ich brauche den Sonntag, um eine Menge zu erledigen, wozu ich in der Woche nicht komme.

Sohn: Macht ja auch nichts. Aber was hast du denn sonst Höheres?

Vater: Dasselbe, was alle andern Menschen auch haben. Wovon sie zumeist nur keinen Gebrauch machen! Die Kunst, die Kultur und die Wissenschaften zum Beispiel. Wenn ich in die Sternwarte gehe … Wenn ich mir das Universum begreiflich zu machen versuche, dann hebt mich das auch aus dem Alltag heraus - falls du das verstehst.

Sohn: Mit dir war ich aber noch nie in der Sternwarte. Nur mit der Klasse.

Vater: Da warst du auch noch zu klein – als ich das letzte Mal da war.

Sohn: Und das hebt dich immer noch aus dem Alltag raus? – Kann ich mir gar nicht denken.

Vater: Dann lässt du's eben bleiben …

Sohn: Jedenfalls – für die Jugendlichen reicht so was bestimmt nicht. Charlys Schwester sagt,

die brauchen irgendwas, wo sie sich so richtig reinschmeißen können!
Vater: Ja, mit dem Mund, wie?! Denn wenn sie wirklich mal gefordert werden, da schmeißen sie sich nicht rein, da schmeißen sie alles gleich wieder hin! Die Schule, die Lehre, den Job – was du willst!
Sohn: Das ist doch aber auch alles bloß was zum Lernen und Geldverdienen – das ist doch nichts Höheres!
Vater: Nun verschon mich doch bloß mal mit deinem „Höheren"! Das ist ja schrecklich. Sollen die Jugendlichen mal die Klassiker lesen anstatt der Comic-Hefte, und Hausmusik machen, anstatt sich das Rock- und Pop-Gekreische anzuhören, dann wird's ihnen schon besser gehen!
Sohn: Kann ich mir nicht vorstellen. Charlys Schwester sagt, wir haben bei uns vor lauter Wirtschaftswunder – oder was das war – da haben wir eben alles Höhere vergessen.
Vater: Nicht noch mal dieses Wort, bitte!
Sohn: Wie soll ich das denn sonst sagen?! Jedenfalls, wenn jetzt irgend so ein Heiliger ankommt, mit Meditation und alldem, da braucht man sich gar nicht zu wundern, dass da so viele hinlaufen. Die denken eben, der sagt ihnen, wie sie irgendwie besser leben können. Glücklicher.
Vater: Der sagt ihnen vor allem, wie er besser und glücklicher leben kann! Der lässt sie betteln gehen und schickt die Mädchen auf die Straße! ... zum Singen oder Zettelverteilen. Bei manchen Sekten müssen sie sogar ihren gesamten Besitz abliefern.
Sohn: Das machen die doch aber alles freiwillig ...
Vater: Anfangs sicher. Aber nach einer gewissen Zeit haben sie offenbar gar keinen eigenen Willen mehr. Das Ganze ist schon sehr rätselhaft.
Sohn: Charlys Schwester findet das gar nicht rätselhaft. Sie sagt, das sind alles die Folgen von seelischen Mangelerscheinungen.
Vater ironisch: Mangelerscheinungen! Das erklärt dann wohl auch den Haarausfall, von dem einige Sekten befallen zu sein scheinen ...
Sohn: Die sind denen doch nicht ausgefallen! Die haben sich doch extra kahl scheren lassen!
Vater: Was du nicht sagst ...
Sohn eifrig: ... damit man gleich sieht, dass sie Schönheit und all so was nicht mehr brauchen.
Vater: Vielleicht waren sie ja mit Haaren auch nicht schöner ...
Sohn: Wie kommst du denn darauf? Ich hab schon welche gesehen, die sahen sogar ohne Haare richtig schön aus!
Vater: Na, dann ist ja alles in bester Ordnung.
Sohn: Gar nichts ist in Ordnung. Überleg doch mal, Papa, wenn einer so irre Sachen mit sich machen lässt – Haare abschneiden und betteln und alles abgeben – dann muss ihm doch echt irgendwas fehlen!
Vater: Ja, das glaube ich allerdings auch! Was denen allen fehlt, ist eine feste Hand! Und was die Eltern in dieser Beziehung versäumt haben, das holen jetzt andere nach!
Sohn: Du meinst, die Eltern hätten die schon betteln schicken sollen?
Vater: Red nicht solch einen Blödsinn. Du weißt genau, was ich meine. Die Eltern hätten ihnen von allem Anfang an sagen müssen, was sie zu tun und was sie zu lassen haben.
Sohn: Vielleicht haben die Eltern immer bloß von Geld geredet oder von Lernen und „was lernen". Ich meine, vielleicht haben die immer was gesagt, was die Kinder nicht gut fanden.
Vater wütend: Und was ist jetzt? Was da bei diesen komischen Heiligen geschieht, das wollten die Kinder am Ende wohl auch nicht. Schade, dass man diese Sekten nicht einfach verbieten kann. Das ist doch fast schon kriminell, was die da machen!
Sohn: Aber die sind doch nicht alle so! Du kannst doch nicht alle in einen Topf schmeißen. Charlys Schwester kennt welche, die sind unheimlich nett. Die meditieren immer und dann überlegen sie, was sie machen können, damit es allen Leuten besser geht. Und zwingen tun die auch keinen!
Vater: Mag ja sein. Sicher gibt's auch Sekten, gegen die im Prinzip gar nichts einzuwenden wäre. Aber deswegen passen sie trotzdem nicht in unseren Kulturkreis.

Krippenspiel in Berlin

(Zeichnung von Ernst Heilemann)

„Ich find' die Idee so originell!"

Bei Medizinalrats

(Zeichnung von Blix)

„Und auch an Sie haben wir gedacht, liebe Christine. Hier haben Sie einen Bon, gegen den mein Mann Ihnen mal zum halben Preis den Blinddarm operieren wird.“

Sohn: Was passt denn in unseren Kulturkreis?
Vater: Das habe ich dir doch schon gesagt: unsere eigenen Religionen!
Sohn: Aber die nützen doch gar nichts. Ich meine, deswegen sind die Leute doch nicht nett zueinander. Die, die Charlys Schwester kennt, die vertragen sich alle ganz dufte.
Vater: Das kann sich jeder andere Mensch auch suchen: einen Kreis, in dem er sich wohl fühlt.
Sohn: Das ist bei denen aber noch was anderes. Weil die doch an was glauben.
Vater: Was sind das schon wieder für große Worte: An was glauben! Jeder Mensch glaubt an irgendetwas!
Sohn: An was glaubst du denn?
Vater abweisend: An so einiges.
Sohn: Auch an was Richtiges?
Vater: Was heißt „was Richtiges"? Ich glaube zum Beispiel daran, dass man sich bemühen muss, mit Anstand und ohne anderen Menschen zu schaden, durch dieses Leben zu gehen!
Sohn: Und warum sagst du das so wütend?
Vater: Ich sage es nicht wütend, ich sage es mit Nachdruck, weil du mich immer wieder dasselbe fragst!
Sohn: Du sagst es doch wütend. – Unser Lehrer hat mal gesagt, ein richtiger Glaube, der beruhigt die Menschen.
Vater (tiefes Aufseufzen): Ist nun Schluss? …
Sohn: Weißt du, was ich denke, Papa?
Vater: Nein.
Sohn: Ich denke – was du so ‚Höheres' hast, das reicht hinten und vorn nicht!

Maria
Bertolt Brecht

Die Nacht ihrer ersten Geburt war kalt gewesen.
In späteren Jahren aber
vergaß sie gänzlich
den Frost in den Kummerbalken und rauchenden Ofen
und das Würgen der Nachgeburt gegen Morgen zu.
Aber vor allem vergaß sie die bittere Scham,
nicht allein zu sein,
die dem Armen eigen ist.
Hauptsächlich deshalb
ward es in späteren Jahren zum Fest, bei dem
Alles dabei war.
Das rohe Geschwätz der Hirten verstummte.
Später wurden aus ihnen Könige in der Geschichte.
Der Wind, der sehr kalt war,
wurde zum Engelsgesang.
Ja, von dem Loch im Dach, das den Frost einließ, blieb nur
der Stern, der hineinsah.
Alles dies kam vom Gesicht ihres Sohnes,
der leicht war,
Gesang liebte,
Arme zu sich lud
und die Gewohnheit hatte,
unter Königen zu leben
und einen Stern über sich zu sehen
zur Nachtzeit.

Kompagnie-Weihnachten!

— **Was! Weihnachtssuppe! Die schmeckt ja unter aller Kanone, wer soll denn die fressen?**
— **„Wir, Herr Oberst!"**

Worte und Werke

(Zeichnungen von Wilhelm Schulz)

„Komm, Herr Jesus, sei unser Gast und segne, was du uns bescheret hast, Amen! Gesegnete Mahlzeit!"

„Das tut mir aber leid, eben haben wir gegessen!"

Spezial-Nummer Das Zentrum

Konfisziert gewesen!

usgabe Nummer 42

issimus

e Wochenschrift

Reichspost-Zeitungsliste: No. 7330
Bayr. Post-Zeitungsliste: No. 835

Der Heiland (Zeichnung von Wilhelm Schulz)

„Und Die heißen sich heute meine Jünger?!"

Vor der Suppe.

„Komm, Herr Jesu, sei unser Gast!"

Fünf Beweise, dass es den Weihnachtsmann nicht geben kann

Peter Roetscher

1.) Keine bekannte Spezies der Gattung Rentier kann fliegen. Aber es gibt 300.000 Spezies von lebenden Organismen, die noch klassifiziert werden müssen, und obwohl es sich dabei hauptsächlich um Insekten und Bakterien handelt, schließt dies nicht mit letzter Sicherheit fliegende Rentiere aus, die nur der Weihnachtsmann bisher gesehen hat.
2.) Es gibt 2 Milliarden Kinder (Menschen unter 18) auf der Welt. Aber da der Weihnachtsmann (scheinbar) keine Moslems, Hindus, Juden und Buddhisten beliefert, reduziert sich seine Arbeit auf etwa 15% der Gesamtzahl – 378 Millionen Kinder (laut Volkszählungsbüro). Bei einer durchschnittlichen Kinderzahl von 3,5 pro Haushalt ergibt das 91,8 Millionen Häuser. Wir nehmen an, dass in jedem Haus mindestens ein braves Kind lebt.
3.) Der Weihnachtsmann hat einen 31-Stunden-Weihnachtstag, bedingt durch die verschiedenen Zeitzonen, wenn er von Osten nach Westen reist (was logisch erscheint). Damit ergeben sich 822,6 Besuche pro Sekunde. Somit hat der Weihnachtsmann für jeden christlichen Haushalt mit braven Kindern rund 1/1000 Sekunde Zeit für seine Arbeit:
Parken, aus dem Schlitten springen, durch den Schornstein klettern, die Socken füllen, die übrigen Geschenke unter dem Weihnachtsbaum verteilen, alle übrig gebliebenen Reste des Weihnachtsessens vertilgen, den Schornstein wieder raufklettern und zum nächsten Haus fliegen. Angenommen, dass jeder dieser 91,8 Millionen Stopps gleichmäßig auf die ganze Erde verteilt ist (was natürlich, wie wir wissen, nicht stimmt, aber als Berechnungsgrundlage akzeptieren wir dies), erhalten wir eine Gesamtentfernung von 120,8 Millionen km, nicht mitgerechnet die Unterbrechung für das, was jeder von uns mindestens einmal in 31 Stunden tun muss, usw. Das bedeutet, dass der Schlitten des Weihnachtsmannes mit 1.040 km pro

Sekunde fliegt, also der 3.000-fachen Schallgeschwindigkeit. Zum Vergleich: Das schnellste von Menschen gebaute Fahrzeug auf der Erde, der Ulysses Space Probe, fährt mit lächerlichen 43,8 km pro Sekunde. Ein gewöhnliches Rentier schafft höchstens 24 km pro Stunde.
4.) Die Ladung des Schlittens führt zu einem weiteren interessanten Effekt. Angenommen, jedes Kind bekommt nicht mehr als ein mittelgroßes Lego-Set (etwa 1 kg), dann hat der Schlitten ein Gewicht von 378.000 Tonnen geladen, nicht gerechnet den Weihnachtsmann, der übereinstimmend als übergewichtig beschrieben wird. Ein gewöhnliches Rentier kann nicht mehr als 175 kg ziehen. Selbst bei der Annahme, dass ein „fliegendes Rentier" (siehe Punkt 1) das zehnfache normale Gewicht ziehen kann, braucht man für den Schlitten nicht acht oder vielleicht neun Rentiere, sondern 216.000 Rentiere. Das erhöht das Gewicht – den Schlitten selbst noch nicht einmal eingerechnet – auf 410.400 Tonnen. Nochmals zum Vergleich: Das ist mehr als das vierfache Gewicht der „Queen Elizabeth".
5.) 410.400 Tonnen bei einer Geschwindigkeit von 1.040 km/s erzeugen einen ungeheuren Luftwiderstand – dadurch werden die Rentiere aufgeheizt, genauso wie ein Raumschiff, das wieder in die Erdatmosphäre eintritt. Das vorderste Paar Rentiere muss dadurch 16,6 TRILLIONEN Joule Energie absorbieren. Pro Sekunde. Jedes. Anders ausgedrückt: Sie werden praktisch augenblicklich in Flammen aufgehen. Das gesamte Team von Rentieren wird innerhalb von fünf Tausendstelsekunden vaporisiert. Der Weihnachtsmann wird währenddessen einer Beschleunigung von der Größe der 17.500-fachen Erdbeschleunigung ausgesetzt. Ein 120 kg schwerer Weihnachtsmann (was der Beschreibung nach lächerlich wenig sein muss) würde mit einer Kraft von 20,6 Millionen Newton an das Ende seines Schlittens genagelt.
Damit kommen wir zu dem Schluss: WENN der Weihnachtsmann irgendwann einmal die Geschenke gebracht haben sollte, hat er das nicht überlebt.

Weihnachtssterne
Süddeutscher Postillon, 1900

„Friede auf Erden – Pardon wird nicht gegeben!"

Die Wiege des Christentums war eine Krippe. Es ist der Krippe treu geblieben, nur hält es sich heute lieber zur „gefüllten Staatskrippe".

Ein wahres Glück, dass das „heilige Land" noch nicht deutsch ist, sonst stünde auf dem Ölberg längst ein Bismarckturm und auf Golgatha ein Hohenzollerndenkmal.

Der alte Herodes, der den Kindermord zu Bethlehem inszenierte, verdient die sittliche Entrüstung eigentlich nicht, mit der die Frommen ihn verfolgen. Er wollte ja nur die „bestehende Staats- und Gesellschaftsordnung" retten, also ein gutes Werk tun! Wie konnte er denn wissen, dass die Gutgesinnten später gerade in diesem speziellen Fall ihre ganze Überzeugung verleugnen würden?

Ein frommer Christ
Süddeutscher Postillon, 1900

Hausherr (zur Dienstmagd): Also, Kathi – heut ist das „Fest der Liebe".
Dass Sie mir also Ihre Kammer net zusperrn, wenn i heut Abend komm!

Religionsphilosophie

Arno Holz

O Herr, aus tiefer Not
schrei ich zu dir hinauf:
Gib mir mein täglich Brot
und etwas Butter drauf!
Ein Stückchen Leberwurst
wär schließlich auch nicht ohne;
du weißt, mein Teufelsdurst
ist deiner Schöpfung Krone!

Wär nur mein alter Hut
nicht so entsetzlich schief;
du weißt nicht, wie das tut
doch hier, hier brennt es tief:
Mein Flaus hält nur soso,
ich wollt, er wäre wärmer;
ein Winterpaletot
macht dich doch auch nicht ärmer!

Du siehst, mir fehlt noch viel
und meine Seele schreit,
ich finde keinen Stil
vor lauter Frömmigkeit!
Doch sei's. Ich bin ein Mann
und will mich nicht erdreisten,
nur musst du dann und wann,
mir auch was Extras leisten!

Für Klärchen einen Zopf,
ein Küh für meine Frau
und sonntags in den Topf
womöglich eine Sau!
Und lässt du einmal, geht's,
mich Kalkulator werden,
dann will ich dir auch stets
erkenntlich sein auf Erden!

Dann halt ich hübsch den Mund
bei andrer Spott und Hohn
und gründe einen Bund
für innere Mission.
Mein Fritz muss fürchterlich
Theologie studieren,
und schließlich lass ich mich
zum Kirchenrat kreieren!

Doch wenn du filzig bist,
dann dank ich für die Kur;
dann werd ich Atheist
und wähle bebelsch nur!
Dann mag Altar und Thron
nur dreist zusammenbrechen,
dann werd ich deinen Lohn
in Gold und Blut dir blechen!

Wenn ich einmal der Herrgott wär

Melodie: Da streiten sich die Leut herum
Karl Valentin

Wenn ich einmal der Herrgott wär,
mein erstes wäre das,
ich schüfe alle Kriege ab,
vorbei wär Streit und Hass.
Doch weil ich nicht der Herrgott bin,
hab ich auch keine Macht;
zum ewigen Frieden kommt es nie,
weil's immer wieder kracht.

Wenn ich einmal der Herrgott wär,
mein zweites wäre dies,
ich schüfe alle Technik ab,
's wäre besser ganz gewiss.
Dann gäb es auch kein Flugzeug mehr,
o Gott! Wie wär das nett!
Und ohne Angst da gingen wir
allabendlich ins Bett.

Wenn ich einmal der Herrgott wär,
ich gäbe in der Welt
den Menschen alle die Vernunft,
die, scheint's, noch vielen fehlt.
Doch weil mir das nicht möglich ist,
die Sache ist zu dumm,
drum bringen sich die Menschen mit
der Zeit noch alle um.

Wenn ich einmal der Herrgott wär,
ich glaub, ich käm in Wut,
weil diese Menschheit auf der Welt
grad tut, was sie gern tut.
Ich schaute nicht mehr lange zu,
wenn's miteinander raufen;
ich ließe eine Sintflut los
und ließ' sie all ersaufen.

Ja lieber Herrgott, tu das doch,
du hast die Macht in Händen,
du könntest diesen Wirrwarr doch
mit einem Schlag beenden.
Die Welt, die du erschaffen hast,
die sollst auch du regieren!
Wenn du die Menschheit nicht ersäufst,
dann lass sie halt erfrieren.

Weihnachtslegende

Bertolt Brecht

Am Heiligen Abend heut
sitzen wir, die armen Leut',
in einer kalten Stube drin,
der Wind geht draußen und geht' drin.
Komm, lieber Herr Jesus, zu uns, sieh an:
weil wir dich wahrhaft nötig hab'n.

Wir sitzen heute so herum,
als wie das finstere Heidentum.
Der Schnee fällt kalt auf unser Gebein,
der Schnee will unbedingt herein.
Komm, Schnee, zu uns herein, kein Wort:
Du hast im Himmel auch kein' Ort.

Wir brauen einen Branntewein,
dann wird uns leicht und wärmer sein.
Einen heißen Branntewein brauen wir,
um unsere Hütt tappt ein dick Tier.
Komm, Tier, zu uns herein nur schnell:
Ihr habt heut auch keine warme Stell.

Wir tun ins Feuer die Röck hinein,
dann wird's uns allen wärmer sein.
Dann glüht uns das Gebälke schier,
erst in der Früh erfrieren wir.
Komm, lieber Wind, sei unser Gast,
weil du auch keine Heimat hast.

Das Fest der Liebe (Zeichnung von J. B. Engl)

„Dö Uhr machst mir zum Präsent und dö schöna Ring'! Was du für a guat's Herz host, dös is schon arg, Maxl!" — „Es wär no mehra g'wesen, aber der Alte hat a so plärrt, daß bald d' Gendarmerie dazua komma wär."

Engelchens Weihnachtslexikon

Erwin Grosche, Dagmar Geisler, 2000

Advent
Advent verpennt,
ein Englein rennt
und muss sich nun beeilen,
Geschenke,
die man sich gewünscht,
rechtzeitig zu verteilen.

Bethlehem
In Bethlehem, zehn Kilometer südlich von Jerusalem, wurde Jesus in einem Stall geboren. An der Stelle, wo nach der Überlieferung seine Krippe gestanden hat, steht heute die Geburtskirche. Daneben befindet sich das Hotel "Zur baldigen Wiederkehr". Dort wird immer ein Zimmer für Jesus freigehalten, damit er bei seiner Wiederkehr auf die Erde nicht wieder in einem Stall schlafen muss.

Christkind
Das Christkind hat am 25.12. Geburtstag (*Bethlehem), und weil sich alle darüber freuen, wird Weihnachten gefeiert. Die Kerzen auf der Geburtstagstorte hängen an diesem Festtag am Weihnachtsbaum.

Heiligenschein
Ein Heiligenschein ist sehr praktisch. Er leuchtet so hell, dass man darunter sogar im Dunkeln ein Buch lesen kann. Natürlich unterstützt er dadurch auch die Flugsicherheit bei starkem Engelsaufkommen.

Knecht Ruprecht
Der Nikolaus wird bei seinen Besuchen auf der Erde manchmal vom Knecht Ruprecht begleitet. Ruprecht kommt in alten Säcken daher und trägt eine Rute, mit der er wild herumfuchtelt und alle ärgert. Zum Glück ist der heilige Nikolaus bei ihm und beschützt und belohnt alle kleinen Flügellosen.
Knecht Ruprecht ist im Himmel zum Ordnungsdienst eingeteilt. Er fegt den Himmel oft so wild aus, dass wir Engel einen großen Bogen um ihn und seine Staubwolken fliegen und auf der Erde unsere sauberen Freunde besuchen.

Wunder
Amerikanische Kollegen von Doktor Köllwitz haben folgende Rechnung aufgestellt: Bei weltweit 91,8 Millionen christlichen Haushalten mit Kindern muss der Weihnachtsmann in den 31 Stunden, die ihm zur Verfügung stehen, wenn man verschiedene Weltzeitzonen zugute hält, 822,5 Besuche pro Sekunde machen. Da er dabei fast 122,4 Millionen Kilometer zurücklegt, beträgt seine Schlittengeschwindigkeit rund 1097,6 km/s. Zum Glück hat der Weihnachtsmann noch Kollegen wie die Hexe Befana in Italien, den heiligen Nikolaus in Nordeuropa, die heiligen Drei Könige in Spanien und Lateinamerika und uns, sonst wäre dieses Pensum kaum zu schaffen.

Man soll nichts übertreiben,
aber es ist auch ein Wunder.

… wer daran zu zweifeln wagt,
trägt Jesu nicht im Herzen!

Süßer die Glocken nie klingen
Wilhelm Kritzinger

Süßer die Glocken nie klingen,
als zu der Weihnachtszeit,
s'ist als ob Engelein singen,
wieder von Friede und Freud',
wie sie gesungen in seliger Nacht,
wie sie gesungen in seliger Nacht.
Glocken mit heiligem Klang,
klinget die Erde entlang.

O, wenn die Glocken erklingen,
schnell sie das Christkindlein hört,
tut sich vom Himmel dann schwingen,
eilet hernieder, zur Erd,
segnet den Vater, die Mutter, das Kind,
segnet den Vater, die Mutter, das Kind.
Glocken mit heiligem Klang,
klinget die Erde entlang.

Klinget mit lieblichem Schalle
über die Meere noch weit,
dass sich erfreuen doch alle
seliger Weihnachtszeit.
Alle aufjauchzen mit herrlichem Sang,
alle aufjauchzen mit herrlichem Sang.
Glocken mit heiligem Klang,
klinget die Erde entlang!

Mahnung
Friedrich Rückert

Mein Kind, du bist schon lang
der Mutter aus der Wiegen,
nun hilf dir selbst! Wie du
dich bettest, wirst du liegen.
Die Flügel wuchsen dir,
gebrauche sie zum Fliegen.
Der kommt nicht auf den Berg,
der nicht hinaufgestiegen.
Greif an die Schwierigkeit,
so wirst du sie besiegen.

Weihnacht 1921
Der Wahre Jacob, 1921

Morgen kommt der Weihnachtsmann,
kommt mit seinen Gaben.
Jeder drängelt sich heran,
jeder will was haben:
Mister Harding kriegt zum Lohn
eine Flotten-Konvention
und den Löffel präsentieret,
über den man ihn balbieret.

Polen kriegt ganz Schlesien bald,
Frankreich kriegt Sanktionen,
Michel kriegt mit Vorbehalt
neue – Illusionen.
Und die brave Börsenschar
kriegt 'nen neuen Marktsturz gar.
Karlchen kriegt Madeiraweine,
Willem neue Heil'genscheine.

Eine kleine Eisenbahn
kriegt der gute Stinnes;
heil'ger Goldglanz blinkt ihn an
mühlosen Gewinnes.
Nur die Armut kriegt, o weh,
eine neue Powerteh.
Hoch der Brotkorb hängt im Traume
an dem schönen Weihnachtsbaume.

Ach, es kommt der Weihnachtsmann
an mit leeren Händen,
auch der grüne Baum im Tann
bringt uns keine Spenden:
Wucher, Wucher überall
bei der Weihnachtsglocken Schall –
und allein den Schiebern allen
wird's ein wahres „Wohlgefallen".

Eine andere Weihnachtsgeschichte

Heinrich Albertz

Es muss 1951 gewesen sein. Wir hatten ein Haus in einem Vorort von Hannover bezogen. Ein wahrer Glücksfall, sechs Jahre nach der Flucht aus Schlesien nun ein Haus, mit einem großen Garten, eigenen Zimmern für die Kinder, unvorstellbar nach der Enge zuvor. Und es war Weihnachten. Der Morgen des Heiligen Abends, für die Kinder die Stunde größter Ungeduld, für die Frau die Hetze letzter Vorbereitungen auf das große Fest. Sie musste noch einmal in die Stadt. Da liegt frierend und mit bettelnden Augen ein völlig verhungerter junger Hund vor der Haustür. Er möchte ins Haus, fressen und trinken. Er wird eingelassen und bekommt, was er will; gierig, völlig verhungert stürzt er sich auf den Fressnapf, umringt von den Kindern. Sie wollen ihn behalten. Aber nun – zu drei Menschenkindern noch ein Hund, und noch dazu dieser, verdreckt, eine Mischung aus Terrier und Pudel – und wem ist er entlaufen? Außerdem muss meine Frau in die Stadt. So wird er wieder hinausgeführt. Aber er läuft mit, immer hinter der Frau, als gehöre er schon dazu, bis zur Haltestelle. Die Straßenbahn kommt, er will mit einsteigen. Er darf es nicht. Er bleibt zurück, ein Häufchen Elend, frierend und schmutzig.

Meine Frau ist wohl eine kleine Stunde in der Stadt geblieben. Aber als sie – zurück mit den letzten Einkäufen – wieder aussteigt, sieht sie ihn wieder. Er hat diese Stunde gewartet, auf seine letzte Hoffnung: dass er aufgenommen würde ins Warme und Menschliche. So kommen sie beide zusammen wieder an, jubelnd von den Kindern begrüßt. Der Vater wird gefragt: Ja, am Heiligen Abend müssen wir ihn wohl aufnehmen. Im Stall von Bethlehem war sicher auch ein Hund. Auf den alten Bildern ist er immer wieder zu sehen. Er sieht dem kleinen Heimatlosen sehr ähnlich. So ist er geblieben. Er blieb 14 Jahre. Er war ein treuer Hund. Er zog mit uns nach Berlin und wurde der unbestrittene Herr ganzer Straßen in Lichterfelde. Er zeugte unzählige Kinder. Noch heute sind sie in Enkeln und Urenkeln zu erkennen, schwarzweiß, sehr preußisch. Er kämpfte mit allen Artgenossen, todesmutig. Er wartete Stunden vor den Gartentoren läufiger Hündinnen und fror einmal beinahe im Eise an. Er war Liebling und Held, sehr robust, fast ordinär, aber zuverlässig und uns allen unbeirrbar zugetan. Er starb 1965. Er hieß Fips. Wäre es nun nicht der Heilige Abend gewesen, damals in Westerfeld, hätten wir ihn je geschenkt bekommen?

Weihnachtswunsch

Simplicissimus, 1899

Die Glocken der Weihnacht tönen heut'
so dumpf. Ich höre verwundert
die Luft erfüllt von Totengeläut',
im Sterben liegt ein Jahrhundert.

Ich wünschte ihm einen sanften Tod,
es ist nicht viel dran verloren,
wird nur von hellem Licht umlobt,
das neue Jahrhundert geboren.

Das alte hat als Mörtelfrau,
sich redlich durchgeschlagen
und zu dem ragenden Zukunftsbau,
viel tüchtige Steine getragen.

Das ist ein guter Alltagsruhm,
kein Denkmal im Reiche der Geister.
O würde das neue dem Menschentum,
der große Dombaumeister.

O würden die Menschen endlich einmal
ein großer Lebensorden,
des alten Jahrhunderts Ideal,
ist gar zu schäbig geworden.

Und hat man's gepredigt auch Tag für Tag,
zuweilen sogar mit Ekstase,
der Mensch mit lebendigem Herzensschlag,
erkannte dahinter die Phrase.

O möge lehren die künftige Zeit:
Die Wahrheit ist immer das Beste,
und schön ist die atmende Wirklichkeit!
Das ist mein Wunsch zum Feste.

Dezemberabend. Von A. Fiebiger, München

Bethlehem heißt auf deutsch Haus des Brotes

Erich Fried

Jetzt ist wieder ein Kind verhungert.
Jetzt ist wieder ein Kind verhungert.
Diesen Satz kannst du sagen, so oft du willst.

Während du ihn sagst
verhungert wieder ein Kind,
denn du brauchst zu dem Satz
etwa zweieinhalb Sekunden.

Das ist ungefähr richtig,
denn 12 Millionen Kinder
verhungern in jedem Jahr.
Jetzt ist wieder ein Kind verhungert.

Halt: Das stimmt nicht.
In Wirklichkeit sind es viel mehr.
Gezählt wurden hier nur die Kinder
im Alter von unter fünf Jahren.

Die älteren Kinder
sind gar nicht mitgerechnet,
auch nicht die Väter und Mütter,
die gleichfalls verhungern.

Verglichen etwa
mit dem Kindermord Herodes‘
zu Bethlehem,
sind auch 12 Millionen schon zu viel.

Doch es gibt größere Zahlen,
z.B. Rüstungsausgaben:
derzeit fünfhundertfünfzig
Milliarden Dollar im Jahr.

Das geben die Herren der Welt aus,
in einem Jahr,
zu ihrem Schutz voreinander,
und jedes Jahr wird es mehr.

Auch König Herodes hat damals
die Kinder in Bethlehem
sterben lassen,
um seine Herrschaft zu schützen.

550 Milliarden
durch 12 Millionen Kinder,
das ergibt pro verhungertem Kind
125 Dollar pro Tag.

Mit weniger als
einem einzigen Dollar pro Tag
hätte keines von diesen Kindern
verhungern müssen.

Und auch wenn wir nicht nur die Kleinsten,
sondern alle Hungernden nehmen,
kommen auf jeden von ihnen
150 Dollar im Monat.

Nur kommt dieses Geld nicht wirklich
zu diesen Menschen:
nicht 150 Dollar
im Monat für jeden der hungert,

und nicht 125
täglich für jedes Kind
unter fünf Jahren, das hungert,
sondern gar nichts: Drum sterben sie weiter.

Herodes wollte sie schützen
wie die Herren von heute – doch er
ließ in Bethlehem nur eine Handvoll
Kinder sterben.

Der heiligste Abend

Kurt Eisner

Es war einmal eine Milliardenerbschaft. Die lagerte schon viele Jahrhunderte in einer großen Truhe. Und da im Laufe der Zeiten die Menschen mit dem geheimnisvollen Erblasser alle verwandt und verschwägert worden waren, so wurden sie insgesamt erbberechtigt. Das war ihnen ein großer Trost und eine wundersame Hoffnung. Einstweilen freilich fand niemand Zugang zu dem verschlossenen Schatz, denn es sollte alles nach Würde und Verdienst sowie nach dem Grad der Verwandtschaft verteilt werden. Etliche Vorwitzige meinten zwar, das Gerechteste wäre die gleiche Verteilung, aber diese wurden als unwürdige Erben sofort aus der Masse der Erbberechtigen ausgeschieden, indem man sie entweder auf einen Block legte, von dem dann durch eine wundersame Fügung der Kopf herunter rollte, oder auch auf Holzstößen so lange anwärmte, bis sie nicht mehr zu sehen waren; mitunter geschah solches auch mehreren Frechlingen zugleich. Viele tausend Advokaten hüteten den Schrein, der eitel Gold und Diamanten zentnerweise barg. Sie wachten, dass niemand sich an dem Gut vergreife, auf dass keiner zu kurz käme und übervorteilt würde. Sie trugen schwarze Mäntel und hatten eine Weisheit, die unermesslich war. Kamen aber die Hungernden zu ihnen und sprachen:
„Gebt uns einen Heller von unserem Erbteil, dann wollen wir zufrieden sein und keine Ansprüche fürderhin stellen", dann zürnten die schwarzen Mäntel gewaltig und schrieen: „Wir sind keine Betrüger, wir übervorteilen niemand, jeder muss voll erhalten, wozu er berechtigt ist; darum wartet, bis die Sache geklärt ist. Dann werden wir jeden zufrieden stellen."
Inzwischen bekamen die Advokaten die tarifmäßigen Gebühren, durchaus redlich nach der Höhe des Wertobjektes bemessen.
So starben die Geschlechter hin, in Not und Qual. Aber noch in der Sterbestunde freuten sie sich des Segens, dessen ihre Kinder und Enkelkinder teilhaftig würden. Längst hatte man, um Zweiflern und Ungläubigen zu begegnen, kleine Abbilder der Erbschaftstruhe, die man künstlich hergestellt hatte, überall im Lande aufgestellt, so dass jeder mit leiblichen Augen sehen konnte, wie alles ehrlich sei und mit rechten Dingen zugehe. Einmal im Jahr aber rief man das Volk zusammen, auf dass es gegenwärtig sei bei der großen Feier der Öffnung des Märchenschrankes. Man zündete dann viele, viele Lichter an, damit jedermann auch genau zu schauen vermochte, wie viel des Goldes und der Edelsteine hervorkämen, und damit niemand zu viel und niemand zu wenig raffte. Waren sie nun beisammen, dann sangen sie schöne Lieder, und die schwarzen Advokaten taten sehr feierlich und sprachen: „Harret aus, gleich werden wir öffnen, es ist nur noch eine Kleinigkeit zu erledigen." Dann schüttelten sie plötzlich betrübt die Köpfe und klagten: „Es stimmt noch nicht. Nur ein Weilchen Geduld. Auf Wiedersehen übers Jahr."
Das nannte man den heiligen Abend!
Und jedes Jahr kamen sie zusammen, und jedes Jahr wurden die Lichter angezündet, und jedes Jahr glaubte man schon, dass das Siegel vom Schloss sich löse, und jedes Jahr mussten sie wieder unverrichteter Sache heimwärts ziehen, elender denn zuvor.
Die Advokaten indessen schrieben allerlei Bedingungen aus, die noch vor der Auszahlung des Erbteils zu erfüllen seien. Dann käme der große Augenblick gewiss.
Im Namen der verschlossenen Truhe mussten die Menschen plötzlich übereinander herfallen und sich mit Schwertern und kleinen Kugeln metzeln. Durch solche Proben wurden die Erbrechtsscheine bekräftigt.
Oder es wurde ein Fürst eingesetzt. Vor dem knieten sie nieder, und wenn er guter Laune war, verprügelte er sie, und die Geprügelten mussten begeistert schreien: Mehr! Mehr!
Oder sie flochten Missetäter, die über die Erbschaft spotteten, aufs Rad und wetzten ihre Gedanken mit glühenden Reibeisen und beseitigten durch siedendes Öl ihre Hartnäckigkeit.
Oder es wurden die glücklichen Erben an den Pflug gespannt und mussten arbeiten Tag und Nacht. Und wenn die Früchte ihres Fleißes

reiften, dann wurden sie davongejagt, und andere, die nicht gearbeitet, verzehrten lachend den Ertrag ihrer Mühe. Nur so, das kündete man ihnen, würden sie allmählich wert des unermesslichen Glücks des verschlossenen Erbes. Dermaßen regierte die Truhe die Welt und die Menschheit, und die Advokaten wurden dick und fett. Die Jahre sanken in Staub, die Erde trank sich voll Blut und Qual, und die Zahl der heiligen Abende nahm zu, dass sie niemand mehr berechnen konnte. Die Menschen verkamen und starben, Finsternis umwob ihre Stirnen, und der blühende Garten der Welt verödete. Das Leben starb, die Freiheit kümmerte, und selbst die Hoffnung versiegte. Nur einmal im Jahr, am heiligen Abend, strömte es wie ein Rausch über die Elenden, ihre Augen entflammten, ihre Lippen wurden feurig, und ihre Muskeln reckten sich jung und sehnsüchtig. Diesmal, so hofften sie, wird es gewiss geschehen! Und sie zündeten die Lichter an, um alles genau zu erkennen, wenn das große Wunder den Sargdeckel sprengen würde. Die Lichter brannten herunter, und die abermals Getäuschten schlichen gebeugt davon, und die Advokaten drückten ihnen gerührt und tröstend die Hände: Wartet nur, übers Jahr! …

Und es kamen Zeiten, da wuchsen Menschen auf, die hatten nichts mehr zu verlieren. Sie lebten ohne Licht und Luft, arbeiteten nur und arbeiteten, sie wuschen sich in ihrem Schweiß und tranken ihre Tränen und wärmten sich an ihrem Fieber. Und endlich wurden sie ganz und gar zu hartem Stahl, der kein Hoffen mehr kannte und keinen alten Glauben. In ihren Hirnen und Augen aber begann ein Leuchten und Glimmen. Sie huben an zu denken, zu fragen, zu sehen und zu fordern. Fürwahr, lohnte denn die sagenhafte Erbschaft all die blutigen Prozesskosten auf? Niemand sah bisher einen armseligen Pfennig. Der rauen Männer wurden immer mehr, und sie berieten miteinander und kamen zu einem Entschluss.

Wieder kam die Nacht, wo man die Hoffenden zur Öffnung des Schatzes rief. Wieder leuchteten die Lichter, und die Advokaten blickten verheißungsvoll. Da plötzlich tauchte aus dem Dunkel der Ferne eine Schar Männer auf, sie stieg die Stufen empor und rief: „Zeigt uns den Schatz!“

Die Advokaten erbleichten, aber sie fassten sich und sagten sanft begütigend: „Ihr lieben Leute, nicht so stürmisch, habt nur noch geringe Zeit Geduld; mit eurem Ungestüm verwirrt ihr nur wieder die so mühsam gelösten und geordneten Fäden!“

„Zeigt uns den Schatz!“, schrieen herrisch die Männer. „Wir wollen sehen. Genug der Lüge!“

„Fort da, in den Kerker mit euch!“, kreischten die Advokaten und hatten alle Sanftmut verloren. Da huben die Männer die Äxte wider die Truhe.

„Ihr wisst nicht, was ihr tut. Ihr zerstört das Beste, wenn ihr dieses Holz gewaltsam zerstört, Verblendete!“

„Wir entlarven die Lüge“, antworteten die Männer.

„So erfahret denn, welch Kleinod dieser Schrein birgt“, riefen die Advokaten.

„Die Lüge“, spotteten die Männer.

„Die Liebe“, flüsterten die Advokaten verzückt, mit süßem Lächeln.

„Dann soll sie der Hass befreien“, brauste die Antwort. Und die Äxte fielen auf die Deckel. Die Lichter züngelten hoch, als wollten sie sich in das erschlossene Geheimnis hinabbeugen. Der Schrein zerstob in tausend Splitter, und nichts war in ihm zu sehen als ein weißer Wurm, der aus den Gängen, die er ins morsche Holz gebohrt, eilig und erschreckt hervorkroch …

An diesem Tag feierten die Menschen den heiligsten Abend.

„Sie, Herr Weihnachtsmann, bei uns können Sie noch billig einkaufen!“ / 1908

Der Anti-Katechismus

200 Gründe gegen die Kirchen und für die Welt
Karlheinz Deschner und Horst Herrmann

War dieser kreuzbrave „Jesus" vielleicht ein Rebell?
Leichter, als zu sagen, wer oder was „Jesus" gewesen ist, fällt die Aussage, wer er nicht gewesen ist. Ob er überhaupt gelebt hat, ist weder sicher zu bestreiten noch sicher zu erweisen. Für beide Annahmen sprechen Gründe. Es ist möglich, dass Jesus gelebt hat, vielleicht sogar wahrscheinlicher als das Gegenteil; doch auch dies ist nicht ganz auszuschließen. Wer es von vornherein abtut und die Geschichtlichkeit Jesu für zwingend erwiesen erklärt, ist befangen. Ein sicherer Beweis fehlt, und ein solcher ist auch kaum mehr zu erbringen, wenn keine neuen Quellen erschlossen werden. Die damalige Geschichtsschreibung jedenfalls schweigt. Das ganze nichtchristliche 1. Jahrhundert – das Jahrhundert Jesu – ignoriert ihn. Kein Historiker nimmt von ihm Notiz, weder in Rom noch in Griechenland oder Palästina.
Kein „christlicher" Lehrsatz, der sich nicht auch schon bei anderen finden ließe, so beispielsweise bei den „Essenern". Die 1947 entdeckten Schriften der „Essener"-Sekte (Qumran am Toten Meer), die zur Zeit Jesu entstanden und die in unmittelbarer Nahe seines Wirkens verfasst worden sind, erwähnen keinen Jesus aus Nazareth. Und dass die Historiker des 1. Jahrhunderts der christlichen Zeitrechnung schweigen, ist um so erstaunlicher, als eine ganze Reihe von ihnen ausführlich über die damalige Situation Palästinas schrieb. Im Gegensatz zum Nazarener Jesus ist der Täufer Johannes eine historisch einwandfrei belegte Persönlichkeit. Selbst Philon von Alexandrien (etwa 20 v. bis 50 n. Chr.), der ungerechtfertigte Hinrichtungen durch Pontius Pilatus anprangert, erwähnt die eines Jesus aus Nazareth nicht. Und nicht jeder „Jesus", der in zeitgenössischen Schriften erscheint, meint den Nazarener. Jesus war seinerzeit ein so beliebter Name wie zu anderen Zeiten Wilhelm oder Otto.

Seine Existenz aber vorausgesetzt, ist dieser Jesus nicht Christ, sondern Jude. Die Mitglieder seiner Urgemeinde heißen Hebräer (die neuere Forschung nennt sie „Judenchristen"). Jesus propagiert eine Mission nur unter Juden, Jesus ist stark von der jüdischen Apokalyptik beeinflusst, Jesus glaubt daran, dass das Gottesreich bald komme. Ob dieses Reich freilich jenes sein sollte, das uns die – mittlerweile gereinigten – Evangelien präsentieren, ist eine andere Frage. Ob der historische Jesus überhaupt der überbrave Gottessohn gewesen ist, der nach Meinung der Evangelisten von Gehorsam gegen den Vater überfließt! Vielleicht war alles ganz anders. Vielleicht war Jesus ein trotziger Sohn, der so wenig von „Vater" und „Vaterliebe" gehalten hat, dass ihn die Werteväter seiner Zeit umbringen mussten. Vielleicht haben sich die Evangelien nur deswegen durchsetzen können, weil sie aus dem rebellischen Sohn einen Bestätiger patriarchaler Gesellschaften im Himmel wie auf Erden gemacht haben, wer weiß. Jesus ist jedenfalls nicht der notorische Jasager gewesen, der zu allem, was auf ihn zukam, „Amen, lieber Vater" gesagt hat. Dieser Sohnesgehorsam passt freilich auffallend gut in die Interessenlage der Evangelien.
Jesus hat das unmittelbar bevorstehende Weltenende gepredigt und sich im Zentrum seiner Verkündigung vollständig getäuscht. Dies gilt als die sicherste Erkenntnis der gesamten modernen, historisch-kritischen, christlichen Theologie. Nicht um des Wahren willen, das Jesus gepredigt hat, sondern wegen einer Vorhersage, in der er sich geirrt hat, konnte dieser Mensch zum Mittelpunkt einer neuen Religion werden. Wäre das Weltenende wirklich so schnell eingetroffen, wie Jesus das gemeint hatte, wäre keine Kirche notwendig geworden. Nur sein Irrtum hat die Kirche gebracht; eine Selbsttäuschung hat ermöglicht, dass andere, wesentlich machtinteressiertere Kreise sich seiner Person bemächtigen und eine Täuschung größten Ausmaßes inszenieren konnten: Nicht

Jesu Reich ist auf die Welt gekommen, sondern die Kirche Christi. Zwischen beiden klaffen Abgründe, und jeder Versuch muss kläglich scheitern, Brücken von Jesus zu Christus, vom „Reich“ zur „Kirche“ zu bauen. Wer solche Hilfsbrücken konstruiert hat, nennt sich zwar „Brückenbauer“ (Pontifex maximus) wie der römische Papst, aber gelungen ist ihm eine tragfähige Konstruktion nie. Im übrigen ist selbst jener Petrus, der in Rom als Apostelfürst und „erster Papst“ eine Gemeinde gegründet haben und hingerichtet worden sein soll, eine ahistorische Legende. In Wirklichkeit wurde über das Schicksal des Fischers Simon („Petrus“) nichts bekannt, insbesondere nicht über Zeit und Umstände seines Todes. „Jesus aus Nazareth“ musste rekonstruiert werden, damit er zu dem passte, was heute „seine Kirche“ genannt wird. Er ist kein lebendiges Wesen mehr, sondern die Kunstfigur eines an bestimmten Aussagen interessierten Glaubens. Entsprechend unhistorisch ist alles, was sich auf seine Existenz beziehen soll und in den Evangelien berichtet oder in den klerikalen Dogmen ausgesagt wird: Geburtstag, Geburtsjahr und Geburtsort, wie sie die Evangelien und die fromme Tradition überliefern, sind historisch falsch. Jesus ist nicht in Bethlehem geboren worden. Der 25. Dezember hat eine heidnische Vorgeschichte und wurde im 3. Jahrhundert als Feiertag im Römischen Reich eingeführt zu Ehren des „Sonnengottes“. Es kann kaum ein blinder Zufall sein, dass Mithras, der Heiland und Sonnengott der Römer, von einer Jungfrau in der Krippe am 25. Dezember geboren worden sein soll, dass Hirten ihm gehuldigt haben, dass er der Welt den Frieden versprach, nur um später gekreuzigt zu werden, zu Ostern aufzuerstehen und in den Himmel zu fahren, um nur die auffallendsten Ähnlichkeiten zwischen seiner Legende und der des Jesus Christus zu erwähnen.
Jesus ist nicht das Kind einer Jungfrau; er stammt aus der Ehe einer Frau namens Maria mit einem Mann namens Joseph. Er hat selbst nicht ein einziges Mal etwas anderes gesagt. Der aufkommende Marienkult der Kirche musste Legenden erfinden und präsentieren: Die neue Göttin konnte nicht gut als Witwe eines jüdischen Zimmermanns vorgestellt werden. Die Geschichte vom Kindermord des Königs Herodes ist ebenso unhistorisch wie die Legende von der Flucht der Zimmermannsfamilie mit dem Jesuskind nach Ägypten.
Auch dass Jesus unverheiratet gewesen sein soll, ist kaum historisch. Dass er zu einer Art „männlicher Jungfrau“ stilisiert worden ist, hatte Methode. Sexualität mit ihm oder mit einem seiner Gefolgsleute zu verbinden erschien einer Kirche, die von Ehelosen gelenkt wurde, unpassend. Dass die über Jesus tradierten Wunderberichte fromme Ausschmückungen eines Heroenbildes darstellen, steht außer Zweifel. Eine spezielle Doktrin, die ihren Ursprung in Jesus aus Nazareth hätte, gibt es nicht. Es gibt auch kaum ein Wort Jesu, das in der jüdischen Literatur vor ihm nicht bereits – wenn auch modifiziert – nachzulesen gewesen wäre.
Jesus hat keinen „Zwölferkreis“ von Jüngern oder Aposteln ausgewählt. Die „Zwölf Apostel“ sind, von der Symbolzahl einmal abgesehen, eine spätere Konstruktion.
Das Gebot der Feindesliebe, mittlerweile als edelste Forderung des Christentums präsentiert, findet sich in den Urtexten überhaupt nicht, wohl aber, rigoroser, schon bei Platon.
Jesus hat niemals einen spezifischen Anspruch erhoben, der Messias der Juden zu sein. Er hat keinen der vielen messianischen Titel angenommen, die die Tradition ihm angeboten hätte. Sich „Christus“ zu nennen oder nennen zu lassen wäre ihm nicht in den Sinn gekommen. An den messianischen Huldigungen, die die Evangelien überliefern, ist – historisch gesehen – kein wahres Wort.
Die Passionsgeschichte ist legendarisch ausgeschmückt und hat sich niemals so zugetragen, wie sie die Evangelien berichten, Jesu Passion muss alttestamentarische Weissagungen bis ins Detail hinein „erfüllen“ – und wird entsprechend zurechtgebogen. Den Evangelisten stand hierzu biographisches Material so gut wie nicht zur Verfügung; Paulus schweigt sich aus. Augen- und Ohrenzeugen fehlen.
Entgegen der allgemeinen Annahme, ein Judas

habe Jesus verraten, ist diese Darstellung tendenziös. Auch wenn nach einer Umfrage von 1967 noch bare 91 Prozent der Befragten (die sonst wenig genug glaubten) an den Judasverrat geglaubt haben, ist dieser unhistorisch. Einen aufsehenerregenden Prozeß Jesu hat es ebensowenig gegeben wie bei den Hunderten und tausenden anderen Verurteilten, die unter Pontius Pilatus hingerichtet worden sind. Der römische Oberbeamte war – entgegen der evangelischen Schilderung – keineswegs mild gestimmt, sondern ein ausgesprochen harter Richter mit Vorliebe für standrechtliche Verfahren.

Wenige Jahre nach Jesu Tod wurde Pontius Pilatus auf jüdischen Protest hin aus seinem Amt abberufen.

Eine eigene Verhandlung vor dem Hohen Rat der Juden fand mit großer Wahrscheinlichkeit nicht statt.

Pontius Pilatus war es, der das Todesurteil gefällt hat. Dieses ist dann von seinen Legionären (wahrscheinlich Syrern) vollstreckt worden.

Ungewiss bleibt das genaue Todesdatum Jesu. Gegenwärtig wird der 7. April 30 als der wahrscheinlichste Termin angenommen. Jesus aus Nazareth, der sieben Jahre vor dem offiziellen Geburtsjahr geboren worden ist, wäre damit 37 Jahre alt geworden.

Der genaue Ort der Hinrichtung ist nicht zu ermitteln. Wo sich heute die Grabeskirche erhebt, dürfte er nicht gelegen haben. Dass jemals das Kreuz Jesu aufgefunden worden sei (nach 300 Jahren durch die Mutter des Kaisers Konstantin!), ist eine Lüge. Die auf die Welt verteilten Splitter vom „wahren Kreuz“ sind Fälschungen.

Die Behauptung, Jesus habe seinen Kreuzestod freiwillig auf sich genommen, ist absurd. Todessehnsucht ist dem jüdischen Denken ganz fremd.

Jesus hat kein einziges „Sakrament“ selbst eingesetzt. Getauft hat er niemanden. Sogar das Abendmahl hat er nur eingenommen, nicht aber als Sakrament der Kirche – von der er nichts ahnte – begründet.

Betrifft: Weiterbeschäftigung Weihnachtsmänner außerhalb der Advents- und Weihnachtszeit.

In Zuge dringend notwendiger Sparmaßnahmen sind den genannten Personen die folgenden berufsuntypischen Erwerbstätigkeiten durchaus zuzumuten:

1. Schnee – Recyclingarbeiten, Januar bis März

2. Andere Beiträge zur Alleinunterhaltung, etwa karnevalistische

3.

4. **Kurzfristige Bereitschaftsdienste, etwa als Pfingstsymbole**

5. Beim Anmachen auch anderer als Weihnachts-Bäume

6. Als lebensgroßer beweglicher Garten-, Landes- und Bundesschmuck

7. Als Body-Guard-Angel zum Schutz der Erhaltung der heiteren Gelassenheit himmlischer Heerscharen

**8. Bei der Abwehr gefräßiger Vögel,
die auf unsere reichhaltigen Felder drängen**

9. Als Mitarbeiter an der Weiterentwicklung noch tiefergreifender arbeitspolitischer Umstrukturierungsvorschläge allerdings wäre eine vorherige Weiterqualifizierung mit dem Berufsziel Oberweihnachtsmann nötig

Von allerley Weihnachtz-Wundern

Dieter Süverkrüp

Eyn geistlich Ständtgen
zu zween Stimmen / respondirend
so wohl / als theilweis auch
u n i s o n o sangbar.

Er:
„Sag' an / mein libblich Engellein:
Tun's heut noch Weihnachtz-Wunder seyn?
Ich seh sie nit rings ümb."

Sie:
„Parbleu! der Wunder seyndt gar viell.
Und wer sich nur recht wundern will /
der wundert sich wol drümb."

Alle beyde:
„Dummtriviallala / dummtriviallala /
der wundert sich wol drümb."

Er:
„Man findt in dihser arg schlimm Zeit
manch eynen / der ist ohn Arbeyt /
weß er nit frölig wirdt."

Sie:
„Dar gegen lihber Weihnachtz-Mann /
wird doch schon Wunders g'nug getan:
s'wird rationalisirt."

Alle beyde:
„Wunderilirila / wunderilirila /
s'wird rationalisirt."

Er:
„Auch ist / wie man erzehlen hört /
die Marck nur noch zween Heller werth.
Dieß heyßet Inflation."

Sie:
„Drumb hebt der reiche Handels-Mann /
so gut er kann / die Preyse an.
So reicht es for ihm schon."

Alle beyde:
„Krummplumpifallarah / krummplumpifallarah
So reicht es for ihm schon."

Er:
„Deßgleichen wirdt / wo hin man blickt /
vom Arbeyts-Lohne abgezwickt.
Und fehlt im Portemonnaie."

Sie:
„Hier heißt das Wunder: Mäßigung
bey jeglich Lohnes Forderung /
dieß räth die Äspehdeh."

Alle beyde:
„Schlummschmierilallala / schlummschmie-
rilallala /
Dieß räth die Äspehdeh".

Er:
„Doch welches Wunder hülff dann wol /
dass nicht mehr Krieg auffziehen soll
mit Mordt und Feuers-Brünst?"

Sie:
„Da hülfft nur schrecklich Drohn / und dromb
eyn wunderlig Neu-Drohnenbomb /
und auch viell Krieges Künst."

Alle beyde:
„Perfiderallala / perfiderallala /
und auch viell Krieges Künst."

Er:
„Doch sieh / es gehet / Strauß-O-Grauß /
sälbst von der FAZ Fazismus auß.
Manch eyner forcht sich sehr."

Sie:
„Da hülfft höchst sehr absunderlich
eyn Wunder gäntzlich wunderlich:
man thut / wie wenn nichts wär."

Alle beyde:
„Drumrummelatera / drumrummelalera /
man thut / wie wenn nichts wär."

Er: „Auch ist viell Forcht und Studir-Blätz /
viell Schul-Noth / Dumbheit / Tempo-Hätz /
und Sorgen männiglich."

Sie:
„Just gegen dieß / wie viellerley /
bekämpfft man sehr die Therrorey /
das fäzzt gar bänniglich."

Alle beyde:
„Miracularilum / miracularilum /
das fäzzt gar bänniglich."

Er:
„So viele Wunder / dortt und hieh?
Gleich / wie ich sehe / nüzzten sie
Gotts-leider nirgendt wo."

Sie:
„Eyn Wunder / das man sähen kann /
ist ja auch keins / du Weihnachtz-Mann!
Bey Wundern ist dieß so!"

Alle beyde:
„Achsoachjahaha / achsoachjahaha /
bey Wundern ist dieß so!"

Dieses so anmutig daherplätschernde Liedlein, das sich bei oberflächlicher Betrachtung ganz auf seinen engen historischen Raum einzuschränken scheint (Nordhessische Steilküste und Wattengebirge, Ende 17. Jahrh.), steckt doch für den aufmerksamen Leser voll von weit über jene Zeit hinausweisendem, ja beinahe bis in unsere Gegenwart reichendem Gedankengut. (Man nehme nur die höchst eigenwillige Setzung des ersten Refrains mit seinem hämmernden „dummtriviallala" oder die jäh synkopische Behandlung des Wortes Arbeit). Das überraschende Entdecktwerden dieses Gesangswerkes ist nur eines der vielen Ergebnisse der Forschungsarbeit des dynamisch jungen Archäologen-Teams des Verlages „pläne".

Nehmen Sie die vorliegende naturgetreue Wiedergabe des alten Liedblattes freundlich entgegen, als zeitgemäß besinnliche und gleichwohl bleibende Erinnerung an den bedeutsamen Jahreswechsel 1977-1978.

Mit durchaus folklorereichen Grüßen
Ihr Verlag „pläne"

Ermittlungsverfahren
Peter Schütt

Im Auftrage eines
bethlehemitischen Kaputtbesitzers
hat die Staatsanwaltschaft
von Nürnberg, Bayern,
ein Ermittlungsverfahren
gegen das jüdische
nicht sesshafte Pärchen
Maria und Josef eingeleitet,
weil beide im Verdacht stehen sollen,
am Vorweihnachtsabend
einen leer stehenden Stall am Stadtrand
instandbesetzt zu haben.

Die drei dunklen Könige
Wolfgang Borchert

Er tappte durch die dunkle Vorstadt. Die Häuser standen abgebrochen gegen den Himmel. Der Mond fehlte, und das Pflaster war erschrocken über den späten Schritt. Dann fand er eine alte Planke. Da trat er mit dem Fuß gegen, bis eine Latte morsch aufseufzte und losbrach. Das Holz roch mürbe und süß. Durch die dunkle Vorstadt tappte er zurück. Sterne waren nicht da.
Als er die Tür aufmachte (sie weinte dabei, die Tür) sahen ihm die blassblauen Augen seiner Frau entgegen. Sie kamen aus einem müden Gesicht. Ihr Atem ging weiß im Zimmer, so kalt war es. Er beugte sein knochiges Knie und brach das Holz. Das Holz seufzte. Dann roch es mürbe und süß ringsum. Er hielt sich ein Stück davon unter die Nase. Riecht beinahe wie Kuchen, lachte er leise. Nicht, sagten die Augen der Frau, nicht lachen. Er schläft.
Der Mann legte das süße mürbe Holz in den kleinen Blechofen. Da glomm es auf und warf eine Hand voll warmes Licht durch das Zimmer. Die fiel hell auf ein winziges rundes Gesicht und blieb einen Augenblick. Das Gesicht war erst eine Stunde alt, aber es hatte schon alles, was dazugehört: Ohren, Nase, Mund und Augen. Die Augen mussten groß sein, das konnte man sehen, obgleich sie zu waren. Aber der Mund war offen, und es pustete leise daraus. Nase und Ohren waren rot. Er lebt, dachte die Mutter. Und das kleine Gesicht schlief.
Da sind noch Haferflocken, sagte der Mann. Ja, antwortete die Frau, das ist gut. Es ist kalt. Der Mann nahm noch von dem süßen weichen Holz. Nun hat sie ihr Kind gekriegt und muss frieren, dachte er. Aber er hatte keinen, dem er dafür die Fäuste ins Gesicht schlagen konnte. Als er die Ofentür aufmachte, fiel wieder eine Hand voll Licht über das schlafende Gesicht. Die Frau sagte leise: Kuck, wie ein Heiligenschein, siehst du? Heiligenschein! dachte er, und er hatte keinen, dem er die Fäuste ins Gesicht schlagen konnte.
Dann waren welche an der Tür. Wir sahen das Licht, sagten sie, vom Fenster. Wir wollen uns zehn Minuten hinsetzen.
Aber wir haben ein Kind, sagte der Mann zu ihnen. Da sagten sie nichts weiter, aber sie kamen doch ins Zimmer, stießen Nebel aus den Nasen und hoben die Füße hoch. Wir sind ganz leise, flüsterten sie und hoben die Füße hoch. Dann fiel das Licht auf sie. Drei waren es. In drei alten Uniformen. Einer hatte einen Pappkarton, einer einen Sack. Und der dritte hatte keine Hände. Erfroren, sagte er, und hielt die Stümpfe hoch. Dann drehte er dem Mann die Manteltasche hin. Tabak war darin und dünnes Papier. Sie drehten Zigaretten. Aber die Frau sagte: Nicht, das Kind. Da gingen die Vier vor die Tür und ihre Zigaretten waren vier Punkte in der Nacht. Der eine hatte dicke umwickelte Füße. Er nahm ein Stück Holz aus seinem Sack. Ein Esel, sagte er, ich habe sieben Monate daran geschnitzt. Für das Kind. Das sagte er und gab es dem Mann. Was ist mit den Füßen? fragte der Mann. Wasser, sagte der Eselschnitzer, vom Hunger. Und der andere, der dritte? fragte der Mann und befühlte im Dunkeln den Esel. Der dritte zitterte in seiner Uniform: Oh, nichts, wisperte er, das sind nur die Nerven. Man hat eben zu viel Angst gehabt. Dann traten sie die Zigaretten aus und gingen wieder hinein.
Sie hoben die Füße hoch und sahen auf das kleine schlafende Gesicht. Der Zitternde nahm aus seinem Pappkarton zwei gelbe Bonbons und sagte dazu: Für die Frau sind die.
Die Frau machte die blassen blauen Augen weit auf, als sie die drei Dunklen über das Kind gebeugt sah. Sie fürchtete sich. Aber da stemmte das Kind seine Beine gegen ihre Brust und schrie so kräftig, dass die drei Dunklen die Füße aufhoben und zur Tür schlichen. Hier nickten sie noch mal, dann stiegen sie in die Nacht hinein.
Der Mann sah ihnen nach. Sonderbare Heilige, sagte er zu seiner Frau. Dann machte er die Tür zu. Schöne Heilige sind das, brummte er und sah nach den Haferflocken. Aber er hatte kein Gesicht für seine Fäuste.
Aber das Kind hat geschrieen, flüsterte die

Frau, ganz stark hat es geschrieen. Da sind sie gegangen. Kuck mal, wie lebendig es ist, sagte sie stolz. Das Gesicht machte den Mund auf und schrie.
Weint er? fragte der Mann.
Nein, ich glaube, er lacht, antwortete die Frau.
Beinahe wie Kuchen, sagte der Mann und roch an dem Holz, wie Kuchen. Ganz süß.
Heute ist ja auch Weihnachten, sagte die Frau.
Ja, Weihnachten, brummte er, und vom Ofen her fiel eine Hand voll Licht auf das kleine

Advent
Günter Grass

Wenn Onkel Dagobert wieder die Trompeten vertauscht
und wir katalytisches Jericho mit Bauklötzen spielen,
weil das Patt der Eltern
oder das Auseinanderrücken im Krisenfall
den begrenzten Krieg,
also die Schwelle vom Schlafzimmer zur Eskalation,
weil Weihnachten vor der Tür steht,
nicht überschreiten will,

wenn Onkel Dagobert wieder was Neues,
die Knusper-Kneißchen-Maschine
und ähnliche Mehrzweckwaffen Peng! auf den Markt wirft,
bis eine Stunde später Rickeracke … Puff … Plops!
der konventionelle, im Kinderzimmer lokalisierte Krieg
sich unorthodox hochschaukelt
und die Eltern,
weil die Weihnachtseinkäufe
nur begrenzte Entspannung erlauben
und Tick, Track, Trick –
das sind Donald Ducks Neffen –
wegen nichts Schild und Schwert vertauscht haben,
ihre gegenseitige, zweite und abgestufte,
ihre erweiterte Abschreckung aufgeben
und minimal flüstern und bitteschön sagen,

wenn Onkel Dagobert wieder mal mit den Panzerknackern
und uns, wenn wir brav sind, doomsday spielt,
weil wir alles vom Teller wegessen müssen,
weil die Kinder in Indien Hunger haben
und weniger Spielzeug und ABC-Waffen,
die unsere tägliche Vorwärtsverteidigung
vom Wohnzimmer bis in die Hausbar tragen,
in die unsere Eltern das schöne Kindergeld stecken,
bis sie über dreckige Sachen lachen,
kontrolliert explodieren
und sich eigenhändig,
wie wir unseren zerlegbaren Heuler,
zusammensetzen können,

wenn ich mal groß und nur halb so reich
wie Onkel Dagobert bin,
werde ich alle Eltern, die überall rumstehen
und von Kinder anschaffen und Kinder abschaffen reden,
mit einem richtigen spasmischen Krieg überziehen
und mit Trick, Track und Tick –
das sind die Neffen von Donald Duck –
eine Familie planen.
wo bös lieb und lieb bös ist
und wir mit Vierradantrieb in einem Land-Rover
voller doll absoluter Lenkwaffen
zur Schule dürfen,
damit wir den ersten Schlag führen können;
denn Onkel Dagobert sagt immer wieder:
Die minimale Abschreckung hat uns bis heute –
und Heiligabend rückt immer näher –
keinen Entenschritt weiter gebracht.

Interview mit dem Weihnachtsmann

Eine vorweihnachtliche Betrachtung

Erich Kästner

Es hatte schon wieder geklingelt. Das neunte Mal im Verlauf der letzten Stunde! Heute hatten, so schien es, die Liebhaber von Klingelknöpfen Ausgang. Mürrisch rollte ich mich rückwärts und öffnete.

Wer, glauben Sie, stand draußen? Sankt Nikolaus persönlich! In seiner bekannten historischen Ausrüstung. „Oh", sagte ich. „Der eilige Nikolaus!" „Der heilige, wenn ich bitten darf. Mit h!" Es klang ein wenig pikiert. „Als Junge habe ich Sie immer den eiligen Nikolaus genannt. Ich fand es plausibler." „Sie waren das?" „Erinnern Sie sich denn noch daran?" „Natürlich! Ein kleiner hübscher Bengel waren Sie damals!"

„Klein bin ich immer noch." „Und nun wohnen Sie also hier". „Ganz recht." Wir lächelten resigniert und dachten an vergangene Zeiten. „Bleiben Sie noch ein bisschen!", bat ich. „Trinken Sie noch eine Tasse Kaffee mit mir!" Er tat mir, offen gestanden, Leid.

Was soll ich Ihnen sagen? Er blieb. Er ließ sich herbei. Erst putzte er sich am Türvorleger die Stiefel sauber, dann stellte er den Sack neben die Garderobe, hängte die Rute an einen der Haken, und schließlich trank er mit mir in der Wohnstube Kaffee.

„Zigarre gefällig?" „Das schlag ich nicht ab." Ich holte die Kiste. Er bediente sich. Ich gab ihm Feuer. Dann zog er sich mit Hilfe des linken den rechten Stiefel aus und atmete erleichtert auf. „Es ist wegen der Plattfußeinlage. Sie drückt niederträchtig." „Sie Ärmster! Bei Ihrem Beruf!" „Es gibt weniger Arbeit als früher. Das kommt meinen Füßen zupass. Die falschen Nikoläuse schießen wie die Pilze aus dem Boden."

„Eines Tages werden die Kinder glauben, dass es Sie, den echten, überhaupt nicht mehr gibt." „Auch wahr! Die Kerls schädigen meinen Beruf! Die meisten von denen, die sich einen Pelz anziehen, einen Bart umhängen und mich kopieren, haben nicht das mindeste Talent! Es sind Stümper!" „Weil wir gerade von Ihrem Beruf sprechen", sagte ich, „hätte ich eine Frage an Sie, die mich schon seit meiner Kindheit beschäftigt. Damals traute ich mich nicht. Heute schon eher. Denn ich bin Journalist geworden." „Macht nichts", meinte er und goss sich Kaffee zu. „Was wollen Sie seit Ihrer Kindheit von mir wissen?" „Also", begann ich zögernd, „bei Ihrem Beruf handelt es sich doch eigentlich um eine Art ambulanten Saisongewerbes, nicht? Im Dezember haben Sie eine Menge Arbeit. Es drängt sich alles auf ein paar Wochen zusammen. Man könnte von einem Stoßgeschäft reden. Und nun ..." „Hm?" „Und nun wüsste ich brennend gern, was Sie im übrigen Jahr tun!" Der gute alte Nikolaus sah mich einigermaßen verdutzt an. Es machte fast den Eindruck, als habe ihm noch niemand die so nahe liegende Frage gestellt. „Wenn Sie sich nicht darüber äußern wollen ..." „Doch, doch", brummte er. „Warum denn nicht?" Er trank einen Schluck Kaffee und paffte einen Rauchring. „Der November ist natürlich mit der Materialbeschaffung mehr als ausgefüllt. In manchen Ländern gibt's plötzlich keine Schokolade. Niemand weiß wieso. Oder die Äpfel werden von den Bauern zurückgehalten. Und dann das Theater an den Zollgrenzen. Und die vielen Transportpapiere. Wenn das so weitergeht, muss ich nächstens den Oktober noch dazunehmen. Bis jetzt benutze ich den Oktober eigentlich dazu, mir in stiller Zurückgezogenheit den Bart wachsen zu lassen."

„Sie tragen den Bart nur im Winter?" „Selbstverständlich. Ich kann doch nicht das ganze Jahr als Weihnachtsmann herumrennen. Dachten Sie, ich behielte auch den Pelz an? Und schleppte 365 Tage den Sack und die Rute durch die Gegend? Na also. - Im Januar mache ich dann die Bilanz. Es ist schrecklich. Weihnachten wird von Jahrhundert zu Jahrhundert teurer!" „Versteht sich." „Dann lese ich die Dezemberpost. Vor allem die Kinderbriefe. Es

Bilder aus dem Familienleben

Nr. 24

Weihnachten an einem Grabe

(Zeichnung von Th. Th. Heine)

hält kolossal auf, ist aber nötig. Sonst verliert man den Kontakt mit der Kundschaft.“ „Klar.“ „Anfang Februar lasse ich mir den Bart abnehmen.“

In diesem Moment läutete es wieder an der Flurtür. „Entschuldigen Sie mich, bitte?“ Er nickte. Draußen vor der Tür stand ein Hausierer mit schreiend bunten Ansichtskarten und erzählte mir eine sehr lange und sehr traurige Geschichte, deren ersten Teil ich mir tapfer und mit zusammen-„gebissenen“ Ohren anhörte. Dann gab ich ihm das Kleingeld, das ich lose bei mir trug, und wir wünschten einander auch weiterhin alles Gute. Obwohl ich mich standhaft weigerte, drängte er mir als Gegengeschenk ein halbes Dutzend der schrecklichen Karten auf. Er sei, sagte er, schließlich kein Bettler. Ich achtete seinen schönen Stolz und gab nach. Endlich ging er.

Als ich ins Wohnzimmer zurückkam, zog Nikolaus gerade ächzend den rechten Stiefel an. „Ich muss weiter“, meinte er, „es hilft nichts. Was haben Sie denn da in der Hand?“ „Postkarten. Ein Hausierer zwang sie mir auf.“ „Geben Sie her. Ich weiß Abnehmer. Besten Dank für Ihre Gastfreundschaft. Wenn ich nicht der Weihnachtsmann wäre, könnte ich Sie beneiden.“ Wir gingen in den Flur, wo er seine Utensilien aufnahm. „Schade“, sagte ich. „Sie sind mir noch einen Teil Ihres Jahreslaufs schuldig.“ Er zuckte die Achseln. „Viel ist im Grunde nicht zu erzählen. Im Februar kümmere ich mich um den Kinderfasching. Später ziehe ich auf Frühjahrsmärkten umher. Mit Luftballons und billigem mechanischen Spielzeug. Im Sommer bin ich Bademeister und gebe Schwimmunterricht. Manchmal verkaufe ich auch Eiswaffeln in den Straßen. Ja, und dann kommt schon wieder der Herbst - und nun muss ich wirklich gehen.“

Wir schüttelten uns die Hand. Ich sah ihm vom Fenster aus nach. Er stapfte mit großen, hastigen Schritten durch den Schnee. An der Ecke Ungerstraße wartete ein Mann auf ihn. Er sah wie der Hausierer aus, wie der redselige mit den blöden Ansichtskarten. Sie bogen gemeinsam um die Ecke. Oder hatte ich mich getäuscht? Eine Viertelstunde danach klingelte es schon wieder. Diesmal erschien der Laufbursche des Delikatessengeschäftes Zimmermann Söhne. Ein angenehmer Besuch! Ich wollte bezahlen, fand aber die Brieftasche nicht gleich. „Das hat ja Zeit, Herr Doktor“, meinte der Bote väterlich. „Ich möchte wetten, dass sie auf dem Schreibtisch gelegen hat!“ sagte ich. „Nun gut, ich begleiche die Rechnung morgen. Aber warten Sie noch, ich bring’ Ihnen eine gute Zigarre!“ Die Kiste mit den Zigarren fand ich auch nicht gleich. Das heißt, später fand ich sie ebenso wenig. Die Zigarren nicht, die Brieftasche auch nicht. Das silberne Zigarettenetui war auch nicht zu finden. Und die Manschettenknöpfe mit den großen Mondsteinen und die Frackperlen waren weder an ihrem Platz noch sonst wo. Jedenfalls nicht in meiner Wohnung Ich konnte mir gar nicht erklären, wohin das alles geraten sein mochte. Es wurde trotzdem ein stiller hübscher Abend. Es klingelte niemand mehr. Wirklich, ein gelungener Abend. Nur irgendetwas fehlte mir. Aber was? Eine Zigarre? Natürlich! Glücklicherweise war das goldene Feuerzeug auch nicht mehr da. Denn das muss ich, obwohl ich ein ruhiger Mensch bin, bekennen: Feuer zu haben, aber nichts zum Rauchen im Haus, das könnte mir den ganzen Abend verderben!

Das neue Kind (Th. Th. Heine)

„Bitte, liebes Christkind, gib mir einen guten Börsentip!"

Im Kreise froher Weihnachtsgäste
sei uns gegrüßt, o Lichterbaum!

Weihnachtsbaum

Meyers Konversations-Lexikon. Ein Nachschlagewerk des Allgemeinen, 1897

(Christbaum), ein mit brennenden Lichtern und Gaben geschmückter Baum, der in germanischen Ländern fast überall auf dem Weihnachtstisch prangt und der germanischen und keltischen Julfeier zu entstammen scheint. In Ion Arnasons „Isländischen Volkssagen" wird von einer heiligen Eberesche berichtet, welche in der Julnacht auf allen Zweigen voller Lichter strahlt, die kein Wind zu löschen vermag. Die, wie es scheint, schon aus altkeltischen Zeiten stammende und in England noch heute bestehende Sitte, das Haus zur Julzeit mit grünen Mistelbüschen zu schmücken, und verschiedene Zeremonien, die sich ehemals im ganzen nördlichen Europa bis nach Frankreich und den slawischen Ländern an den brennenden Julblock knüpften (den man ebenso selbst wie an demselben angezündete und dann gelöschte Zweige als Lebens- und Fruchtbarkeitssymbole bis zum nächsten Julfest aufbewahrte), deuten darauf hin, dass der brennende Baum ursprünglich als ein Symbol der zu Weihnachten neugebornen Stunde und Naturkraft galt. In den christlichen Zeiten wurde derselbe dann zum Symbol des neugebornen Heils, daher die im germanischen Märchen in der Weihnachtsnacht blühenden Apfelbäume (zur Erinnerung an die durch den Apfelbaum in die Welt gekommene und durch den nun gebornen Heiland getilgte Sünde). In französischen Dichtungen des 12. und 13. Jahrhunderts geschieht des strahlenden Weihnachtsbaumes wiederholt Erwähnung, auch wird des an der Spitze thronenden nackten Kindes (des Weihnachtsengels) gedacht. Dann verlor sich der Gebrauch in Frankreich ganz bis auf das Elsaß, wo Dannhauer in Straßburg im 17. Jahrh. gegen den Weihnachtsbrauch, einen Tannenbaum mit Zucker und Puppen zu behängen und hernach zu plündern, eifert. Auch bei uns sind die Erwähnungen spärlich, und erst seit wenig über hundert Jahren kam er wieder bei uns stärker in Aufnahme und verdrängt neuerdings immer weiter die sonst in Südeuropa üblichen so genannten ‚Krippen'. Seit dem Krieg von 1870/71 hat er auch in Frankreich von neuem Fuß gefasst. Vgl. Mannhardt, Wald- und Feldkulte, Teil 1 (Berl. 1875).

4. Jahrgang Preis 10 Pfg. Nummer 39

SIMPLICISSIMUS

Abonnement vierteljährlich 1 Mk. 25 Pfg. Illustrierte Wochenschrift Post-Zeitungskatalog Nr. 6980

Durchs dunkelste Deutschland

3.

Weihnachten im Gefängnis

(Zeichnung von Th. Th. Heine)

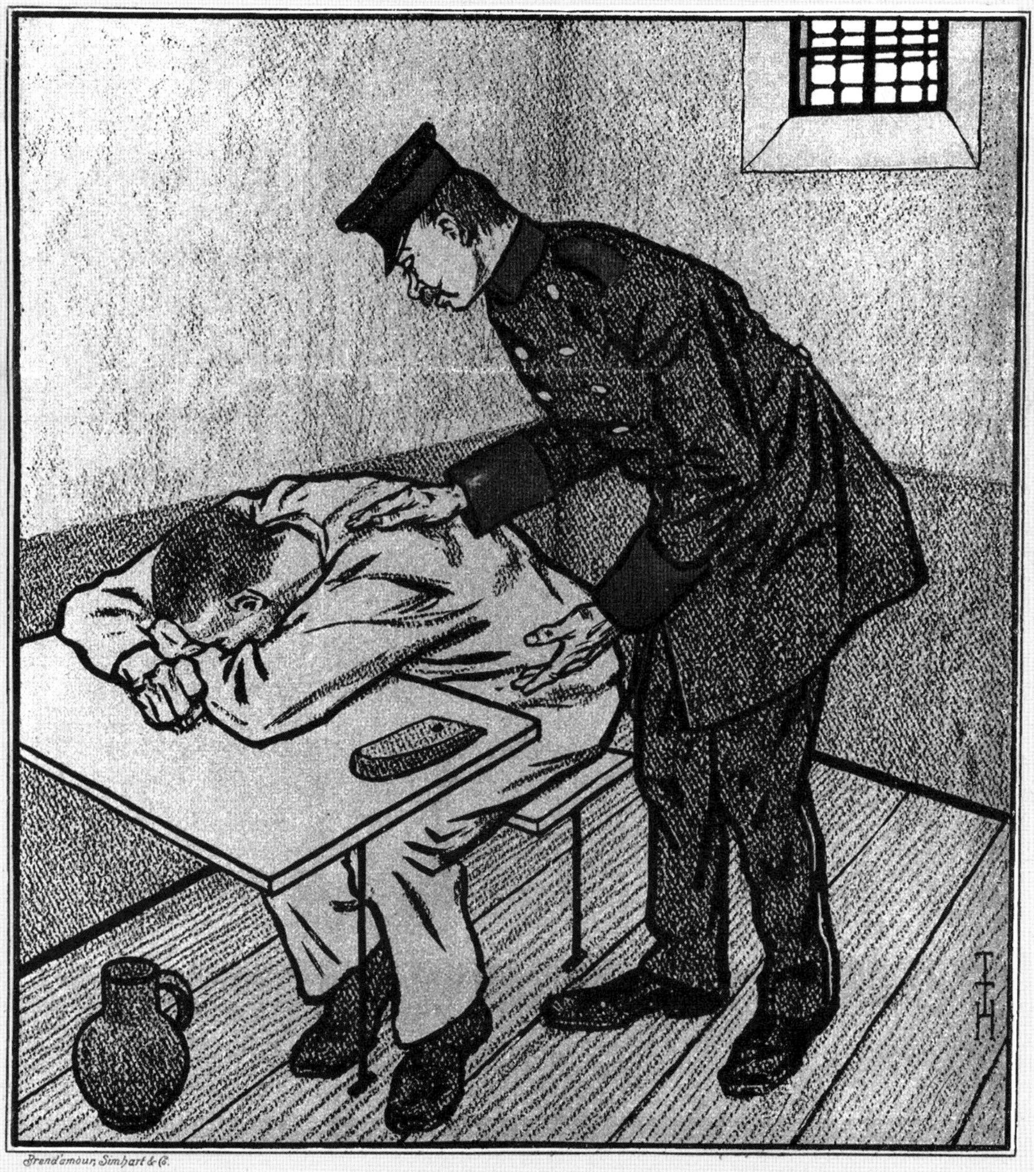

Brend'amour, Simhart & Co.

„Ich habe Sie eune Rosine uff Ihr Schwarzbrot gelegt, daß Se doch ooch wissen, daß Weihnachten is; aber lassen Se sich janich dermit erwischen, sonst werde ich sofort entlassen.“

Weihnachtslied

Melodie: Strömt herbei, ihr Völkerscharen.
Ludwig Pfau

Im Kreise froher Weihnachtsgäste
sei uns gegrüßt, o Lichterbaum!
Verheißung strahlten deine Äste
manch kindlichem Erlösungstraum.
Doch was auch beschert wir fanden,
wie stolz das Halleluja klingt:
Der Heiland ist noch nicht erstanden,
der der Welt die Freiheit bringt.

Einst folgten, Lieder auf den Lippen,
die Weisen Bethle'ms Leuchte gern. –
So heißt's; das Kind lag in der Krippen,
doch war sein Stern ein Wandelstern.

Die heitern Strahlen floh'n und schwanden,
wo starker Wahn die Schleier schlingt:
Der Heiland ist noch nicht erstanden,
der der Welt die Freiheit bringt.

Er barg in seines Purpurs Falten,
der junge Gott, ein Büßerkleid!
Die „Gnade" mag im Himmel walten,
die Erde braucht Gerechtigkeit!
Die Liebe zwingt mit neuen Banden,
ob auch die alte Fessel springt:
Der Heiland ist noch nicht erstanden,
der der Welt die Freiheit bringt.

Der Glaube ist die schlimmste Bürde,
das beste Gut die Wissenschaft.
Die Arbeit ist die höchste Würde,
die uns erlöst durch uns're Kraft.
Er kommt in rußigen Gewanden,
der Retter, der die Hölle zwingt:
Der Heiland ist noch nicht erstanden,
der der Welt den Frieden bringt.

Kein Gott hat uns empor gehoben,
kein Christ säugt jede Mutter groß!
Es kommt der Segen nicht von oben,
das Heil wächst in der Menschheit Schoß.
Wenn wir die Christnacht überwanden,
dass Menschentag die Welt durchdringt;
dann ist der Heiland erst erstanden,
der der Welt die Freiheit bringt.

Schon pflanzt der Geist der Überwinder
der Zukunft großen Weihnachtsbaum,
um den die Völker einst, wie Kinder,
sich sammeln unterm Himmelsraum.
O Weihnacht! Wenn er ob den Landen
die riesigen Lichteräste schwingt:
Dann ist in jeder Brust erstanden,
der Heiland, der die Freiheit bringt.

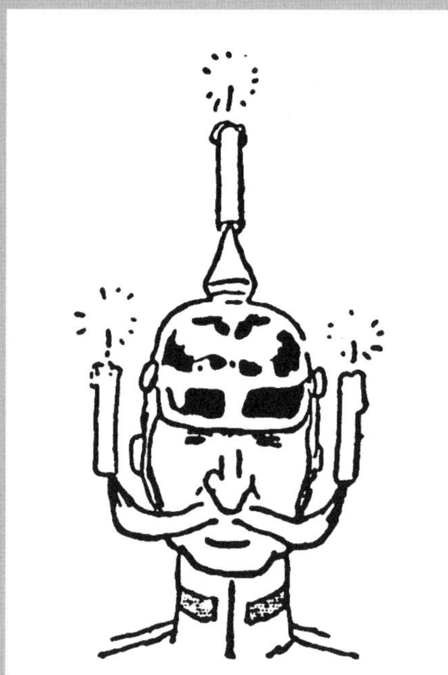

O Tannenbaum

O Tannenbaum, o Tannenbaum,
Der Kaiser hat in' Sack gehaun.
Auguste, die muss hamstern gehn,
Der Kronprinz muss die Orgel drehn.
O Tannenbaum, o Tannenbaum,
der Kaiser hat in' Sack gehaun.

O Tannenbaum

J. H. Zarnack / Ernst Anschütz

O Tannenbaum, o Tannenbaum,
wie treu sind deine Blätter!
Du grünst nicht nur zur Sommerszeit,
nein auch im Winter, wenn es schneit.
O Tannenbaum, o Tannenbaum,
wie treu sind deine Blätter.

O Tannenbaum, o Tannenbaum,
du kannst mir sehr gefallen!
Wie oft hat nicht zur Weihnachtszeit
ein Baum von dir mich hoch erfreut!
O Tannenbaum, o Tannenbaum,
du kannst mir sehr gefallen.

O Tannenbaum, o Tannenbaum,
dein Kleid will mich was lehren:
die Hoffnung und Beständigkeit
gibt Trost und Kraft zu jeder Zeit!
O Tannenbaum, o Tannenbaum,
dein Kleid will mich was lehren.

Unterm Weihnachtsbaum

Süddeutscher Postillon, 1902

Personen: Der Herr Papa, Kommerzienrat.
Der Herr Sohn, Jardeleutnant.

Sohn: Ach – habe schon manchmal ernstlich nachjedacht, wat wohl jeschehen würde, wenn Christus in die Jejenwart plötzlich mal – äh – nach Berlin käme?

Papa: Hm – da würden wir uns gewiss nich lumpen lassen. – Von alle Kirchen Jlockenjeläute – an't Brandenburjer Tor Kirschner mit de Festjungfrauen – jroße Jala-Jottesdienste – in't Rathaus Festsitzung mit Festessen – allens jeflaggt – Schulkinder Spalierbilden – in't Schauspielhaus vielleicht den „Johannes" von Sudermann – Abfütterung von de Armen – in alle Blätter jroße Bejrüßungs-Artikel mit Leitjedichte – alle städtischen Kanzleien jeschlossen – vielleicht jar'n historischer Festzug, mit d'n Einzug in Jerusalem vor neunzehnhundert Jahren. – –

Sohn: Ja, det wäre die Ehrung von d'n Majistrat – aber der Hof?

Papa: Der Hof? Würde natürlich jleich Medaille stiften – Zum Hofrat ernennen oder jar Adelsstand erheben mit Verleihung von Schwarzen Adlerorden – neue Kirche einweihen –
im Lustjarten oder Tempelhof jroße Parade. –

Sohn: Na, erlaube mal – war doch bloß Zivilist.

Papa: Ja doch! War aber doch ooch Nachkomme von König David, also sozusagen Prinz. –

Sohn: Richtig! Hatte janz verjessen! Natürlich wenn sojar Prinz Tschun so jroße Ehren jenossen, dann Christus erst recht! War zwar eijentlich ooch nur so 'ne Art Sühneprinz – is ja zur Sühne für unsre Sünden jestorben! – aber na, is doch wieder 'ne janz andre Jeschichte!

Papa: Det meene ick ooch! Von Kotau z.B. könnte da jar keene Rede nich sein!

Sohn: Äh – wenn aber nu plötzlich in't Jewerkschaftshaus oder anderet jroßes Lokal jinge unn jejen Eijentum predijen täte, wie't früher vorjekommen sein soll – – wat nachher?

Papa: Det lass man jut sein, Jungeken! Dann nähme ihn die Polizei bein Kanthaken un täte ihn ausweisen – als „lästijen Ausländer" – verstehst du?

Was im Weihnachtsbaum erzählt wird

Ernst Almsloh (Beilage zur *Gleichheit*,1906)

In der Schlafstube blies der Vater das Licht aus. Dann ächzte und stöhnte die alte Bettstelle wie jeden Abend, wenn sich der Vater ins Bett legte und die müden Glieder ausstreckte. Das alte, dumme Bett! Den ganzen Tag über hatte es nichts zu tun und doch brummte es jeden Abend, wenn es an die Arbeit musste.

Mutter fragte den Vater noch einiges: Ob er die Nüsse auch vergoldet hätte, und ob er genug Lichter gehabt hätte, und ob ... Aber Vater hatte sich auf die rechte Seite gelegt, brummte etwas in den Bart und schlief ein.

Wenn ich doch auch so schnell einschlafen könnte, seufzte die Mutter und dachte darüber nach, ob sie wohl die nächste Woche mit dem Wirtschaftsgeld auskäme. Weihnachten hatte viel Geld gekostet. Die Kinder mussten etwas haben, für Vater hatte sie ein Paar neue Stiefel besorgt, an den Großvater war ein Kistchen abgegangen, und heute hatte sie noch Nüsse und Äpfel und Zuckerwerk für den Weihnachtsbaum eingekauft.

Aber endlich schlief auch die Mutter ein. – Ruhig, ganz ruhig wurde es in der Schlafkammer. Nur von Zeit zu Zeit hustete mal eines der Kinder ein wenig. Es war in den letzten Tagen so kalt gewesen. –

Da klingelte es ganz leise und zart am Weihnachtsbaum, der in der Wohnstube stand.

Ein kleines, feines Glöckchen aus dünnem Glas war aus dem Schlafe aufgeschreckt worden, weil ein Wagen vorbeigefahren und den Tisch erschüttert hatte. Und die anderen schönen Glassachen am Weihnachtsbaum waren auch aufgewacht und rieben sich neugierig die Augen. - Da gab es ein fröhliches Begrüßen und ein eifriges Fragen hin und her. Die meisten bunten Glassachen kannten sich schon seit vielen Jahren. Sie waren einst zu gleicher Zeit in einer kleinen Stube in einem engen Häuschen hoch oben auf dem Thüringer Wald angefertigt worden. Den Mann, der sie hergestellt hatte, kannten sie noch alle. Es war ein kleiner, freundlicher Mann gewesen, der immer las, wenn er eine freie Stunde hatte, und abends ging er in Versammlungen und redete. Dann war er nicht so freundlich, sondern dann konnte er grimmig dreinschauen und zornig reden, weil es so viel Elend und Armut auf der Welt gab.

„Ob er wohl noch lebt?", fragte eine große silberne Glaskugel. – „Das glaube ich nicht", antwortete die schlanke Glasspitze, die oben auf dem Weihnachtsbaum saß, „er war doch immer so bleich und dünn; sicher ist er lange gestorben." – „Nein, er lebt noch und lässt euch alle grüßen", zirpte munter ein rotbäckiges Oval, das noch ganz neu aussah, „ich war noch vor zwei Wochen in seiner kleinen Stube, wo es noch ebenso aussieht wie einst, als ihr noch da wart. Er verdient jetzt noch nicht mehr als damals, aber es kommt noch weniger Fleisch auf den Tisch als früher; er sagt immer, alles wäre so teuer geworden, dass die armen Leute bald gar nichts mehr kaufen könnten."

„Der arme Mann", sagte ein grüner Vierspitz, „aber hilft denn sein ältester Sohn nicht mit verdienen?" „Freilich, aber es ist auch ein kleines Mädchen dazugekommen, so dass die Frau nicht mehr so viel helfen kann."

„Aus was für einer hungrigen Gegend stammt ihr denn alle", schrie laut und roh ein dicker Apfel dazwischen, „bei uns zu Haus gibt es Fleisch genug, ich stamme auch aus einer feinen Familie."

Da wisperten alle die feinen Glassachen erregt und aufgebracht durcheinander, und die feine rotgoldene Glocke rief zornig: „Schäme dich, du dicker Apfel, dass du so sprechen magst. Bist zum ersten Male hier unter uns und trittst gleich so unhöflich auf! Bist wohl vom Dorfe, was?" „Ich bin nicht vom Dorfe, ich bin von einem Rittergut, und die Leute, die mich geerntet haben, sind reiche adelige Herrschaften", erwiderte protzig der Apfel, „ich bin eigentlich viel zu gut für euch." - „Da trolle dich doch von dannen, du adeliger Apfel, du", sagte die Glocke wieder, „wir mögen solche eingebildeten Leute gar nicht leiden. Weißt du denn nicht, warum deine adeligen Herrschaften so reich sind? Ich will es dir sagen: weil die anderen Leute, unsere armen Glasbläser und viele tausend, tausend andere so arm sind, dass sie sich nicht satt essen können. Das habe ich oft genug gehört, wenn unser Glasbläser mit anderen Männern darüber sprach." „Und wenn das der Mann wüsste, dem dieser Weihnachtsbaum und wir alle zusammen jetzt gehören, was für ein aufgeblasener Kerl du bist, du dicker Apfel, dann nähme er dich wieder herunter vom Baum", so sagte erregt die Glasspitze oben am Baum, „unser Herr ist auch ein armer Mann, der die eingebildeten Reichen nicht leiden mag." „Lassen wir doch den dummen Apfel", meinte die silberne Kugel, „wir wollen uns gar nicht um ihn kümmern. Erzählen wir uns lieber etwas von den lieben Leuten, bei denen wir nun schon zehn Jahre sind."

„Ach ja, ach ja", rief lebhaft das Oval, „ich kenne sie ja noch gar nicht, aber ich möchte doch gerne wissen, was für Menschen es sind. Haben sie Kinder?" „Natürlich", sagte die Glocke, „zwei kleine Mädchen, das ältere ist ein Wildfang, ein Springinsfeld, das am liebsten schon am ersten Abend alle die schönen Nüsse und die Schokolade verzehrte, das andere ist eine kleine Dicke mit roten Backen und blauen Augen." „Welche magst du denn lieber leiden?" „Ich mag sie alle beide gern leiden. Wisst ihr noch, als vor zwei Jahren die ältere, Betty heißt sie, krank war?" „Ach – wie traurig war das", zirpten alle die Glassachen, „damals weinte die Mutter, als die Lichter angesteckt wurden, weil Betty nicht da war, sie war im Krankenhaus, bei fremden Kindern." „Da hätte ich auch geweint", sagte das Oval. „Ja, und damals habe ich auch gemerkt, dass ich die Betty ebenso gern habe wie die kleine Liese, und als vorige Weihnachten wieder alle beide unter dem Baume herum sprangen, da haben wir noch einmal so hell geblitzt." „Und du hast noch heller geläutet als sonst, du kleines Glöckchen, weißt du noch? Ich glaube, du kannst gar nicht mehr so laut klingeln wie damals." „Kling ling ling ling ling ling ling ling ling." „Höre auf, höre auf, sonst müssen wir uns die Ohren zuhalten, ja, ja, ja, wir glauben es, dass du noch ebenso laut klingeln kannst." „Ach, ich bin auch so fröhlich, dass morgen wieder Weihnachten ist und wir alle die lieben Leute wieder sehen." „Pst, Pst! Spricht da nicht jemand nebenan?" „Püppchen – schlafe – Weihnachtsbaum." – „Hört ihr? Das ist die kleine Liese, sie träumt und spricht im Traum vom Weihnachtsbaum." „Das kommt von deinem Klingeln." „Und von eurem lauten Wispern." „Lasst uns ruhig sein und schnell einschlafen, in den nächsten Tagen haben wir viel zu tun." „Gute Nacht!" „Gute Nacht!" „Gute Nacht!"

Am Weihnachtsmorgen, als es noch dunkel war, schritt der Vater ins Zimmer und musterte den Baum, ob auch alles in Ordnung war. Da fiel sein Blick auf einen Zweig, der sehr tief herabhing. „Aha, Herr Apfel, Sie passen nicht in die zarte Gesellschaft! Kommen Sie mal herunter, die Liese wird Sie bald klein kriegen." Damit nahm er den Apfel ab und legte ihn auf Lieses Teller zu den übrigen Sachen.

Da freuten sich alle kleinen Glassachen, dass sie den hochmütigen Störenfried los waren, und als die Lichter angezündet waren und die beiden Kinder kamen und Vater und Mutter, da blitzten sie noch mal so hell als sonst, und das fröhliche Glöckchen hörte den ganzen Tag nicht auf zu singen: Kling ling ling ling ling ling ling."

Ein Weihnachtstraum

M.H. (Beilage zur *Gleichheit,* 1906)

Heute war Weihnachtsabend. Obwohl es schon anfing, dunkel zu werden, war es doch noch gar lebhaft in den Straßen. Die Leute eilten hastig hin und her. Es war ja Weihnachtsabend, da warten die Kinder auf das Christkindchen, und groß und klein freut sich auf das Fest.
Ob sich wohl alle freuen? Ach, mitten unter all den Leuten, die so hastig da noch ein Spielzeug für die Kleinen, dort noch Kerzen für den Weihnachtsbaum kaufen und dann nach Hause eilen, ist wohl auch manches arme Menschenkind, an das niemand denkt, und das keine Freude zu erwarten hat. – Dort am Schaufenster des großen Ladens steht ein armes Mädchen und betrachtet voll Bewunderung all die schönen, ausgestellten Sachen. Die Kleine denkt in dem Augenblick nicht daran, dass der kalte Wind durch ihr Röckchen zieht, und dass sie vor Kälte zittert. Sie denkt nur an all das Schöne, das da vor ihr liegt: große und kleine Puppen, bunte Bälle, eine kleine Küche mit blanken Geschirrchen und viele andere Spielsachen.
Wie glücklich, denkt die arme Kleine, müssen die Kinder sein, die so schöne Spielzeuge erhalten! Sie selbst hatte heute noch nichts zu essen bekommen außer einem Stückchen Brot. Tränen traten ihr in die Augen, denn sie dachte an vorige Weihnachten: Vater und Mutter lebten noch, und sie wusste damals nicht, wie weh der Hunger tut. Ihr Vater war ein fleißiger Arbeiter, und wenn auch die Eltern arm waren, so hatten sie doch stets das Nötigste für sich und ihre kleine Marie. Dann war die Krankheit gekommen und mit ihr Not und Traurigkeit. Der Vater starb, bald darauf auch die Mutter. Aber Marie war doch nicht ganz verlassen in der Welt; eine gute Nachbarin nahm sie zu sich. Die Frau war aber selbst arm, und bei ihrem kleinen Gemüsehandel verdiente sie so wenig, dass eine Zeit der Entbehrung für Marie anfing. Aber sie war ein tapferes Mädchen und der guten Frau von Herzen dankbar. Um ihr ein wenig zu helfen, ging Marie jeden Abend, nachdem die Schule aus war, in den Straßen herum mit einem Körbchen gebratener Kastanien, die sie verkaufen wollte. O, wie fror das arme Kind oft, wenn es bei Sturm, bei Regen und Schnee in dem alten dünnen Röckchen bis in die Nacht hinein durch die Straßen zog!

Heute war Marie schon gar lange unterwegs und hatte fast nichts verkauft. Die Leute mussten ja eilen, denn daheim wartete man auf sie, um den Weihnachtsbaum anzuzünden. Wer wollte sich da aufhalten und Kastanien kaufen? Sah denn kein Mensch das traurige blasse Gesichtchen der kleinen Marie? Hörte keiner, wie ihre Stimme vor Kälte zitterte?
Marie verließ das glänzende Schaufenster, und wieder ertönte ihr Ruf: „Kastanien, kauft Kastanien!“ – O, wie war sie heute müde! Nur ein bisschen ausruhen wollte sie, und dann wieder weitergehen und nicht heimkehren, bis alles verkauft war. Sie setzte sich auf die steinerne Treppe eines großen Hauses, drückte sich in ein Eckchen, um sich vor dem fallenden Schnee zu schützen, und schlief bald ein. Nun spürte sie wenigstens für kurze Zeit keine Kälte und keinen Hunger mehr, und ein wunderschöner Traum erfreute sie. –
Sie war mit vielen anderen Kindern in einem großen warmen Zimmer, in dessen Mitte ein prächtiger Weihnachtsbaum stand. Viele Kerzen brannten wie die Sternlein und leuchteten wider in all den glänzenden Kinderaugen. Der Baum schien ganz mit Silber übergossen, und die Äste konnten kaum all die goldenen Nüsse, Äpfel und sonstigen herrlichen Sachen tragen.
So etwas hatte Marie noch nie gesehen. Da lagen auch auf kleinen Tischchen viele von den schönen Spielsachen, die sie eben bewundert hatte, und gerade vor ihr saß eine prächtige Puppe, die sie ansah, als ob sie sagen wollte: „Sei du mein kleines Mütterchen!“
Daneben auf dem anderen Tische lagen warme wollene Röckchen, Strümpfe, Schuhe.
Wie Marie so dastand, ging die Türe auf und eine freundliche Frau trat herein. Nun durften

die Kinder sich von all den schönen Sachen gerade das aussuchen, was sie sich wünschten. War das ein Jubel und eine Freude!
„Ich weiß", sagte die gute Frau zu den Kindern, „dass eure Eltern euch nichts schenken können, und weil mir das so Leid tut, habe ich euch hierher kommen lassen, damit ihr auch eine Weihnachtsfreude habt. Wenn ihr nun wieder heim kommt und seht, wie eure Eltern sich plagen müssen, um nur das Allernotwendigste zu verdienen; wenn euch vieles fehlt, was andere Kinder haben, so denkt daran, dass das nicht so bleiben darf. Es muss die Zeit kommen, wo die, welche arbeiten, keine Not mehr leiden und ihre Kinder auch nicht. Dass aber diese Zeit kommen kann, dazu müssen die Menschen selber mithelfen, und schon viele von ihnen arbeiten, dass die neue, schöne Zeit kommt. Aber auch ihr Kinder müsst mithelfen. Ihr müsst tüchtig lernen, ihr müsst fleißig und mutig sein, damit ihr gute, brave Menschen werdet, ihr müsst euch recht lieb haben und einander helfen. Wollt ihr mir versprechen, dass ihr das nicht vergessen werdet?" –
Mit lautem Jubel riefen freudige Kinderstimmen: „Ja, das wollen wir!"
Marie hatte mit leuchtenden Augen den Worten der guten Frau gelauscht. Sie wollte lieb und gut werden und es nie vergessen, dass sie auch mithelfen dürfe, die schöne Zeit herbei zu führen, von der sie eben gehört hatte. Sie dachte noch darüber nach, als sie einen wunderschönen Gesang hörte, der immer näher kam – und da, plötzlich erwachte sie aus ihrem schönen Traum. – Aber was war denn das? War sie nicht auf der steinernen Stufe vor dem großen Hause eingeschlafen? Und jetzt lag sie auf einem guten Bett in einer warmen Stube; – und wirklich, oder träumte sie noch? – dort auf dem Tisch stand ein schönes Christbäumchen, und davor standen zwei Kinder, die mit heller Stimme ein Lied von Liebe, Friede und Freude sangen, von dem sie eben erwacht war.
„Mutter, komm, das Mädchen ist aufgewacht!", rief der kleine Fritz, als er Maries verwunderte Augen auf sich gerichtet sah.
Die Mutter und der Vater der beiden Kinder kamen an das Bett und erzählten der erstaunten Kleinen, dass der Vater sie vor einer Stunde schlafend auf einer steinernen Treppe gefunden hatte. Er wusste nicht, was mit dem armen Kind anfangen: Er konnte es nicht liegen lassen, denn es wäre sicherlich erfroren; fragen konnte er auch niemand, denn die Straße war nach und nach leer geworden. So nahm er die schlafende Marie auf seinen Arm und trug sie in seine Wohnung.
Nun musste sie erzählen, warum sie so spät noch draußen war, und als Fritz und seine kleine Schwester die traurige Geschichte hörten, sagte er: „Weißt du was, du bleibst jetzt bei uns." Aber das wollte Marie nicht. Sie wusste, dass ihre Pflegemutter besorgt um sie sein würde, und darum wollte sie sofort zu ihr zurückkehren. Sie musste noch mit den guten Leuten essen, dann brachte sie der Vater nach Hause. Das Körbchen, das neben ihr auf der Treppe gestanden hatte, nahm er auch mit. Die Mutter hatte die Kastanien gekauft und das Körbchen mit Kuchen und anderen guten Sachen für die arme Pflegemutter gefüllt. Marie dankte den guten Leuten herzlich und kam fröhlich heim. Sie hatte an diesem Abend etwas gelernt, das sie nie mehr vergessen wollte. – Später hat sie noch oft an den schönen Weihnachtstraum gedacht, den sie immer besser verstand, je größer sie wurde.

Weihnachten 1911

(Zeichnung von C. O. Petersen)

„Paßts auf, Kinder, dös vom Frieden auf Erden singt's heuer net! Unsere Kirchenfürst'n hören's nimmer gern."

Der reiche Sohn armer Eltern

(Zeichnung von O. Gulbransson)

„Nein, was Adolf für ein guter Junge ist, schenkt er Papa zu Weihnachten seine abgelegten Kleider!"

Lobt eurer Weihnacht Lichterglanz

E. R. *(Süddeutscher Postillon,* 1897)

Lobt eurer Weihnacht Lichterglanz,
traut funkelnd durch die weißen Flocken;
lobt euren Auferstehungstag
Bimmel-Klang der Osterglocken.

Lobt am Karfreitag euren Gott
in melancholisch-düstern Hallen,
lasst immerhin auch nach der Lust
ein Puritanerlied erschallen.

Ich lausch' euch halt – mit klarem Hirn,
doch beinah' schmerzlichem Gemüte.
Denn, ach! Schon lang nicht kann ich mehr
mit euch mich freu'n in Reih' und Gliede.

Ihr trippelt auf dem breiten Weg
und fühlt euch Eins mit dem Jahrhundert.
Ein jeder Schritt – ist euer Ziel,
das ihr voll Selbstgefühl bewundert.

Ein edel-schmerzlich Menschenlos
hat mir das Schicksal zugeschoben,
ich jamm're nicht, ich schmäh' es nicht,
jedoch – ich kann es auch nicht loben.

Wie einsam fühl' ich mich, wie arm,
von Sturzgefühl mein Sein verdunkelt;
noch weiß ich nicht, ob über mir –
ob unter mir die Lösung funkelt.

War es ein Irrlicht, war's ein Stern,
das vergewaltigend mich hetzte
zum rücksichtslosen Wahrheitsflug,
der alle und mich selbst verletzte?

Der heißen Liebe Lustpokal,
ersetzten diesen die Ideen?
O nein. – Jedoch ich klage nicht,
denn was gescheh'n – das ist gescheh'n.

Weihnachtsabend

Clara Müller

Halt meine Hand, ich führ' dich gut.
Ich führe dich auf dunklen Wegen,
dem Licht entgegen.
Ich führe dich durch dreißig Jahr –
Und heut: wie seltsam wunderbar,
will sich verscholl'ne Sehnsucht regen!

Kein Laut. Die Violine schweigt.
Dein Auge schaut in finstre Weiten.
In heilige Nacht. Die Sterne gleiten
zu unsern Häuptern hell und klar.
Ich führe dich durch dreißig Jahr –
Ach du – die alten Zeiten!

Die heilige Nacht – das war einmal!
Das war, eh' unsern einzigen Jungen
der Krieg verschlungen …
Das war, als noch dem heiligen Kind
mit Tannenbaum und Angebind,
dein jauchzend Lied erklungen!

Das war – ach du! Das Lied der Qual,
dein Lied will keine Seele hören.
In vollen Chören
erschallt der Weihnacht Festchoral.
Halt meine Hand: das war einmal,
und einmal wird es wiederkehren!

Dann blüht für uns die heilige Nacht,
dann wird auch dir der Morgen grauen,
und du wirst schauen.
Und spielen wirst du laut und klar, -
und was wir träumten, das wird wahr.
Halt meine Hand …

»Ein schreckliches Kind! Jedesmal wenn du ihn fragst, was er sich wünscht, sagt er: »Weiß ich nicht!«

Stuttgart, 3. Dezember 1928
Preis 60 Pfennig
33. Jahrgang Nr. 36
SIMPLICISSIMUS
Herausgabe: München
BEGRÜNDET VON ALBERT LANGEN UND TH. TH. HEINE
Postversand: Stuttgart
(Th. Th. Heine)
DER ARBEITGEBER
„Alle Räder stehen still — wenn Mein starker Arm es will!"

BERLIN, 19. DEZEMBER 1924 / JAHRGANG 1 / NR. 50 / PREIS 25 PF.

LACHEN LINKS

DAS REPUBLIKANISCHE WITZBLATT / ERSCHEINT JEDEN FREITAG

Botschaft und Antwort

Zeichnung von Herbert Anger

„Euch ist heute der Heiland geboren!" — „Quatsch, geben Sie uns lieber einen sicheren Börsentipp!"

Weihnacht 1920

Der Wahre Jacob, 1920

Und wieder träumt den Weihnachtstraum
ein jeder gutgetaufte Christ;
im Lichterschmuck erglänzt der Baum,
(sofern er nicht zu teuer ist).
Anstimmt die hohe Geistlichkeit,
zum frommen Schwindel frohbereit:
„O du fröhliche, o du selige,
gnadenbringende Weihnachtszeit!“

Die Menschheit hat noch nichts gelernt
vom Liebes-Evangelium.
Sie hat sich weit davon entfernt
und schlägt sich überall herum.
Das Faustrecht gilt und weit und breit
herrscht Keilerei und Zank und Streit
in der fröhlichen, in der seligen,
gnadenbringenden Weihnachtszeit …

Wir hungern rings in Groll und Zorn,
in tausend Fesseln eingezwängt.
Nur Willem sitzt vergnügt in Doorn,
wenn er an die Milliarde denkt.
Er lauscht im Traum voll Heiterkeit
dem goldenen Metallgeläut,
dieser fröhlichen, dieser seligen,
gnadenbringenden Weihnachtszeit …

Die Pfaffenbotschaft zieht nicht mehr,
das Volk ist auf dem Weg zur Macht,
es schafft nach eigenem Begehr
sich Weihetag und Weihenacht.
Dann klingt es hell in Not und Leid,
in aller Menschen Dunkelheit
von der fröhlichen, von der seligen,
gnadenbringenden Weihnachtszeit.

Weihnacht 1922

Der Wahre Jacob, 1922

Morgen, Kinder, wird's was geben,
morgen werden wir uns freu'n.
Welche Wonne, welches Leben
wird im deutschen Hause sein!
Harding kommt als Weihnachtsmann
mit 'nem Sack voll Gaben an.
Und er lässt sich mal nicht lumpen,
will dem Michel kräftig pumpen.

Morgen, Kinder, wird's was geben:
Morgen unterm Weihnachtsbaum
wird Mariannes Sinn umschweben
christlich frommer Friedenstraum.
Schnell ergreift sie Michels Hand,
beide eint des Friedens Band,
Friede kommt auf Erden allen
und der Welt ein Wohlgefallen.

Morgen, Kinder, wird's was geben:
Morgen, wenn der Pfarrer spricht,
packt die Wucherer ein Beben
vor dem göttlichen Gericht.
Sie verzichten frommen Sinns
auf den Sold des Blutgewinns,
und sie werden sich nun schämen,
von den Ärmsten Zins zu nehmen.

Morgen, Kinder, wird's das geben –
morgen, aber nur nicht heut!
Heute herrscht der Mammon eben
trotz dem frömmelnden Geläut.
Die Gewalt sitzt auf dem Thron
und verlacht den Menschensohn,
bis die Völker sich bereiten
selbst die rechten „Weihezeiten“!

„Hör' uff zu brüllen, Göre! Am Heiligen Abend kann ich dir noch keinen Weihnachtsbaum aus dem Müllkasten langen!"

Teutscher Christbaumschmuck

Hans Seiffert (*Der wahre Jacob*)

Schmücke deine Edeltanne
nur mit teutschem Schmuck, Germanne!
Baumeln lass an seidnen Fädchen
Pauken, Trommeln und Trompetchen,
Illusionen, die zerplatzen,
wenn wer pustet,
oder wenn der Nachbar hustet.
Leitartikel-Baumkonfekt,
patriotisch überzuckert,
das dem großen deutschen Kinde
immer wieder herrlich schmeckt.

Weihnachtsmann mit Bart und Watte,
nichts dahinter, bloß Fassade!
Dazu Teuto-Engelshaar,
von drei Richtern im Talar
frisch gespalten, onduliert
und auf unschuldig frisiert.
Hierauf schlinge durchs Geäst
meterlange Phrasenketten,
die dir deine Führer schmieden
und mit denen sie dich retten,
weil du dir's gefallen lässt.

Auf die allerhöchste Spitze
kommt dann irgend so ein Fritze,
irdischer Posaunenengel:
Stahlhelm- oder Hitlerbengel,
tutet immer noch einmal:
Ganz legal … janz ejal …
Und die Drittreichswunderkerzen
knistern, sprühen, glitzern, funkeln!
Höher schlagen alle Herzen …
Doch wie bald sitzt ihr im Dunkeln!

Kunden-Philosophie am Weihnachtstag

Zeichnung von Hans Baluschek

„Einen Gott gibt's, Liese!" — „Jloob ich nich! Et jibt keenen!" — „Doch doch!
Sieh mal, wer hilft denn sonst den Reichen?

614

Weihnachten in der Wärmehalle

Zeichnung von Hans Baluschek

„Wie voll das hier is!" — „Tja, das is übriggeblieben vom ganzen Christentum: man traut sich am Heiligen Abend nich nach Hause, wegen der Göhren . . .!"

622

Die Weihnachtsfeier des Seemanns Kuttel Daddeldu

Joachim Ringelnatz

Die Springburn hatte festgemacht am Petersenkai.
Kuttel Daddeldu jumpte an Land,
durch den Freihafen und die stille heilige Nacht
und an dem Zollwächter vorbei.
Er schwenkte einen Bananensack in der Hand.
Damit wollte er dem Zollmann den Schädel spalten,
wenn er es wagte, ihn anzuhalten.
Da flohen die zwei voreinander mit drohenden Reden.
Aber auf einmal trafen sich wieder beide im „König von Schweden".

Daddeldus Braut liebte die Männer vom Meere,
denn sie stammte aus Bayern.
Und jetzt war sie bei einer Abortfrau in der Lehre,
und bei ihr wollte Kuttel Daddeldu Weihnachten feiern.

Im „König von Schweden" war Kuttel bekannt als Krakeeler.
Deswegen begrüßte der Wirt ihn freundlich
„Hallo old sailer!"

Daddeldu liebte solch freie, herzhafte Reden,
deswegen beschenkte er gleich den „König von Schweden".
Er schenkte ihm Feigen und sechs Stück Kolibri
und sagte: „Da nimm, du Affe!"
Daddeldu sagte nie „Sie".
Er hatte auch Wanzen und eine Masse
Chinesische Tassen für seine Braut mitgebracht.

Aber nun sangen die Gäste „Stille Nacht, Heilige Nacht",
und da schenkte er jedem Gast eine Tasse
und behielt für die Braut nur noch drei.
Aber als er sich später mal darauf setzte,
gingen auch diese versehentlich noch entzwei,
ohne dass sich Daddeldu selber verletzte.

Und ein Mädchen nannte ihn Trunkenbold
und schrie: er habe sie an die Beine geneckt.
Aber Daddeldu zahlte alles in englischen Pfund in Gold.
Und das Mädchen steckte ihm Christbaumkonfekt
still in die Taschen und lächelte hold
und goss noch Genever zu dem Gilka mit Rum in den Sekt.

Daddeldu dacht an die wartende Braut.
Aber es hatte nicht sein gesollt,
denn nun sangen sie wieder so schön und so laut,

und Daddeldu hatte die Wanzen noch nicht verzollt,
deshalb zahlte er alles in englischen Pfund in Gold.

Und das war alles wie Traum.
Plötzlich brannte der Weihnachtsbaum.
Plötzlich brannten das Sofa und die Tapete,
kam eine Marmorplatte geschwirrt,
rannte der große Spiegel gegen den kleinen Wirt.
Und die See ging hoch und der Wind wehte.

Daddeldu wankte mit einer blutigen Nase
(nicht mit seiner eigenen) hinaus auf die Straße
und eine höhnische Stimme hinter ihm schrie: „Sie Daddel Sie!"
Und links und rechts schwirrten die Kolibri.

Die Weihnachtskerzen im Pavillon an der Mattentwiete erloschen.
Die alte Abortfrau begab sich zur Ruh.
Draußen stand Daddeldu
und suchte für alle Fälle nach einem Groschen.

Da trat aus der Tür seine Braut und weinte laut:
Warum er so spät aus Honolulu käme?
Ob er sich gar nicht mehr schäme?
Und klappte die Tür wieder zu.
An der Tür stand: „Für Damen".

Es dämmerte langsam.
Die ersten Kunden kamen
und stolperten über den schlafenden Daddeldu.

Joachim Ringelnatz

Von Baum zu Baum

Zeichnungen von Willi Steinert

So fängt's an —

und so hört's auf!

Die Freuden der Reichsfinanzreform.

Durch den Steuererheber wird dem deutschen Michel in diesem Jahr gratis und franko der schönste Weihnachtsbaum angezündet werden.

Der Tannenbaum im sauren Regen

Peter Schütt

O Tannenbaum, o Tannenbaum,
wie grün war'n deine Blätter!
Du grünst nicht mehr zur Sommerzeit,
du stirbst, weil's sauren Regen schneit!
O Tannenbaum, o Tannenbaum,
dahin sind deine Blätter!

O Tannenbaum, o Tannenbaum,
du hast mir sehr gefallen,
doch dank chemischer Industrie,
bist du geplündert wie noch nie!
O Tannenbaum, o Tannenbaum,
was hat dich befallen?

O Tannenbaum, o Tannenbaum,
dein Tod will mich was lehren!
Das Ende vom Tannenbaumlied
heißt heute Schwefeldioxyd!
O Tannenbaum, o Tannenbaum,
will mich dagegen wehren!

...eine glatte Beleidigung!

Ernst Weber

Für die Förster sind sowohl Bild wie Text eine glatte Beleidigung! Die Entnahme von Weihnachtsbäumen ist kein Eingriff in den Baumbestand und kein Waldschaden. Die jungen Kulturen müssen ausgelichtet werden, um einen kräftigen Baumwuchs zu ermöglichen. Der „Ausfall" wird dann zum Weihnachtsbaum und bringt der Forstverwaltung noch etwas ein.
Ein höchst fragwürdiger Kulturbegriff ist es, den Lesern von METALL das Singen eines Weihnachtsliedes verekeln zu wollen.

Leserbrief in METALL Nr. 25-26/16. Dez. 1983 zu der Karikatur in Nr. 23/1983

Leider ein schlechter Witz

METALL 25–26/87: „Abstich"-Cartoon „Schlechter Traum des Kanzlers" von Chlodwig Poth
Im Allgemeinen sind die, Abstich-Karikatur und besonders der „Kollege Karl" das erste, was ich mir an METALL mit Vergnügen ansehe. Leider war dieser „Abstich" ein schlechter Witz, nicht nur ein „schlechter Traum".
Sollte Chlodwig entgangen sein, dass wesentlich mehr Frauen als Männer arbeitslos sind? Oder geht er davon aus, dass immer noch „Vati Arbeit kriegt" und „Mutti zuverdient"? Ganz abgesehen davon, dass mehr und mehr Kinder mit „Mutti" alleine sind (sprich, bei allein erziehenden Müttern aufwachsen) – das Menschenrecht auf (entlohnte) Arbeit sollte für uns Gewerkschafter/innen selbstverständlich sein.

Birgit Meier, Leserbrief in: METALL 5/88

ES WAR EINMAL ...

1/20

WEIHNACHTSZEIT

1/20

LICHTERZEIT

1/20

ENGEL STÜRZEN AUF DIE ERDE

1/20

KATZEN FLÜCHTEN

1/20

UND DER GUTE WEIHNACHTSMANN ...

1/20

... PACKTE DIE GESCHENKE IN DEN GROßEN SACK, FÜR ...

1/20

... DIE KINDER IN DER STADT.

1/20

SAMSTAG, 8³⁰ UHR VOR DER STADT.
WAS WAR GESCHEHEN?

1/20

DOCH ENDLICH ERREICHTE ER DIE
KINDER, DIE VOLLER ERWARTUNG ...

1/20

... DEN SCHÖNEN GESCHENKEN
ENTGEGENFIEBERTEN.

1/20

ALS DANN AUCH NOCH EINE AMTSPERSON
EINSCHRITT UND AMTLICHE FRAGEN STELLTE...
DA VERSTAND ER DIE WELT NICHT MEHR.

1/20 Hans Bunn 95

BETRÜBT VERLIEß DER WEIHNACHTSMANN
DIE STADT.
ABGESCHOBEN WEGEN
UNWIRTSCHAFTLICHKEIT!

1/20 Hans Bunn 95

WEIHNACHTEN FIEL SEITDEM AUS
VERWALTUNGSTECHNISCHEN
GRÜNDEN AUS.

1/20 Hans Bunn 95

DER TRAURIGE WEIHNACHTSMANN SUCHTE
DARAUFHIN TROST BEI EINEM GLASE WEIN.
DORT TRAF ER EINEN ARMEN TEUFEL,
DESSEN KINDER NOCH NIE
WEIHNACHTEN GEFEIERT HATTEN.

1/20 Hans Bunn 95

WAR DAS EINE FREUDIGE ÜBERRASCHUNG!
SO KAM ES, DASS DER GUTE
WEIHNACHTSMANN
TROTZALLEDEM NOCH EINE SCHÖNE
WEINNACHT HATTE!!

Ansprache des Vorsitzenden …

Reinhardt Jung

Ansprache des Vorsitzenden der „Berufsgenossenschaft Sacktragender Berufe“ Nikolaus v. Walde zur Lage der Nation, anlässlich der Jahreshauptversammlung der Deutschen Weihnachtsmänner im Fichtelgebirge.

Liebe Kollegen ...
... wo war ich gerade stehen geblieben?
Liebe Kollegen,
wir deutschen Weihnachtsmänner grüßen an dieser Stelle ganz besonders unsere Brüder und Schwestern im anderen Teil unseres gespaltenen Vaterlandes.
Wir alle haben ein gespaltenes Verhältnis.
Mit verhältnismäßig gespaltenen Gefühlen sehen wir, wie unsere Kollegen im anderen Teil unseres Vaterlandes zu volkseigenen Sackträgern gemacht werden. Das ist die Verstaatlichung der Säcke.
Mit solchen Säcken ist kein Staat zu machen.
Das gilt auch für uns im Westen.
Die Staatssäckel sind leer.
Ihnen fällt nichts mehr ein.
Deshalb kämpfen sie auch gegen den Einfall der Sowjetunion in Afghanistan und Polen.
Diese Front verläuft quer durch El Salvador.
Dazwischen liegt das freie Meer.
Mehr Freiheit versprechen alle Politiker.
Wir Weihnachtsmänner fordern auch mehr!
Das wird Signalwirkung haben.
Überall zwischen den Tannenspitzen sieht man schon die Waffen blitzen!
Von der Weihnachtsgans zur Friedenstaube ist noch ein langer Weg. Dazwischen liegt das Schlachten und Fressen.
Viele sind vom vielen Frieden schon ganz taub!
Besonders wir Deutschen.
Besonders wir deutschen Weihnachtsmänner haben ein gespaltenes Verhältnis.
Dreigeteilt – nie!
Das haben wir immer gefordert.
Das fordert auch die SPD.
Wir sind gegen alle Spaltungstendenzen.
… äh, wo waren wir gerade stehen geblieben?
Bei den Spaltungstendenzen!
In der Tendenz sind wir lediglich für die Kernspaltung.
Wir denken da weniger an Haselnüsse, sondern mehr an die SPD!
Im Kern steckt schon die Spaltung.
Auch die CDU ist gespalten.
In CSU und NPD.
Die Spaltung ist das Schicksal der Deutschen Nation!
Auch die Presse druckt in Spalten.
Wir haben die deutsche Spaltung verinnerlicht.
Innerlich sind wir gespalten.
Das ist die Neue Deutsche Innerlichkeit:
Früher glaubten wir an den Endsieg.
Heute glauben wir an den Sieg des Endes.
Wir wollen uns nicht wieder selbst enttäuschen, oder?!
Durch ganz Deutschland geht ein Riss!
Wir haben Trennungsangst.
Deshalb versuchen wir erst gar nicht, ernsthaft zusammenzukommen.
Wir wollen uns nicht von unsrer Angst trennen.
Im Osten versuchen sie ...
… äh, wo waren wir gerade stehengeblieben?
Im Osten!
Das war 1945.
Heute ist das anders.
Wir haben einen gesamtdeutschen Generationskonflikt!
Durch ganz Deutschland geht ein Riss:
Die Väter versuchen durch militärische Disziplinen den Weltfrieden zu sichern.
Die Kinder versuchen durch Disziplinierung der Militärs den Weltfrieden zu sichern.
Wir alle haben ein gespaltenes Verhältnis.
Auch die Kirche ist gespalten in Ost und West.
Im Westen heißt es zu Gottes Wort: Suchet, so werdet ihr finden.
Im Osten heißt es, dass jene, die Gottes Wort gefunden haben, schon gesucht werden.
Wir alle suchen.
Auch im Westlichen Bündnis.

Ronald Reagan kommt uns besuchen.
Wir alle haben ein gespaltenes Verhältnis.
Bei uns ist die größere Hälfte der Bürger dafür, dass er kommt.
In den USA ist es genau umgekehrt.
Da ist die größere Hälfte dafür, dass er geht!
Auch für uns ist das wichtig.
Gerade für uns Kleinbürger ist wichtig, was nicht geht.
Das bleibt dann nämlich.
Das ist dann Fortschritt.
Auch da sind wir gespalten.
Während der Kleinbürger im Osten noch die Freiheit im Konsum sucht, ist der Kleinbürger im Westen schon voll dabei, seine Freiheit gänzlich zu konsumieren.
Der Osten will den Westen überholen.
Das kostet viele ihre Freiheit.
Es soll ja schnell gehen.
Sie wollen vor uns da sein.
Jawoll, wir haben noch ein Dasein vor uns.
Aber dazu haben wir ein gespaltenes Verhältnis.
... äh, wo waren wir gerade stehen geblieben?
Verhältnis.
Im Verhältnis dazu ist die Forderung der Frauenbewegung nach Planstellen für weibliche Weihnachtsmänner nur ein Randproblem innerhalb der Berufsgenossenschaft „Sacktragende Berufe".
Deutschland hat genug Weihnachtsmänner!
Der Deutsche Weihnachtsmann hat weltweit einen guten Ruf!
Auch in der Politik.
Deshalb rufen wir den Menschen draußen im Lande zu:
Männer!
Deutsche Männer!
Deutsche Weihnachtsmänner:
Von draußen vom Walde komm ich her,
und das nicht nur zur Weihnachtszeit,
ich bring euch gute neue Mär –
die Saison ist eröffnet
allzeit bereit!

Sohn Gottes –
Jesses Maria, es ist ein Mädchen.

Verhinderter schwarzer Weihnachtsmann klagt

dpa-Meldung 19. Dezember 1990, Nr. 295

Ein schwarzer Student hat in den USA ein Einkaufszentrum auf 1,2 Millionen Dollar Schadenersatz verklagt, weil ihm aufgrund seiner Hautfarbe ein Job als Weihnachtsmann verweigert worden war. Der 20-jährige Michael Whiteside, der mit seinen Eltern in Hayward in Kalifornien lebt, hatte sich auf eine Anzeige hin beworben: „Ein langer weißer Bart und wohlgenährter Eindruck ist hilfreich, aber nicht erforderlich", hieß es darin nach einem Bericht des Scripps Howard Nachrichtendienstes.
Bei der Vorstellung sei ihm erklärt worden: „Deine Hautfarbe ist zu dunkel." Auf seine Beschwerde, das sei nicht fair, habe ihm eine Angestellte gesagt: „Das ist Diskriminierung, ich weiß, aber wir wollen einen Weihnachtsmann mit rosigen Wangen."
Zu der Klage erklärte das Einkaufszentrum, es handele sich um eine „frühere Beschäftigte". Diskriminierung laufe der Politik des Unternehmens völlig entgegen. Regelmäßig seien Angehörige aller Rassen als Weihnachtsmänner eingestellt worden.

Die göttliche Wende der Weltgeschichte

Peter Schütt

Es hätte auch so
kommen können:
die Stunde Null
im Stall von Bethlehem,
der 24. Dezember,
kurz vor Mitternacht.
Maria bringt eben
unter Schmerzen,
ohne ärztlichen Beistand,
ihr göttliches Kind
zur Welt, und ihr
unschuldiger Bräutigam
stellt verwundert fest:
„Jesses, Maria,
ein Mädchen …"

Warum der Weihnachtsmann ein Mann ist

Roswitha Fröhlich (Schüleraufsatz)

Der Weihnachtsmann ist ein Mann, weil, wenn er eine Frau wäre, müsste es Weihnachtsfrau heißen, und alle wären verunsichert. Auch flößt ein Mann mehr Respekt ein, da er eine lautere Stimme hat und kräftiger gebaut ist, was sich besonders beim Tragen des Sackes als vorteilhaft erweist, welchen der Weihnachtsmann drauß im Walde herumschleppen muss. Ganz abgesehen davon, dass eine Weihnachtsfrau niemals einen so langen Bart aufweisen könnte, vertrete ich die Ansicht, dass eine Frau um die Weihnachtszeit Wichtigeres zu tun hat, als dem Manne auch noch dieses Privileg streitig zu machen. Weihnachtsmann bleibt Weihnachtsmann!

PS. Auch mein Vater vertritt diese Auffassung.

Ein edler Mensch.

Kommerzienrath: Um unsern Arbeidern änne Weihnachtsfreide zu machen, habe ich beschlossen, de Helfde des Bersonals zu entlassen.
Buchhalter (erschrocken): Wo bleibt denn da aber de Freide, Herr Gommerzienrath?
Kommerzienrath: Die gommd soford, mei liewer Seiferd, wenn mer'n nachher sagt, daß se bei zehn Brozend Lohngärzung bleiben gennen.
Buchhalter (gerührt): Se sein ä edler Mensch, Herr Gommerzienrath!

Beilage zum „Wahren Jacob“ Nr. 350. 1899.

Weihnachten zu Hause

Agnes Hüfner

Ihr Kinderlein kommet, o kommet doch all,
zur Krippe herkommet in Bethlehems Stall/Pst!
Und seht, was in dieser hochheiligen Nacht/
Ruhe!
Könnt ihr nicht mitsingen/
Der Vater im Himmel/Na wird's bald/für Freude uns macht.

O seht in der Krippe/leg die Puppe jetzt endlich weg/im
nächtlichen Stall/Hände auf den Tisch/
seht hier/Kopf hoch/bei des Lichtleins hellglänzendem,
zieh nicht son Gesicht/Strahl/
In reinlichen Windeln/du wäschst dir aber gleich mal die Hände/
das himmlische Kind/Schmutzfink/
viel schöner/abscheulich/und holder/und die Fingernägel/
als Englein/pfui Teufel/es sind.

Da liegt es/lümmel dich nicht so rum/ihr Kinder auf Heu/
das gute Sofa/und auf Stroh/war teuer genug/
Maria/ich muss das schließlich wieder sauber machen/und Josef/
du könntest deinen Kindern auch mal was sagen/betrachten es
froh/immer hab ich den Ärger/

Die redlichen/ich geb mir doch bei Gott genug Mühe/Hirten
racker mich ab/knien betend/auf den Knien/
davor/für euch/
hoch oben/aber ihr/schwebt jubelnd/rotzfrech/
der Engelein/
Flegel/Chor/.

Des Heils …

„Entschuldigen Sie, wir suchen die segenspendende Krippe!"

Jesus als Gast

Eine Phantasie von Rudolf Peters (*Der Wahre Jacob,* 1897)

„Komm Herr Jesus sei unser Gast
und segne, was du uns bescheret hast“,
so schallt es von Kinderstimmen frisch
im Chor an des Tagelöhners Tisch.
Die Blicke sind andachtsvoll verklärt,
auf die dampfende Schüssel gekehrt.
„Mutter, gib mir den großen Kloß!“
Bricht ungestüm der Kleinste los,
eh’ noch das „Amen“ gesprochen war,
und sie versorgt die hungrige Schar.
Da tritt zur Tür herein ein Mann:
„Guten Tag! Schmeckt’s euch?“ –
„Ja, setz dich heran!
Fritz, weil du noch junge Beine hast,
steh auf!“, spricht der Vater, und der Gast,
ein kräftiger Mann in grobem Kittel,
stellt in die Ecke den derben Knüttel,
dankt nicht groß, rückt gleich in den Kreis,
langt tüchtig zu nach der mageren Speis.
„Ihr seht mich fragend an, wer ich bin?“,
so spricht der Fremde, „und wurde vorhin
doch eingeladen von euch zum Essen.
Habt ihr denn das schon wieder vergessen?
Ich bin Jesus, gerufen von euch allen“, –
vor Schreck lässt der Vater den Löffel fallen. –
„Ihr habt euch, wenn ihr an mich gedacht,
von mir wohl ein anderes Bild gemacht?
Ich war einst ein Arbeitsmann wie du
und gönnt’ auch hernach mir keine Ruh’.
Zwar fasst’ ich die Axt nur noch selten an,
blieb doch ein kerniger Zimmermann.
Die Reichen, die das Volk belogen,
die traf ich so, dass die Späne flogen.
Aber nun will von euch ich hören,
ob sie auch euch noch mit Worten betören.
Ich kann mir’s denken, die Kost ist schlecht.“
Und der Vater spricht: „Ein Ackerknecht
kann sie leider nicht besser verlangen.
Dir ist es ja einst noch schlimmer ergangen.“
„Mensch, rede nicht töricht!“, braust jener auf,
„Ich nahm wohl sorglos meinen Lauf,
derweil ich mich tat an der Hoffnung laben,
ihr möchtet es einstmals besser haben.
Erzähle mir jetzt, wie die Arbeiter leben,
und was für Lohn euch die Herren geben!“
Der Vater erzählt nun ungesäumt,
während die Mutter den Tisch abräumt.
Er erzählt treuherzig von seiner Plage
und wie ihm freudlos vergehn die Tage,
auch von dem Herrn einen hässlichen Zug –

... Krippe

„Gemeinheit! Wir haben geglaubt, es handelt sich um eine Futterkrippe“

und der Fremde brummt einen derben Fluch.
„Fromm sind der Herr und die gnädige Frau,
sie tragen ihr Christentum stolz zur Schau,
für die Kirche opfern selbst Geld sie gern,
und wer fromm tut, steht gut mit dem Herrn.
Ihn rührt zwar nicht unser Sorgen und Quälen,
wir müssen ihn doch in den Reichstag wählen
zum Dank für seine Habgier und Tücken;
dort hilft er uns gänzlich unterdrücken." –
Die Mutter hat sich herangesetzt.
Sie erzählt, wie der Verwalter sie hetzt,
und wie der junge Herr Baron,
der Leutnant, des Gutsherrn einziger Sohn,
ihrer großen Tochter nachgestellt,
noch gestern erst draußen auf dem Feld …
Da springt von dem Sitze Jesus wild,
und die Ader auf seiner Stirne schwillt.
Die Fäuste geballt und zuckend die Glieder,
geht er im Zimmer auf und nieder.
Sie folgen ihm mit verstörten Blicken,
die Kinder sich ängstlich zusammendrücken.
Das dauert so eine Weile fort,
und niemand wagt ein einzig Wort.
Zuletzt spricht der Vater: „Lieber Herr!"
Da fährt er herum: „Wer ist dein Herr?
Der Teufel ist es!" Sie schrecken zusammen
vor seiner Augen sprühenden Flammen.
Er aber geht wieder hin und her:
Und wie er kommt durch die Stube quer,
da hat er das jüngste Mädchen gesehn,
bleibt vor dem herzigen Närrchen stehn
und streichelt ihr sinnend das blonde Haar.
Bald leuchtet sein Auge mild und klar,
wie die Sonne durchbricht des Gewitters Bann.
Er rückt den Stuhl an den Tisch heran
und hebt die Kleine auf seinen Schoß.
Sie schaut mit fragenden Blicken groß
zu ihm auf und lehnt sich in seinen Arm
und nun spricht zu den Eltern er eindringlich,
warm:
„Als ich gründen wollte mein Gottesreich,
da hofft' ich, es käme alsogleich.
Jetzt aber weiß ich, es naht die Stund',
da ihr schließt den großen Bruderbund.
Sind auch herzlos die Reichen noch heute
und jagen mit gleicher Gier nach Beute,
so wird doch eines die Zeit bald bringen,
was meinem Ansturm nicht mocht' gelingen:
Ihr Armen, ihr werdet euch verstehn,
dann ist's um die Ausbeutung geschehn,
dann kann es keinen Sklaven mehr geben,
dann ist's eine Lust, als Mensch zu leben!
Gebt acht, damit ihr das Ziel erreicht,
dass euch nicht frommer Betrug erweicht!
Müsst starr auf dem Menschenrecht bestehn,
den Weg ohne Wanken und Bücken gehen.
Nicht Pfaffentrug, nicht Fürstengewalt
gebiet' euerm Einheitswillen Halt!
Auf den Jesus, den die Heuchler erdichten,
dürft ihr nicht schmachtend die Blicke richten.
Einschläfern will man euch und entzwei'n,
ihr aber sollt wach und einig sein!"
Mit nassem Auge der Vater spricht:
„Ja, du bist Jesus, nun zweifle ich nicht!
So nah bist du mir einst schon gewesen,
wenn ich deine kräftigen Worte gelesen,
die mir gar tief das Herz bewegt,
doch nicht wie der Pfarrer sie ausgelegt.
Ich sah nur als Menschenbruder dich."
Da erhebt mit strahlendem Blicke sich
der Gast, greift froh nach seinem Stecken,
tat allen herzlich die Hand hinstrecken
und ruft: „Keine fromme Träumerei!
Seid wach und kämpft! Ihr werdet frei!"
Er verlässt ausschreitend das ärmliche Dach,
und alle schau'n ihm voll Hoffnung nach.

Vieleicht ist Gott überhaupt eine
Frau. Wer weiß das Gegenteil.
Ingmar Bergmann

***Reißt die Bretter von den Stirnen –
denn im Ofen fehlt's an Holz.***

Deutsches Weihnachten

Süddeutscher Postillon, 1901

Deutschland durchschleicht das Gespenst der Not,
Deutschland durchzittert der Schrei nach Brot,
der Schrei aus hunderttausend Kehlen,
der Angstschrei armer, gequälter Seelen.

Die Arbeit stockt, die Krise kam,
die Lohn und Verdienst den Armen nahm,
den kargen Verdienst, den Bettelgroschen!
Die letzte Hilfe ist nun erloschen.

Die Arbeit stockt - landauf, landab
ziehen die Bettler im Hungertrab,
fröstelnd die schlecht verhüllten Glieder,
die Blicke gesenkt zur Erde nieder.

In den Hütten der kalte Frost,
leer der Tisch und leer der Rost,
hungernd Mann und Weib und Kinder –
und vor der Tür der grimme Winter!

Durch den Regen und durch den Schnee
tragen sie stumm ihr bittres Weh,
suchen nur schüchtern an den Türen,
Herzen zu milder Tat zu rühren.

Hier ein Pfennig, ein Bissen dort,
manchmal leis' ein bedauernd Wort,
öfter aber scheltende Rede,
höhnende Worte, kalt und schnöde.

Ach, die Satten wissen ja nicht,
wie solches Wort in die Seele sticht,
wie es verwundet die kümmernden Herzen,
wie es erhöht die leiblichen Schmerzen!

Tanzen sie einmal in festlicher Pracht,
schwelgen und schlemmen für eine Nacht,
kokettierend, zum „Wohle der Armen",
ist's zu Ende mit ihrem Erbarmen.

Nur die Armut zehn Schritte vom Leib!
Kommt zu nahe das schlotternde Weib,
gibt es Hunde und Diener mit Knütteln,
gibt es ein Heer von Schergen und Bütteln.
Durch die Lüfte mit Feierklang
klingt der himmlische Lobgesang:
„Friede!" und „Allen ein Wohlgefallen!"
Bang will es sich an die Seele krallen.

„Friede?" – Und ringsum blutiger Krieg!
Längst der Menschlichkeit Stimme schwieg.
Völker zerfleischen sich, blind vor Hassen,
Völker dorten – und hier die Klassen.

„Wohlgefallen?" – Der reine Hohn,
dünkt es der Arbeit enterbten Sohn.
Wohlgefallen den Protzen und Reichen –
Not und Elend den Hungerbleichen!

Wohl dir, dass du gestorben bist,
Menschheitserlöser Jesus Christ!
Sähest du so deine Lehre geschändet,
hättest dich längst im Grabe gewendet.

Durch die Lande schreitet die Not,
zittert der gellende Schrei nach Brot,
doch der Junker verderbliche Kaste
sinnt, dass schwerer das Volk sie belaste.

Ob auch mächtig das Elend schwoll,
ehern fordert sie ihren Zoll;
ohne Mitleid, ohne Gewissen
mästet sie sich vom kargen Bissen.

„Frieden auf Erden!" klingt das Gebot –
Frieden den Armen im Hungertod!
Aber den Junkern, den trotzigen Vasallen,
durch den Kornzoll ein „Wohlgefallen!"

Weihnacht

Ernst Hardeck (*Der Wahre Jacob,* 1893)

Viel hundert Jahre sind verflossen,
wie uns die fromme Sage lehrt,
dass Gottes Geist sich hat ergossen,
in eine Jungfrau hochgeehrt.
Es glänzt hell der Stern den Weisen
bei ihrem Zug von Land zu Land,
den Weg nach Bethlehem zu weisen,
wo jene arme Hütte stand.

Nicht aus der Mächt'gen Marmorschlosse,
nicht aus der Reichen Prunkgemach,
nicht aus der Priester feilem Trosse:
Nein, unter armer Hirten Dach
ist ihnen Gottes Sohn erschienen,
der neuen Samen ausgestreut,
der sie gelehrt, im Geist zu dienen,
des Name strahlend glänzt noch heut'.

Der Zeiten Lauf hat sich gekehret,
des Christus Lehre ward zum Spott.
Und neue Weisheit ward gelehret,
die nur den Mammon kennt als Gott.
Drum ist auf's Neu' der Ruf ergangen:
Scharrt euch zusammen, die noch rein
vom Golde, die ein heiß' Verlangen
trieb nach des Geistes heil'gem Schein!

Nicht mehr in Fleisch und Blut sich kleidet
der Gott, der uns Erlösung bringt:
Er lebt in jedem, der da streitet
gen jenen Dämon goldgeschminkt.
Er ward auf's Neu' erweckt im Volke,
dem dürft'ge Nahrung schafft die Hand.
Er zürnt in jener Wetterwolke,
die dräuend schwebt ob allem Land.

So sei willkommen als Messias,
Du hoher Bote, zornbewehrt!
Nicht mehr verhüllet in die Trias,
die Priester einst der Welt beschert;
Du lebst in uns, die dir sich weihen,
Du lebst in jeder großen Tat.
Du führest unsre heil'gen Reihen,
siegst über Mammon, Kirch' und Staat.

So feiern wir die Nacht der Weihe,
und kein Verhängnis ficht uns an.
Und fester schließt sich unsre Reihe
im Kampfe gegen Trug und Wahn.
In unsern Herzen hallt es wieder,
das Wort, das einst vom Berg erklang.
Des neuen Glaubens mächt'ge Lieder,
sie bilden unsern Kampfgesang.

Frankfurter Weihnachtsfeier

S. Kokosky,1886

Das war ein fröhlich Weihnachtsfest,
die Glocken feierlich schallen,
der frohe Gruß sich hören lässt:
Den Menschen ein Wohlgefallen!

Es sitzt der Vater mit Weib und Kind,
wie jubeln die Kinderherzen!
Solch frohes Jubeln aus Kindesbrust,
verscheucht auch die herbsten Schmerzen.

Da klopft es und es tritt herein –
die Kinderherzen beben –
das mag der Weihnachtsmann wohl sein,
jetzt muss es noch Schöneres geben.

Jawohl, es ist der Weihnachtsmann,
nur sonderbar uniformiert,
im besten preußischen Paradeschritt
kommt er anmarschiert.

Er lädt den Vater feierlich ein,
sich die Bescherung zu holen,
er wird dazu auf die Polizei,
auf den folgenden Morgen befohlen.

Das wird ein fröhlicher Weihnachtstag,
wie man ihn selten findet,
dem Vorgeladenen dort wird
die frohe Botschaft verkündet:

Verlasse die Heimat mit Weib und Kind
und ziehe auf die Gasse!
Wohin? Und wer sorgt für Weib und Kind,
wenn ich sie als Vater verlasse?

Wo finde die neue Stätte ich,
um Brot für sie zu erwerben?
Der geächtete Mann, den die Heimat vertrieb,
er muss im Elend verderben.

Doch er muss sich beugen dem Gebot,
das ihn traf mit vielen andern;
man sieht, eine neue Apostelschar,
durch das Deutsche Reich sie wandern.

Apostel – zu künden überall,
bis in die ärmste Hütte,
wie es herrlich im Reiche der Gottesfurcht
und im Reiche der frommen Sitte.

Ja, herrlich ist es im Deutschen Reich,
die Apostel können es bezeugen,
ihr Anblick schon spricht und schweigt
auch der Mund,
beredter noch ist das Schweigen.

In Frankfurt sitzt manch Weib und Kind
und Jammern und Klagen erschallen;
es läuten die Kirchenglocken indes:
den Menschen ein Wohlgefallen!

Wie Vater den Weihnachtsbaum zerschlug

Adelheid Popp

Ein Weihnachtsabend, an dem ich noch nicht ganz fünf Jahre alt war, ist mir noch immer in Erinnerung. Beinahe hätte ich dieses eine Mal einen Weihnachtsbaum bekommen. Meine Mutter wollte mir, ihrem jüngsten Kind, auch einmal zeigen, was das Christkind ist. Wochenlang hatte sie immer einige Kreuzer zu erübrigen getrachtet, um ein kleines Kochgeschirr für mich zu kaufen. Der Weihnachtsbaum war geschmückt mit bunten Papierketten, vergoldeten Nüssen und mit dem bescheidenen Spielzeug behängt. Mit dem Anzünden der Lichter wurde auf den Vater gewartet, der zum Fabrikanten gegangen war, um Ware abzuliefern. Er sollte Geld bringen. Es wurde sechs Uhr, dann sieben und endlich acht Uhr, der Vater kam nicht. Wir waren alle hungrig und verlangten zu essen. Wir mussten die guten Mohnnudeln, Äpfel und Nüsse allein ohne den Vater essen, worauf ich zu Bett gehen musste, ohne dass die Lichter auf dem Weihnachtsbaum gebrannt hätten. Die Mutter war zu missgestimmt und zu sorgenvoll, um den Baum anzuzünden. Ich lag schlaflos in meinem Bett; ich hatte mich so auf das Christkind gefreut, und nun war es ausgeblieben. Endlich hörte ich den Vater kommen, er wurde nicht freundlich empfangen, und es kam wieder zu einer heftigen Szene. Er hatte weniger Geld gebracht, als die Mutter erwartet hatte, dann war er unterwegs in ein Gasthaus gegangen. Er hatte fast zwei Stunden zu gehen und wollte sich einmal erwärmen. Er war dann länger sitzen geblieben, als er zuerst gewollt, und kam angetrunken nach Hause. Ich guckte bei dem Lärm, der sich nun erhob, von meiner Schlafstelle nach den Eltern – und da sah ich, wie der Vater mit einer Hacke den Weihnachtsbaum zerschlug. Zu schreien wagte ich nicht, ich weinte nur, weinte, bis ich einschlief.

Am nächsten Tag empfand mein Vater wohl Mitleid mit mir, denn er gab mir einige Kreuzer, wofür ich mir Blechgeschirr kaufen durfte. Mitleidige Menschen schenkten mir dann auch eine Puppe und anderes Spielzeug, das für ihre Kinder schon durch schöneres, prächtigeres ersetzt worden war.

Und noch an eine Bescherung kann ich mich erinnern. Als ich schon in die Schule ging, wurde von einem reichen Mann, der eine große Fabrik besaß, in der viele Hunderte Männer und Frauen arbeiteten, für die armen Schulkinder eine Weihnachtsbescherung veranstaltet. Auch ich gehörte zu den Glücklichen, die mit Naschwerk und wollenen Kleidungsstücken beschenkt wurden. Die große, mächtige Tanne gab mehr Licht, als ich je gesehen hatte, und der Festschmaus, der uns gegeben wurde, brachte uns alle in glückselige Stimmung. Wie dankbar war ich dem guten, reichen Mann, der ein so mildtätiges Herz für die Armen hatte.

Als später meine verwitwete Mutter in seiner Fabrik für drei Gulden Wochenlohn täglich zwölf Stunden arbeiten musste, konnte ich noch nicht beurteilen, dass darin die Quelle für seine „Großmut“ gelegen war. Erst viel später kam ich zu dieser Erkenntnis.

'N Tag, Kollege!

Der Laden ist Offen!
Schön! Aber meine Brieftasche ist leer!

Weihnachts-Marseillaise

Max Kegels *Sozialdemokratisches Liederbuch*, 1897

Verstummt, ihr Engel und ihr Hirten,
verstummt, ihr trägen Litanei'n!
Eh' nicht gelöst der Völker Bürden,
kann Frieden nicht auf Erden sein!
Wie könnten Freudenlieder schallen,
wo Unterdrückung herrscht und Not,
ein solcher Sang, er wär' ein Spott;
den Menschen wär's kein Wohlgefallen.
Auf, Proletariat!
Auf, rüste dich zur Tat!
Zur Wahl, zur Wahl! Zum ersten Schritt
auf der Befreiungsbahn!

Lass dich in süßen Traum nicht wiegen
mit Orgelton und Glockenklang,
sieh' hoch die roten Banner fliegen,
sie winken zum Befreiungsgang.
Hat wohl ein Römer süß geschlafen,
zur Zeit da Brennus wog das Schwert?
Wer tatlos zaudert, ist es wert,
dass ihn die Peitsche trifft, den Sklaven.
Auf Proletariat!
Auf, rüste dich zur Tat!
Zur Wahl, zur Wahl! Zum ersten Schritt
auf der Befreiungsbahn!

Nicht hoffe mehr nach alter Sitte,
dass dir ein Wunderstern erscheint,
dich führend zu des Heilands Hütte,
so ist die Sage nicht gemeint.
Blick auf, ein Stern in hellem Scheine,
der Sozialismus, winkt dir zu,
und der Erlöser, der bist du,
und jene Hütte ist die deine!
Auf, Proletariat!
Auf, rüste dich zur Tat!
Zur Wahl, zur Wahl! Zum ersten Schritt
auf der Befreiungsbahn!

Wohlauf, zum Kampfe, auf zum Siege,
damit es Fried' auf Erden wird,
damit der Menschheit Feind erliege,
der freie Volksgeist thriumphiert.
Und wenn vertilgt die letzten Reste
des Elends und der Sklaverei,
wenn alle Menschen froh und frei,
dann feiern w i r Erlösungsfeste!
Auf, Proletariat!
Auf, rüste dich zur Tat!
Zur Wahl, zur Wahl! Zum ersten Schritt
auf der Befreiungsbahn!

Weihnachtsballade 1978

Peter Schütt

Die Beamten, die im Schnellzug
München-Salzburg die Personenkontrolle
durchführten, blieben gelassen,
obwohl die Verdachtsmomente nicht
zu übersehen waren: fast schulterlanges
Haar, der Blick eines Fanatikers,
ungepflegte Kleidung, die auf einen Hang
zum Anarchismus hinzudeuten schien.
Ein Grenzschützer blieb auffällig
unauffällig auf dem Gang stehen,
während sein Kollege ins Abteil
trat und den Verdächtigen
um seine Papiere bat.
Sie sind Araber? Bin ich.
Gehören Sie der PLO an?
Ich trete für Gewaltlosigkeit ein.
Sind Sie Mitglied einer K-Gruppe?
Der Verhörte zögerte. Nein, die Kirche
führt mich höchstens als Ehrenmitglied.
Sind Sie privat oder dienstlich unterwegs?
Ich befinde mich
auf einer vorweihnachtlichen
Geschäftsreise zu den Agenturen
in Westeuropa ...
Inzwischen hatte der andere
das Foto des Verdächtigen
im Fahndungsbuch ausgemacht.
Eindeutig, es handelte sich
um eine Leitfigur des internationalen
Terrorismus. Der Gesuchte,
hieß es, wechselt häufig seine Namen -
Wunderbar, Kraft, Rat, Friedefürst,
Ewigvater - und besitzt wenigstens
einen griechischen, römischen
und jüdischen Pass. Er hat
die Fischer am See Genezareth
aufgewiegelt, hat in der Wüste
Jordaniens eine Hungerdemonstration
organisiert und in Jerusalem
eine religiös verbrämte Volkserhebung
gegen die heimischen Geschäftsleute
und Bankherren angezettelt. Er ist
Anführer einer kryptokommunistischen
Zelle, der nach Angaben des Überläufers
Judas Ischariot mindestens
zwölf Terroristen angehören.
Die Beamten handelten
umsichtig. Kurz vor der Grenze
brachten sie den Zug zum Halten,
ein GSG-9-Kommando, das über Funk
alarmiert worden war, stieg hinzu
und nahm den Verdächtigen
nach kurzem Wortwechsel fest:
Er wurde als der staatenlose
Jesus von Nazareth mit dem Decknamen
Christus identifiziert.

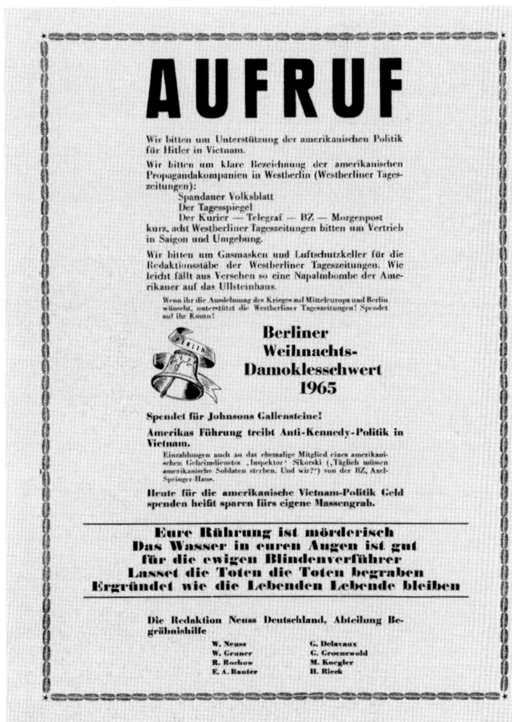

AUFRUF

Wir bitten um Unterstützung der amerikanischen Politik für Hitler in Vietnam.

Wir bitten um klare Bezeichnung der amerikanischen Propagandakompanien in Westberlin (Westberliner Tageszeitungen):
Spandauer Volksblatt
Der Tagesspiegel
Der Kurier — Telegraf — BZ — Morgenpost
kurz, acht Westberliner Tageszeitungen bitten um Vertrieb in Saigon und Umgebung.

Wir bitten um Gasmasken und Luftschutzkeller für die Redaktionsstäbe der Westberliner Tageszeitungen. Wie leicht fällt aus Versehen so eine Napalmbombe der Amerikaner auf das Ullsteinhaus.

Wenn ihr die Ausdehnung des Krieges auf Mitteleuropa und Berlin wünscht, unterstützt die Westberliner Tageszeitungen! Spendet auf ihr Konto!

Berliner Weihnachts-Damoklesschwert 1965

Spendet für Johnsons Gallensteine!

Amerikas Führung treibt Anti-Kennedy-Politik in Vietnam.

Einzahlungen auch an das ehemalige Mitglied eines amerikanischen Geheimdienstes „Inspektor" Sikorski („Täglich müssen amerikanische Soldaten sterben. Und wir?") von der BZ, Axel-Springer-Haus.

Heute für die amerikanische Vietnam-Politik Geld spenden heißt sparen fürs eigene Massengrab.

Eure Rührung ist mörderisch
Das Wasser in euren Augen ist gut
für die ewigen Blindenverführer
Lasset die Toten die Toten begraben
Ergründet wie die Lebenden Lebende bleiben

Die Redaktion Neuss Deutschland, Abteilung Begräbnishilfe

W. Neuss	G. Delavaux
W. Gruner	G. Groenewold
R. Bochow	M. Koegler
E. A. Rauter	H. Rieck

Wir müssen rationalisieren
hieß es und ich kann jetzt
die Arbeit für Zwei machen.

Wer also nach meiner Schilderung der finanziellen Misere unserer Firma trotz-dem sein Weihnachtsgeld will, soll jetzt bitte vorkommen!
P. GAY

Weihnachtslied
Dieter Süverkrüp

Heute Abend
hat sich die Betonstadt hinterm Güterbahnhof
bis zum Rand mit Andacht vollgedröhnt.
Heute Abend
wird vom Ersten, Zweiten und vom Dritten
Fernsehn
Weihrauchduft mit Tränengas verströmt.
Heute Abend
in der dritten Strophe des O-Tannenbaumes
ist dem Hauptwachtmeister heiß und kalt.
Heute Abend
fragt er: war's die falsche Seite, wo er stand
im Kampfanzug im herbstlich nassen Wald.
Heute Abend
fällt der kranke, stinkbesoffene Wermutsbruder
heulend aus dem Obdach-Bunker raus.
Heute Abend
sehn die Fenster in den teuren Vorort-Villen
wie barocke Weihnachtskrippen aus.

Stille Nacht, allerseits!
Heilig Abend, zusammen.
Macht die Tür zu, das Licht aus,
die Kerzen an. Amen.

Heute Abend
hofft die Mutter, dass ihr arbeitsloser Jüngster
sich nicht wieder heimlich Haschisch kauft.
Heute Abend
hat der dicke Kindesmörder dienstfrei, heute
isst er alle Bonbons selber auf.
Heute Abend
pinkelt der Erfinder der Neutronenbombe
viele kleine Herzen in den Schnee.
Heute Abend
gibt es einen zart gebratenen Friedensengel
bei Herrn Wehrexperten zum Dinner.
Heute Abend
sind die Straßen leichenblass und abgegessen,
dass man ihrem Frieden nicht mehr traut.
Heute Abend
vor der Stadt in der Raketenstellung, kriegt ein
junger Offizier die Gänsehaut.

Stille Nacht, allerseits!
Heilig Abend, zusammen!
Macht die Tür zu, das Licht aus,
die Kerzen an. Amen.

Heute Abend
sitzt dem Vater unterm Hemd die Angst um
seinen Job –
weil auch sein Herz nicht mehr so will!
Heute Abend
weiß Direktor Dings vom oberen Management
natürlich längst: bald liegt der Laden still.
Heute Abend
warten viele dünne, starre Hungerkinder
einzig und allein auf dein Gebet.
Heute Abend
ginge es, dass alle immer satt sein könnten,
wenn nur ginge, was schon lange geht.
Heute Abend
bringt ein ernster Volksvertreter einen Toast
auf unseren Verteidigungsbeitrag aus.
Heute Abend
feiert so ein zweifelhafter Friedenspfarrer
mit den Typen vom besetzten Haus.

Heilig Abend, zusammen!
Stille Nacht, allerseits! –
Ob der Frieden doch noch kommt?
Er bewegt sich wohl bereits.

Die Maschine
Der Wahre Jacob, 1900

Es tritt ein blasser, schmächt'ger Knabe
still an den Weihnachtstisch heran;
dort glänzt wohl manche kleine Gabe,
daran ein Kind sich freuen kann.

Warum nur über seine Wangen
so matt ein Freudenschimmer fliegt?
Ist es ein unerfüllt Verlangen,
was trüb auf seinen Mienen liegt?

Statt dass er nun nach Knabenweise
nach jenen kleinen Gaben greift,
steht er wehmütig, seufzet leise,
und kaum ein flücht'ger Blick sie streift.

Und merkt auch keiner, was im fehlte,
und konnt es keiner auch verstehn,
da alle hohe Lust beseelte:
Das Mutterauge hat's gesehn.

Sie hat erlauscht den Wunsch, den stillen,
und sinnt darüber manchen Tag,
sie muss, sie wird ihn noch erfüllen,
wie schwer es ihr auch werden mag.

Sie müht sich, dass sie es erspare,
sie legt's bei Pfennigen zurück,
und zu dem Fest im nächsten Jahre
verschafft sie ihm sein höchstes Glück.

Da strahlt verklärt des Knaben Miene,
als mitten auf dem Tische steht,
die kleine blanke Dampfmaschine
und fauchend sich und schnurrend dreht.

Seitdem ist manches Jahr entschwunden.
Der blasse Knabe ward ein Mann,
der grübelte in stillen Stunden,
bis er ein großes Werk ersann.

Ein technisches Problem ergründet
hat sein tiefdringender Verstand.
Zum Weihnachtsfest wird ihm verkündet,
dass die Erfindung anerkannt.

Da holt er glücklich aus dem Schranke
das Spielzeug, stellt es vor sich hin,
und ein sehnsüchtiger Gedanke
erfüllt auf einmal seinen Sinn.

In seine Augen Tränen steigen,
als er zur Wand emporgeblickt.
Er spricht: „Mit grünen Tannenzweigen
hab' heute ich dein Bild geschmückt.

Ich bin am Ziel des kühnen Strebens.
Ach könntest du, mein Mütterlein,
am schönsten Tage meines Lebens
mich sehen und dich mit mir freu'n!"

Nach der Christbescherung in Berlin NO (Zeichnung von H. Zille)

„Wenn jetzt eener wat von uns will, denn hau' ick ihm mit den Wort Jottes uff'n Schädel, det a brüllt wie 'n Affe!"

Die Welt wird kleiner.
Vergiss es nicht.
Sonst kann es dir passieren,
dass du meinst,
weit vom Schuss zu sein,
und du stehst vor dem Pistolenlauf.

Walter Serner

... IST JA WEIHNACHTEN ELFRIEDE!
BROT FÜR DIE WELT
KURO

Auch eine Weihnachtsbescherung

Verspätete Exmission.

Erlöser Tod

aus: *Der Wahre Jacob*

„Mutter, kommt Er auch zu uns heute Abend?“ Das blasse Mädchen mit dem schmalen Gesichtchen und den großen dunklen Augen schmiegte sich, vor Frost zitternd, tief in das zerschlissene Kleid der armen Frau, die, einen leeren Korb am Arm, mit ihren beiden Kindern über den Weihnachtsmarkt wankte. Wohin? Sie wusste es selber nicht. Der Krämer wollte nichts mehr borgen und das letzte Stückchen Wäsche war längst ins Leihhaus gewandert. Seit vier Tagen hatte sie keinen Bissen gegessen. Die letzte Brotrinde, die im Haus war, hatten ihr die Kleinen gestern vorgekaut, und sie hatte Wasser dazu getrunken und lächelnd gesagt, sie habe keinen Hunger. Und dann war der Hauswirt gekommen und hatte sie wiederum wegen der rückständigen Miete gemahnt und ihr rundweg erklärt, wenn sie morgen nicht zahlen könne, würde sie mit ihren Kindern auf die Straße gesetzt. Und dies morgen war heute, und heute war Weihnachtsabend!

Wie es nach Tannen duftete! Und nach frischem Backwerk! Sie schloss die Augen, um nichts zu sehen von all den Herrlichkeiten, die ringsum ausgebreitet waren – für die andern! Immer dichter drängte sie sich an die Stände hin, mit gierigen Nüstern die verlockenden Gerüche einsaugend, während sich ihr Magen zusammenkrampfte und eine brennende Hitze den Hals heraufstieg. Wie im Traum schlugen die kreischenden Stimmen der Händler an ihr Ohr: „Nur zehn Pfennig! Jedes Stück zehn Pfennig!“, und ihr war’s, als hörte sie die Nickel-Stücke einzeln auf die Ladentafel aufschlagen – Ping! Ping! Ping! –, und der Händler lachte, und die Käufer lachten, und die Lichter in den Laternen tanzten dazu, und die Sterne am Himmel schlugen Purzelbäume, und der Mond, der eben dort über das Rathausdach herunterschielte, kaute mit den dicken Backen behaglich eine große Leberwurst.

„Mutter, kommt Er auch zu uns heute Abend?“ Die kleine Marie schrie es laut. Sie zitterte an allen Gliedern – aber nicht vor Kälte, nein, vor Angst, sie fürchtete sich vor der Mutter.

Warum, wusste sie nicht. Aber dies Schweigen war ihr unerträglich. Und so zerrte sie denn, während die kleinen Zähne fiebernd aufeinander schlugen, mit den frosterstarrten Händchen an dem groben Mantel, der die hagere Gestalt der stummen Frau verhüllte. „Ob Er kommt?", klang es heiser zurück, und Mariechen schien es, als käme die wohlbekannte Stimme aus weiter, weiter Ferne langsam zu ihr herübergeflattert. „Was fällt dir ein, Kind? Er ist ja weit fort – nach Hamburg oder Bremen, um Arbeit zu suchen, Arbeit und Brot. Und er sagte, er würde nicht wiederkommen, bevor er nicht beides gefunden. Aber so schnell geht das nicht heutzutage. Und darum musst du hübsch artig sein und geduldig warten und nicht weinen, wenn du mal ein bisschen Hunger hast. Er hat's ja auch nicht besser als wir. Wir sind nun einmal alle zum Verhungern auf die Welt gekommen!"

Ein wildes Schluchzen erstickte die Stimme der blassen Frau. Ihre hohe Gestalt krümmte sich zusammen; die hageren Hände suchten tastend die Kinder, und wie die Flügel einer Henne schlugen die Mantelschöße über den Lockenköpfchen zusammen.

„Aber ich sprach ja gar nicht vom Vater!", klang es jetzt weinend unter der schützenden Hülle hervor. „Ich meinte ja den heiligen Christ. Der kommt doch heute zu allen Kindern, die brav gewesen sind. Und besonders zu den armen. Denn er ist der Erlöser, hat der Herr Pfarrer gesagt." „Der Erlöser?" Ein irres Lächeln verzerrte den Mund der Frau und die hohlen Augen flackerten unheimlich durch das Dunkel. „Der Erlöser?" O ja, d e r wird heute zu uns kommen. Der kommt ganz gewiss. Aber eben darum müssen wir jetzt nach Hause, damit wir seinen Besuch nicht verfehlen. Denn es ist ein feiner Herr, der Herr Erlöser. Er würde es übelnehmen, wenn wir nicht zu Hause wären. Denn wisst, Kinderchen" – flüsterte sie geheimnis-voll – „er will uns alle in seiner Kutsche abholen – in einer schönen schwarzen Kutsche mit schwarzen Pferden, und die Pferde haben schwarze Federbüsche auf dem Kopf, und die Kutsche fährt ganz langsam, damit uns alle Leute sehen können, die lahme Trine – wisst ihr? Die Näherin, die neben uns wohnt – und der Schneidermeister Ullrich im dritten Stock und der Herr Landesgerichtsrat im zweiten und vor allem der böse Hauswirt in der Beletage, der uns heute auf die Straße werfen wollte – haha! Wird der sich ärgern, wenn wir von einem so vornehmen Herrn abgeholt werden."

Die Frau lachte wild auf. Die Kinder sahen erschreckt zu ihr empor, und Mariechen meinte schmollend: „Aber Muttchen, warum hast du uns denn gar nichts davon gesagt? Dann hätten wir ja nicht den ganzen Tag geweint." „Warum ich nichts gesagt habe? Weil heute Weihnachten ist, und ihr sollt auch eure Überraschung haben." „Aber nicht wahr, Mama?", ließ sich jetzt der kleine Hans vernehmen, „bei dem vornehmen Herrn werden wir es gut haben und nicht mehr hungern?" „Nein, da hungert ihr nicht mehr. Aber kommt! Kommt!"

Der Hausherr hatte schon fünfmal an die Tür der Mansarde gepocht. Aber niemand öffnete. „Das Gesindel hat sich wohl eingeschlossen, damit es vor der Exmittierung sicher sei. Aber denen will ich's eintränken. Schlagen Sie mal die Tür ein, Johann!" Der Hausknecht kratzte sich verlegen hinterm Ohr. „Nu, wird's bald?", knurrte der fette Gebieter. „Ich dachte man bloß, Herr Meyer", sagte schüchtern der Angeredete. „Ich dachte man bloß, weil heute gerade Heiliger Abend ist …" „Larifari! Zeit ist Geld. Wer nicht zahlt, fliegt heraus. Ich muss meine Bankzinsen auch zahlen. Also vorwärts! Vorwärts!"

Ein Faustschlag, und die Tür springt krachend auf. Der Hausherr tritt feierlich über die Schwelle und hinter ihm der handfeste Johann, der das bisschen Gerümpel auf die Straße herunter tragen soll. Aber was ist das? Dort auf dem Stuhle neben dem Bett, darin Frau und Kind den ewigen Schlaf schlafen, sitzt, grinsend aus einer Pfeife schmauchend, die Dienstmannmütze über das Knochenhaupt gestülpt, ein anderer, Größerer, der das Geschäft des Exmittierens noch besser versteht als der Hausgewaltige aus der ersten Etage. Er ist seinem Konkurrenten zuvor gekommen.

Einer war zuviel!

Weihnachtsmann-ICH-AG

Udo Achten

Weihnachtsgeschichte 2002

Es ist kalt und wird noch kälter. Wir zwei Arbeitlose, schon länger in diesem Zustand dieses nicht vorhandenen Rechts auf Faulheit, haben über Zeitung, Fernsehen und Radio erfahren, dass uns nur die nötige Initiative fehle.
Fehlende Initiative? – Auf achtzig oder neunzig Bewerbungen kamen fast nur Absagen, bis auf wenige, kommentarlos zurückgeschickte Unterlagen – was ja besser ist als gar keine Antwort. Aber auch nicht viel besser.
Keine Leistung ohne Gegenleistung. Na ja, Beiträge hatten wir ja schon einige Jahrzehnte gezahlt, gegen den Unfall der Arbeitslosigkeit. Nun ist der Fall bzw. Unfall eingetreten, sozusagen unverschuldet, weil die Unternehmensführung den Wagen in den Sand gesetzt hat.
Als nun nichts mehr ging, gründete ich meine **ICH-AG**, das heißt, ich investiere das nicht vorhandene Kapital in mich selbst. Also nicht mehr das Kapital arbeitet für mich, sondern ich bin selber Kapital und Arbeit.
Toll. Endlich ist das Problem gelöst – der Reformstau beseitigt. Wenn ich jetzt morgens wach werde und nicht mehr erst frühstücke (wäre Investition in meine Arbeitkraft), sondern in mein Kapital investiere – klar vor Weihnachten – in roten Mantel, Bart und großen Umhang:

Ist fertig die **Weihnachtsmann-ICH-AG!**

Vor Weihnachten und besonders an den heiligen Tagen ist die Nachfrage besonders groß. Wie groß? Na ja, leider nicht groß genug, wenn ich die Nachfrage nicht steigern kann. Jedoch, vielleicht lässt sich das ja über den Arbeitsmarkt regulieren … denn jeder Arbeitlose ist zuviel … oder???

Ich denke an Aloysius Schwammel

Lore Lorentz

Er hieß Aloysius Schwammel und war ein guter Mensch. Natürlich, ich müsste Weihnachten an Konsumterror denken, meine Gedanken und meine Feder an der Absurdität wetzen, dass Städte ausgerechnet dann am hellsten strahlen, wenn wir im Advent im Dunklen auf das Licht warten sollen. Gegen Geschenkerpressung sollte ich wettern und verkleidete Weihnachtsmannsurrogate. Aber ich denke an Pater Schwammel, der uns den Katechismus nahe bringen sollte und uns stattdessen die Bibel erzählte. Als wir sechs, sieben, acht und neun Jahre alt waren.

Seit dieser Zeit bin ich bibelfest. Nicht was die Sprüche anbelangt. Mit Ezechiel 45,1 kann man mich jederzeit in Verlegenheit bringen, aber der Gesichtsausdruck, mit dem der Walfisch Jonas in Ninive ans Land gespuckt hat, um dann befriedigt wieder in die Fluten zu tauchen, den kenne ich. Da macht mir keiner was vor. Ich weiß auch, was sich in Petrus abgespielt hat, als er mutig, aber eben unbedacht und unchristlich dem römischen Hauptmann das Ohr abschlug. Beschämt blickte er zu Boden, schob verlegen mit der Sandale ein paar abgefallene Oliven hin und her, um schließlich doch sehr erleichtert zu sein, als der Herr die Sache mit dem Ohr wieder reparierte. Ich könnte es malen, wenn ich malen könnte.

Pater Schwammel spielte uns die Heilige Schrift nicht nur vor, er gestaltete sie. Im Alten Testament schob er die Dramatik doch wohl zu sehr in den Vordergrund. Die Beinahe-Opferung des Isaak durch Abraham geriet ihm fast zum Psychothriller. Aber im Neuen Testament hatte er Zwischentöne von bezaubernder Zartheit, die Volksszenen waren voll Saft und Kraft, und die Krämer jagte er aus dem Tempel, wie es einen jungen Revolutionär heute begeistern würde. Grandios sein Pilatus, die Waschschüssel vor sich, ganz Rom hinter sich.

Er spielte alle Rollen selbst. Auf dem kleinen Podium unserer Klasse verwandelte er sich vom ersten bis zum zwölften Apostel. Im Sprunge wechselte er die Mimik eines Jakobus (erdverbunden) mit der des Judas Ischariot (übles Schlitzohr, die dreißig Silberlinge schon im Augenwinkel). Seine Szene „Der Herr besucht den ungläubigen Thomas“ wäre heute oscarverdächtig. Thomas in seinem Hause, bramarbasierend über intellektuelle Gepflogenheiten, nichts zu glauben, was nicht zu beweisen wäre – ein Hupfer nach links –, Thomas fasste es nicht, erschrickt, erkennt den Herrn – ein .Hupfer nach rechts –, der Herr, blickt Thomas traurig an, nimmt dessen Hand und legt sie auf die Wunden – ein Hupfer nach links –: Nicht doch, Herr, nicht doch! So war es nicht gemeint. Fortan will ich glauben und nicht wissen. Kein Weihnachten, an dem ich ihn nicht wieder vor mir sehe und den zarten Takt bewundere, mit dem er die doch reichlich zwiespältige Rolle Josefs meisterte. Einer volkszählenden Bürokratie ausgeliefert, die zudem auch völlig überfordert war, weil man solches noch nie vorher gehabt hatte! Raffgieriger Hotelbesitzer, und wahrscheinlich mehr oder weniger plumpe Fragen wie: Sind Sie der Vater des zu erwartenden Kindes? Aber Pater Schwammel schaffte es. Von seinem Josef ging schlichte Würde aus, auch als er sich müde durch das karge heilige Land schleppte, immer behutsam Marien stützend, dann endlich den Stall fand und entschied: Besser als nichts! Maria, froh, ein Dach über dem Kopf zu haben, blickte nur kurz um sich, Josef dankbar an, und ich glaube, sie streichelte einem Lämmlein über den wolligen Pelz. Als Kuh und Kälbchen, Muli und Esel zugleich bildete der Pater zwischen uns und der Mutter eine Wand der Diskretion in ihrer schweren Stunde, um uns gleich darauf mit einer stolzen und zärtlichen Gebärde das gewickelte Kind in der Krippe zu zeigen. Noch ein kurzer Farbtupfer in dem Gemälde, sozusagen im Vorübergehen, Josef auf den Stab gestützt, und dann waren wir mit ihm draußen auf dem Feld, trafen Hirten, die uns aufgeregt entgegen kamen und von himmlischen Gestalten schwatzten, die ihnen eine große Freude verkündet hätten. Es waren, so erinnere ich mich, mindestens fünf Herren, jeder anders in seiner Haltung dem Unbegreiflichen gegenüber. Aber auch der ungläubige Forsche, der zaghafte Untertan, der Neugierige, der Scherzbold und der Mitläufer, sie wurden im Stall zu bedingungslosen Anbetern. Wir auch. Mein Gott, waren wir froh, dass alles gut gegangen war, und wir ehrten Ihn in der Höhe und wünschten auf Erden Frieden den Menschen, die guten Willens sind. Der Besuch der Heiligen Drei Könige ließ uns vergleichsweise kalt. Schön, das Palaver in der Wüste, nachdem sie den Stern entdeckt hatten und ihre Astronomen befragt, hatte eine gewisse Dichte. Auch beim pomphaften Auftritt der drei im Notquartier knisterte soziale Spannung, aber ich, für mich, stellte in erster Linie mit Genugtuung fest, dass sich Josef nicht unterwürfig benahm und Maria nicht daran dachte, sich zu entschuldigen, weil es nicht aufgeräumt war. Einige Mädchen in der Klasse bemängelten dies, ich hätte es schon damals als kleinkariert empfunden. Einig waren wir uns über die Popeligkeit der Geschenke. Gold, nun ja, aber Weihrauch und Myrrhe? Ich weiß heute, Pater Aloysius Schwammel ist schuld daran, dass ich niemals zur Weihnachtszeit einer Krippe aufstelle und auch keine Krippenfiguren sammle. Was er meiner Phantasie geschenkt hat, würde jede Figur zu einem Schemen werden lassen.

Lasset die Kinder zu mir kommen!

Und Mütter nahten, brachten ihre Kinder
Und reichten bittend sie dem Heiland dar,
Daß er sie segne. Doch die Jünger schalten
Und fuhren an die, so die Kinder trugen.
Dies sah der Herr und eine Wolke trat
Auf seine Stirn und zürnend sprach er: „Lasset
Die Kindlein kommen, wehret ihnen nicht,
Denn ihrer, wahrlich, ist das Himmelreich!"

Auf ödem Vorstadthof ragt die Fabrik.
Die Räder rasseln und die Hämmer dröhnen,
Dumpf-heiße Stickluft füllt die düstern Räume.
Ein Zug von Kindern schreitet durch das Tor.

Hohläugig, früh gealtert, müden Schritts,
In dürft'gem Kleid, mit bleichen Wangen schreiten
Die Kleinen dem gewohnten Tagwerk zu:
Trostlosem Müh'n um kargen Hungerlohn.

Dem Gotte Mammon ist das Haus geweiht,
Dem mächt'gen Gott, dem Christ und Jude dient.
Sein Priester steht am Tor und zählt die Opfer
Mit sattem Blick, und höhnend spricht er: Lasset
Die Kindlein kommen! Not und Siechtum harren
An dieser Stätte ihrer, früher Tod.
Wehrt ihnen nicht, — durch meine Pforte führt sie,
Glaubt mir, der schnellste Weg zum Himmelreich!"

J. S.

Die Ware Weihnacht –
ist nicht die wahre Weihnacht.

Morgen, Kinder, wird's was geben

Philipp Bartsch

Morgen, Kinder, wird's was geben,
morgen werden wir uns freun!
Welch ein Jubel, welch ein Leben
wird in unserem Hause sein!
Einmal werden wir noch wach,
heißa, dann ist Weihnachtstag!

Wie wird dann die Stube glänzen
von der großen Lichterzahl!
Schöner als bei frohen Tänzen
ein geputzter Kronensaal.
Wißt ihr noch, wie vor'ges Jahr
es am Heiligen Abend war?

Wißt ihr noch mein Räderpferdchen,
Malchens nette Schäferin,
Jettchens Küche mit dem Herdchen
und dem blankgeputzten Zinn?
Heinrichs bunten Harlekin
mit der gelben Violin?

Wißt ihr noch den großen Wagen
und die schöne Jagd nach Blei?
Unsre Kleiderchen zum Tragen
und die viele Näscherei?
Meinen fleiß'gen Sägemann
mit der Kugel unten dran?

Welch ein schöner Tag ist morgen!
Neue Freuden hoffen wir,
unsre guten Eltern sorgen
lange, lange schon dafür.
O gewiss, wer sie nicht ehrt,
ist der ganzen Lust nicht wert!

Weihnachtslied, chemisch gereinigt

Erich Kästner

Morgen, Kinder, wird's nichts geben!
Nur wer hat, kriegt noch geschenkt.
Mutter schenkte euch das Leben.
Das genügt, wenn man's bedenkt.
Einmal kommt auch eure Zeit.
Morgen ist's noch nicht soweit.

Doch ihr dürft nicht traurig werden.
Reiche haben Armut gern.
Gänsebraten macht Beschwerden.
Puppen sind nicht mehr modern.
Morgen kommt der Weihnachtsmann.
Allerdings nur nebenan.

Lauft ein bisschen durch die Straßen!
Dort gibt's Weihnachtsfest genug.
Christentum, vom Turm geblasen,
macht die kleinsten Kinder klug.
Kopf gut schütteln vor Gebrauch!
Ohne Christbaum geht es auch.

Tannengrün mit Osrambirnen –
lernt drauf pfeifen! Werdet stolz!
Reißt die Bretter von den Stirnen,
denn im Ofen fehlt's an Holz!
Stille Nacht und heil'ge Nacht –
weint, wenn's geht, nicht! Sondern lacht!

Morgen, Kinder, wird's nichts geben!
Wer nichts kriegt, der kriegt Geduld!
Morgen, Kinder, lernt fürs Leben!
Gott ist nicht allein dran schuld.
Gottes Güte reicht so weit …
Ach, du liebe Weihnachtszeit!

(Nach der Melodie: Morgen, Kinder, wird's was geben!)

Anmerkung: Dieses Lied wurde vom Reichsschulrat für das Deutsche Einheitslesebuch angekauft.

Die Bescherung

Hanns Dieter Hüsch

Dass mir keiner ins Schlafzimmer kommt!
Alle Jahre wieder ertönt dieser obligatorische Imperativ aus dem Munde meiner Frieda, wenn es darum geht, am Heiligen Abend Pakete und Päckchen in geschmackvolles Weihnachtspapier zu schlagen, wenn es darum geht, den Rest der Familie in Schach zu halten, damit auch ja keiner einen voreiligen Blick auf die Geschenke werfen kann.
Ich dagegen habe es etwas einfacher: Ich schmücke den Baum! Punkt 17.00 Uhr begebe ich mich auf die Veranda und hole den schönen Baum herein.
Es ist wirklich ein schöner Baum, sagt die Frieda.
Doch, sage ich, der Baum ist schön.
Dann kommt die kleinere Frieda auch noch und sagt, dass der Baum schön ist.
Und nachdem wir alle noch ein paar Mal um den schönen Baum herumgegangen sind, sagt die Frieda: Mein Gott! Es ist ja schon halb sechs!
Und damit beginnt offiziell in allen Familien, die sich bei diesem Fest noch bürgerlicher Geheimnistuerei bedienen, der nervöse Teil der Bescherung.
Deshalb stecke ich mir vorbeugend – einmal im Jahr – zunächst mal eine Zigarre an und überlege in aller Ruhe, welche formalen Prinzipien ich dieses Mal zur Ausschmückung des schönen Baumes anwende. Habe ich dann den Baum nach einigen Schnitzereien mit einem Sägemesser glücklich in den Christbaumständer gezwängt, weiß ich auch schon, wie ich's mache:
Dieses Mal werde ich endlich dem Prinzip huldigen: Je schlichter, desto vornehmer! Zwei, drei Kugeln. Vier bis fünf Kerzen, hie und da einen Silberfaden, aus! Schließlich ist das ja ein Baum und keine Hollywoodschaukel.
Das soll natürlich nicht heißen, dass wir nicht genug Kugeln und Kerzen, Lametta und Engelshaar, Glöckchen und Trompetchen hätten. Im Gegenteil. Ich könnte damit drei Bäume, Pardon, drei schöne Bäume schmücken.
Und schon erhebt sich die Frage: Nur bunte Kugeln oder nur silberne? Nur weiße Kerzen oder nur rote? Engelshaar oder kein Engelshaar?
Ja, was sollen meine intellektuellen Freunde denken, wenn die am 2. Feiertag zu Besuch kommen und sehen dann meinen Mischmasch aus Sentimentalität und Kunstgewerbe. In diese meine präzisen ästhetischen Überlegungen hinein platzt die Frieda mit dem Ruf: Wie weit bist du? Um sechs Uhr ist Bescherung!
Das schaffe ich nicht, rufe ich zurück, ich kann ja den Baum nicht übers Knie brechen.
Wir haben zu Hause, sagt die Frieda, immer um sechs Uhr die Bescherung gehabt.
Wir haben die Bescherung, sage ich, immer um halb acht gehabt.
Wir haben sie um sechs gehabt, sagt die Frieda.
Um sechs Uhr schon Bescherung, sage ich, warum dann nicht schon gleich um vier oder im Oktober. Wir haben die Bescherung immer um halb acht gehabt, manche Leute haben ja die Bescherung erst am anderen Morgen.
Und wann sollen wir essen, fragt die Frieda.
Nach der Bescherung, sage ich. Also um neun Uhr, sagt die Frieda, bis dahin sind wir ja verhungert. Wer hat übrigens das Marzipan gegessen, das hier auf der Truhe lag?
Ich nicht, ruft die kleinere Frieda, aus der Küche.
Also, sagt die Frieda, also, wenn du jetzt nicht den Baum in einer Viertelstunde fertig hast, dann könnt ihr euch eure Bescherung sonstwo hinstecken!
Vielleicht fängt schon mal einer an zu singen, sage ich, desto leichter geht mir der Baum von der Hand. Und alle ästhetischen Überlegungen nun über den Haufen werfend, überschütte ich den schönen Baum mit allem, was wir haben, so dass man schließlich vor lauter Glanz und Gloria keinen Baum mehr sieht, und die Frieda kommt herein und sagt: Nun hast du's ja doch wieder so gemacht wie im vorigen Jahr, das nächste Mal schmücke ich den Baum!

Ja, sage ich, wenn ihr mir keine Zeit lasst, dann kann natürlich kein Kunstwerk entstehen.
Nun steh hier mal nicht im Weg, sagt die Frieda, geh jetzt mal raus, ich muss nämlich jetzt hier die Geschenke packen und aufbauen!
Ja, wo soll ich denn hingehen, frage ich, darf ich vielleicht ins Wohnzimmer?
Nein, ruft da meine Schwägerin, die inzwischen eingetrudelt ist, dass mir keiner ins Wohnzimmer kommt, ich bin noch nicht fertig. Und in die Küche darf ich auch nicht, da bastelt nämlich die kleinere Frieda noch an diesen entzückenden Kringelschleifchen für jedes Päckchen herum.
Die Frieda kommt aus dem Christbaumzimmer und sagt: Augen zu! Ich halte mir die Augen zu und sage: Ins Bad nur über meine Leiche, da hab ich nämlich meine Geschenke versteckt! Und so geht das die ganze nächste halbe Stunde: Dreh dich mal um, guck nur nicht unter den Teppich, wer hat den Schlüssel vom Kleiderschrank, ich brauche noch geschmackvolles Weihnachtspapier, der Klebestreifen ist alle, willst du wohl von der Tür da weggehen, such lieber mal die Streichhölzer, meine Mutter hat das alles alleine gemacht, das ist gemein, du hast geguckt, die paar Minuten wirst du wohl noch warten können.
Bis es dann endlich soweit ist, aber selbst dann kommt bei uns keine Ordnung zustande, dann heißt es nämlich: Wer packt zuerst aus? Du! Nein, ich nicht, zuerst das Kind, dann du. Nein, du dann. Wieso ich? Also, dann du und dann ich. Ich zuletzt, bitte.

Nun werden Sie vielleicht fragen, mit Recht fragen: Wird denn bei Ihnen gar nicht gesungen, wird denn bei Ihnen nur eingepackt und ausgepackt?
Doch, doch natürlich, eine Strophe wird schon gesungen, aber dann fällt das Singen meist auseinander. Aber, wissen Sie, beim Einpacken und Auspacken, da sind wir alle so nervös und verlegen, dabei merkt man die Liebe und den Frieden und den Menschen ein Wohlgefallen viel stärker als beim Singen. Und auch der Baum, der kann dann sein, wie er will, groß oder klein, dürr oder dicht, bunt oder schlicht, die Frieda sagt dann jedes Mal – auch dieses Mal wieder –: Also, der Baum … also, der Baum … der Baum ist wunderschön!!!

Kommet, ihr Kunden!

Uwe Wandrey

Kommet, ihr Kunden, ihr Männer und Fraun,
kommet den Flimmer, den Glimmer zu schaun.
Krösus der Herr ist heute geboren,
der sich zum Vorbild euch hat erkoren.
Fürchtet den Herrn!
Lasset uns sehen im Warenhaus-Saal,
was uns verheißen der Werbung Geschall.
Was wir dort suchen, wird uns verfluchen
Völker hinsterben, doch wir erwerben
Krösus, dein Fett.
Fernsehengel verkündigen hoch,
hörigem Kundvolk sein teures Joch.
Wie soll es werden
Fried auf Erden,
wo Geld gegen Gott ist und Gott
schon bankrott?

Berliner Weihnachtsmarkt, Winterglück Berliner Kinder. / 1912

Weihnachtsbotschaft

Süddeutscher Postillon, 1900

Das sind die alten Lobgesänge,
die schmeichelnd sich zum Herzen drängen,
das sind die alten, süßen Klänge,
die stumm sich an die Seele hängen,
die alten, duftigen Märchenschäume,
so wonnig-traut, so lieblich-süße,
die alten, schönen Kinderträume,
vom großen Menschheitsparadiese.

Ja – „Frieden, Frieden auf der Erde!
Den Menschen all ein Wohlgefallen!“
Mit kindlich-gläubiger Gebärde
es Millionen Lippen lallen.
Es spricht's die Not in dumpfen Hütten,
der Reichtum auf den weichen Pfühlen -
Doch weiter geht mit ehernen Schritten
der Kampf zu tausend neuen Zielen.

Wo ist der Frieden? Wo die Liebe,
die alle Menschen liebt als Brüder?
Die jede Schmerzensträne trocknet
an eines Nächsten Augenlider?
Die jedes Weh aus Menschenherzen
mit linder Hand von dannen fächelt?
Die jeden Groll und jeden Kummer,
dem Bruder von der Seele lächelt?

Erstorben ist die große Liebe,
die jeden Mensch als Bruder achtet.
Entfesselt sind die bösen Triebe,
in Schmach und Fron die Menschheit schmachtet.
Der Arme seufzt in Sklavenbanden,
bedrängt von herzlos rauen Horden,
und weit umher in blühenden Landen
herrscht Rauben, Sengen, Schänden, Morden.

Nach China ward das Kreuz getragen,
die „gelben Bestien“ zu bekehren –
In China ward an's Kreuz geschlagen,
die herrlichste der Christenlehren!
Die Hunnengreuel schrei'n zum Himmel,
von Menschenblute raucht die Erde -
Doch weiter wälzt sich das Getümmel,
kein Zeichen, dass ein Ende werde!

In Transvaal sind zerstampft die Fluren,
zerstört die Felder und die Hütten,
geschändet Weib und Kind der Buren,
der Mann erschlagen von den Briten.
Die Raubgier zittert durch die Lande,
sie spürt nach Edelstein und Golde –
Britanniens Heer 'ne Räuberbande,
in feiger Schurken blutigem Solde!

Es hallt das Weh der Philippinen
anklagend über Land und Meere,
dort schufen Leichen und Ruinen
Amerikas vertierte Heere.
Gesegnet sind die blühenden Inseln
von der Natur mit reichen Schätzen,
drum Raub und Mord und Todeswinseln,
und bluterstarrendes Entsetzen!

Und alle, alle sind sie Christen,
die so den Menschenbruder meucheln,
die hinter frevelnden Gelüsten
die Nächstenliebe Christi heucheln.
Und alle, alle lallen heute:
„Gib Frieden, Herr, für unsre Erde!“
Und krallen gierig nach der Beute,
die sie geraubt vom fremden Herde. –

Du herrlichster der Kinderträume,
Weihnacht – lass neu das Herz erglühen,
lass deine grünen Tannenbäume
im hellen Schmuck der Kerzen blühen.
Wir brauchen Licht in diesen Tagen,
da Lug und Trug sich spreizt in Seide,
wenn nicht das Herze soll verzagen
vor all dem großen Weltenleide.

Wir können nicht zu deiner Krippe
wie gläubig fromme Kinder treten,
und dennoch ringt sich's von der Lippe
in tausend brünstigen Gebeten:
„Schafft Frieden, Frieden auf Erden!
Und aller Welt ein Wohlgefallen!
Dass endlich mag zur Wahrheit werden,
was sinnlos heut die Lippen lallen!“

18. September 2004,

Frankfurter Allgemeine Zeitung

Jus News

Anspruch auf Weihnachtsgeld

Ein Arbeitgeber, der jahrelang Weihnachtsgeld ohne Vorbehalt gewährt hat, kann davon nicht ohne weiteres abrücken. Vielmehr muß er jedem einzelnen Arbeitnehmer erklären, daß er sich die Weiterzahlung für das kommende Jahr vorbehalte. Selbst ein Aushang am „Schwarzen Brett“ genügt nach einem Urteil des Landesarbeitsgerichts Rheinland-Pfalz nicht (Az.: 1 Sa 1116/03). Der betroffene Arbeitgeber hatte von 1991 bis 1998 ohne jeden Vorbehalt Weihnachtsgeld gezahlt. In den beiden folgenden Jahren setzte er die Zahlung ohne vorherige Ankündigung aus. Ein Mitarbeiter wollte sich damit nicht abfinden, und hatte nun vor Gericht Erfolg. Die jahrelange vorbehaltlose Gewährung des Weihnachtsgeldes habe zu einer „betrieblichen Übung“ geführt, meinten die Richter. Davon könne sich der Arbeitgeber nur nach einer rechtzeitigen Ankündigung wieder lösen. *(dpa)*

Himmlische Weihe

Winfried Thomsen

Als der liebe Gott den Kaufmann geschaffen hatte, fragte er ihn nach seinen Wünschen. „Ich wünsche mir“, war die Antwort, „ein schönes Geschäft, in dem ich schöne Geschäfte machen kann, und jedes Jahr ein Fest, an dem ich besonders gute Geschäfte machen kann.“
Da schuf Gott das Weihnachtsfest.
Da bat ihn der Kaufmann, das Geschäft einzuweihen. Und Gott wandelte durch den Laden und freute sich über die vielen Angebote und Sonderangebote. Schließlich nahm er sich ein Marzipanschwein und aß es. „Sehr gut“, lobte er, „noch einen Wunsch?“
„2,35 DM!“, sagte der Kaufmann.

ver di

Heut' KollegInnen wird's was geben
Heute gibt es Weihnachtsgeld...

...wenn es Ihrem Chef gefällt...

Das wollen die Regierung und die Opposition für die Unternehmer erreichen. Diese Bescherung soll Mitte Dezember im Bundestag beschlossen werden.

Tarifliche Jahresleistungen (Weihnachtsgeld) sind bisher in Tarifverträgen geschützt! Das sind keine Unternehmergeschenke, sondern Lohn für unsere Jahresarbeit!

Wir, ver.di, lassen uns die Tarifverträge nicht nehmen!
Du/Sie sollst/sollen uns dabei unterstützen!
Schicken Sie Ihren Protest an uns zurück!

Die Falle

Robert Gernhardt

Da Herr Lemm, der ein reicher Mann war, seinen beiden Kindern zum Christfest eine besondere Freude machen wollte, rief er Anfang Dezember beim Studentenwerk an und erkundigte sich, ob es stimme, dass die Organisation zum Weihnachtsfest Weihnachtsmänner vermittle. Ja, das habe seine Richtigkeit. Studenten stünden dafür bereit, 25 DM koste eine Bescherung, die Kostüme brächten die Studenten mit, die Geschenke müsste der Hausherr natürlich selbst stellen. „Versteht sich, versteht sich", sagte Herr Lemm, gab die Adresse seiner Villa in Berlin-Dahlem an und bestellte einen Weihnachtsmann für den 24. Dezember um 18 Uhr. Seine Kinder seien noch klein, und da sei es nicht gut, sie allzu lange auf die Bescherung warten zu lassen.

Der bestellte Weihnachtsmann kam pünktlich. Es war ein Student mit schwarzem Vollbart, unter dem Arm trug er ein Paket.

„Wollen Sie so auftreten?" fragte Herr Lemm.

„Nein" antwortete der Student, „da kommt natürlich noch ein weißer Bart drüber. Kann ich mich hier irgendwo umziehen?"

Er wurde in die Küche geschickt. „Da stehen aber leckere Sachen", sagte er und deutete auf die kalten Platten, die auf dem Küchentisch standen. „Nach der Bescherung, wenn die Kinder im Bett sind, wollen noch Geschäftsfreunde meines Mannes vorbeischauen", erwiderte die Hausfrau. „Daher eilt es etwas. Könnten Sie bald anfangen?"

Der Student war schnell umgezogen. Er hatte jetzt einen roten Mantel mit roter Kapuze an und band einen weißen Bart um.

„Und nun zu den Geschenken", sagte Herr Lemm. „Diese Sachen sind für den Jungen, Thomas", er zeigte auf ein kleines Fahrrad und andere Spielsachen, „und das bekommt Petra, das Mädchen, ich meine die Puppe und die Sachen da drüben. Die Namen stehen jeweils drauf, da wird wohl nichts schiefgehen. Und hier noch ein Zettel, auf dem ein paar Unarten der Kinder notiert sind, reden Sie ihnen mal ins Gewissen, aber verängstigen Sie sie nicht, vielleicht genügt es, etwas mit der Rute zu drohen. Und versuchen Sie, die Sache möglichst rasch zu machen, weil wir noch Besuch erwarten."

Der Weihnachtsmann nickte und packte die Geschenke in den Sack. „Rufen Sie die Kinder schon ins Weihnachtszimmer, ich komme gleich nach. Und noch eine Frage. Gibt es hier ein Telefon? Ich muss jemanden anrufen."

„Auf der Diele rechts."

„Danke."

Nach einigen Minuten war dann alles soweit. Mit dem Sack über dem Rücken ging der Student auf die angelehnte Tür des Weihnachtszimmers zu. Einen Moment blieb er stehen. Er hörte die Stimme von Herrn Lemm, der gerade sagte: „Wisst ihr, wer jetzt gleich kommen wird? Ja, Petra, der Weihnachtsmann, von dem wir euch schon so viel erzählt haben. Benehmt euch schön brav …"

Fröhlich öffnete er die Tür. Blinzelnd blieb er stehen. Er sah den brennenden Baum, die erwartungsvollen Kinder, die feierlichen Eltern. Es hatte geklappt, jetzt fiel die Falle zu. „Guten Tag, liebe Kinder", sagte er mit tiefer Stimme.

„Ihr seid also Thomas und Petra. Und ihr wisst sicher, wer ich bin, oder?"
„Der Weihnachtsmann", sagte Thomas etwas ängstlich.
„Richtig. Und ich komme zu euch, weil heute Weihnachten ist. Doch bevor ich nachschaue, was ich alles in meinem Sack habe, wollen wir erst einmal ein Lied singen. Kennt ihr ‚Stille Nacht, heilige Nacht'? Ja? Also!"
Er begann mit lauter Stimme zu singen, doch mitten im Lied brach er ab. „Aber, aber, die Eltern singen ja nicht mit! Jetzt fangen wir alle noch mal von vorne an. Oder haben wir den Text etwa nicht gelernt? Wie geht denn das Lied, Herr Lemm?"
Herr Lemm blickte den Weihnachtsmann befremdet an. „Stille Nacht, heilige Nacht, alles schläft, einer wacht …"
Der Weihnachtsmann klopfte mit der Rute auf den Tisch „Einsam wacht! Weiter! Nur das traute …"
„Nur das traute, hochheilige Paar", sagte Frau Lemm betreten, und leise fügte sie hinzu: „Holder Knabe im lockigen Haar."
„Vorsagen gilt nicht", sagte der Weihnachtsmann barsch und hob die Rute „Wie geht's weiter?"
„Holder Knabe im lockigen …"
„Im lockigen Was?"
„Ich weiß es nicht", sagte Herr Lemm. „Aber was soll denn diese Fragerei? Sie sind hier, um …"
Seine Frau stieß ihn in die Seite, und als er die erstaunten Blicke seiner Kinder sah, verstummte Herr Lemm.
„Holder Knabe im lockigen Haar", sagte der Weihnachtsmann. „‚Schlaf in himmlischer Ruh', schlaf in himmlischer Ruh. Das nächste Mal lernen wir das besser. Und jetzt singen wir noch einmal miteinander: ‚Stille Nacht, heilige Nacht'."
„Gut, Kinder", sagte er dann. „Eure Eltern können sich ein Beispiel an euch nehmen. So, jetzt geht es an die Bescherung. Wir wollen doch mal sehen, was wir hier im Sack haben. Aber Moment, hier liegt ja noch ein Zettel." Er griff nach dem Zettel und las ihn durch.
„Stimmt das, Thomas, dass du in der Schule oft ungehorsam bist und den Lehrern widersprichst?"
„Ja", sagte Thomas kleinlaut.
„So ist es richtig", sagte der Weihnachtsmann. „Nur dumme Kinder glauben alles, was ihnen die Lehrer erzählen. Brav, Thomas."
Herr Lemm sah den Studenten beunruhigt an.
„Aber …", begann er. „Sei doch still", sagte seine Frau.
„Wollten Sie etwas sagen?", fragte der Weihnachtsmann Herrn Lemm mit tiefer Stimme und strich sich über den Bart.
„Nein."
„Nein, lieber Weihnachtsmann, heißt das immer noch. Aber jetzt kommen wir zu dir, Petra. Du sollst manchmal bei Tisch reden, wenn du nicht gefragt wirst, ist das wahr?" Petra nickte. „Gut so", sagte der Weihnachtsmann. „Wer nur redet, wenn er gefragt wird, bringt es in diesem Leben zu nichts. Und da ihr so brave Kinder seid, sollt ihr nun belohnt werden. Aber bevor ich in den Sack greife, hätte ich gerne etwas zu trinken." Er blickte die Eltern an.
„Wasser?", fragte Frau Lemm.
„Nein, Whisky. Ich habe in der Küche eine Flasche Chivas Regal gesehen. Wenn sie mir davon etwas einschenken würden? Ohne Wasser bitte, aber mit etwas Eis."
„Mein Herr!", sagte Herr Lemm, aber seine Frau war schon aus dem Zimmer. Sie kam mit einem Glas zurück, das sie dem Weihnachtsmann anbot. Er leerte es und schwieg.
„Merkt euch eins, Kinder", sagte er dann. „Nicht alles, was teuer ist, ist auch gut. Dieser Whisky kostet etwa 50 DM pro Flasche. Davon müssen manche Leute einige Tage leben, und eure Eltern trinken das einfach runter. Ein Trost bleibt: Der Whisky schmeckt nicht besonders."
Herr Lemm wollte etwas sagen, doch als der Weihnachtsmann die Rute hob, ließ er es.
„So, jetzt geht es an die Bescherung."
Der Weihnachtsmann packte die Sachen aus und überreichte sie den Kindern. Er machte dabei kleine Scherze, doch es gab keine Zwischenfälle, Herr Lemm atmete leichter, die Kinder schauten respektvoll zum Weihnachts-

mann auf, bedankten sich für jedes Geschenk und lachten, wenn er einen Scherz machte. Sie mochten ihn offensichtlich.
„Und hier habe ich noch etwas Schönes für dich, Thomas", sagte der Weihnachtsmann. „Ein Fahrrad. Steig mal drauf." Thomas strampelte, der Weihnachtsmann hielt ihn fest, gemeinsam drehten sie einige Runden im Zimmer. „So, jetzt bedankt euch mal beim Weihnachtsmann!", rief Herr Lemm den Kindern zu. „Er muss nämlich noch viele, viele Kinder besuchen, deswegen will er jetzt leider gehen." Thomas schaute den Weihnachtsmann enttäuscht an, da klingelte es. „Sind das schon die Gäste?", fragte die Hausfrau. „Wahrscheinlich", sagte Herr Lemm und sah den Weihnachtsmann eindringlich an. „Öffne doch."
Die Frau tat das, und ein Mann mit roter Kapuze und rotem Mantel, über den ein langer weißer Bart wallte, trat ein. „Ich bin Knecht Ruprecht", sagte er mit tiefer Stimme.
Währenddessen hatte Herr Lemm im Weihnachtszimmer noch einmal behauptet, dass der Weihnachtsmann jetzt leider gehen müsse. „Nun bedankt euch mal schön, Kinder", rief er, als Knecht Ruprecht das Zimmer betrat. Hinter ihm kam Frau Lemm und schaute ihren Mann achselzuckend an.
„Da ist ja mein Freund Knecht Ruprecht", sagte der Weihnachtsmann fröhlich.
„So ist es", erwiderte dieser. „Da drauß' vom Walde komm ich her, ich muss euch sagen, es weihnachtet sehr. Und jetzt hätte ich gerne etwas zu essen."
„Wundert euch nicht", sagte der Weihnachtsmann zu den Kindern gewandt. „Ein Weihnachtsmann allein könnte nie all die Kinder bescheren, die es auf der Welt gibt. Deswegen habe ich Freunde, die mir dabei helfen. Knecht Ruprecht, den heiligen Nikolaus und noch viele andere …"
Es klingelte wieder. Die Hausfrau blickte Herrn Lemm an, der so verwirrt war, dass er mit dem Kopf nickte, sie ging zur Tür und öffnete. Vor der Tür stand ein dritter Weihnachtsmann, der ohne Zögern eintrat. „Puh", sagte er. „Diese Kälte! Hier ist es beinahe so kalt wie am Nordpol, wo ich zu Hause bin!"
Mit diesen Worten betrat er das Weihnachtszimmer. „Ich bin Sankt Nikolaus", fügte er hinzu „und ich freue mich immer, wenn ich brave Kinder sehe. Das sind sie doch - oder?"
„Sie sind sehr brav", sagte der Weihnachtsmann. „Nur die Eltern gehorchen nicht immer, denn sonst hätten sie längst eine von den kalten Platten und etwas zu trinken gebracht."
„Verschwinden Sie!", flüsterte Herr Lemm in das Ohr des Studenten.
„Sagen sie das doch laut, dass ihre Kinder es auch hören können", antwortete der Weihnachtsmann.
„Ihr geht jetzt ins Bett", sagte Herr Lemm.
„Nein", brüllten die Kinder und klammerten sich an den Mantel des Weihnachtsmannes.
„Hunger", sagte Sankt Nikolaus.
Die Frau holte ein Tablett. Die Weihnachtsmänner begannen zu essen. „In der Küche steht Whisky", sagte der erste, und als Frau Lemm sich nicht rührte, machte sich Knecht Ruprecht auf den Weg. Herr Lemm lief hinter ihm her. In der Diele stellte er den Knecht Ruprecht, der mit einer Flasche und einigen Gläsern das Weihnachtszimmer betreten wollte.
„Lassen sie die Hände vom Whisky!"
„Thomas!", rief Knecht Ruprecht laut, und schon kam der Junge auf seinem Fahrrad angestrampelt. Erwartungsvoll blickte er Vater und Weihnachtsmann an.
„Mein Gott, mein Gott", sagte Herr Lemm, doch er ließ Knecht Ruprecht vorbei.
„Tu was dagegen", sagte seine Frau. „Das ist ja furchtbar. Tu was!"
„Was soll ich tun?", fragte er, da klingelte es.
„Das werden die Gäste sein!"
„Und wenn sie es nicht sind?"
„Dann hole ich die Polizei!"
Herr Lemm öffnete. Ein junger Mann trat ein. Auch er hatte einen Wattebart im Gesicht, trug jedoch keinen roten Mantel, sondern einen weißen Umhang, an dem er zwei Flügel aus Pappe befestigt hatte.
Der Weihnachtsmann, der auf die Diele getreten war, als er das Klingeln gehört hatte, schwieg wie die anderen. Hinter ihm schauten die Kin-

der, Knecht Ruprecht und Sankt Nikolaus auf den Gast.
„Grüß Gott, lieber …“, sagte Knecht Ruprecht schließlich.
„Lieber Engel Gabriel“, ergänzte der Bärtige verlegen. „Ich komme, um hier nachzuschauen, ob auch alle Kinder artig sind. Ich bin nämlich einer von den Engeln auf dem Felde, die den Hirten damals die Geburt des Jesuskindes angekündigt haben. Ihr kennt doch die Geschichte, oder?“
Die Kinder nickten, und der Engel ging etwas befangen ins Weihnachtszimmer. Zwei Weihnachtsmänner folgten ihm, den dritten, es war jener, der als erster gekommen war, hielt Herr Lemm fest. „Was soll denn der Unfug?“, fragte er mit einer Stimme, die etwas zitterte. Der Weihnachtsmann zuckte mit den Schultern.
„Ich begreif auch nicht, warum er so antanzt. Ich habe ihm ausdrücklich gesagt, er sollte als Weihnachtsmann kommen, aber wahrscheinlich konnte er keinen roten Mantel auftreiben.“
„Sie werden jetzt alle schleunigst hier verschwinden“, sagte Herr Lemm.

„Schmeißen Sie uns doch raus“, erwiderte der Weihnachtsmann und zeigte ins Weihnachtszimmer. Dort saß der Engel, aß Schnittchen und erzählte Thomas davon, wie es im Himmel aussah. Die Weihnachtsmänner tranken und brachten Petra ein Lied bei, das mit den Worten begann: „Und danket alle Gott, die Schule ist bankrott.“
„Wie viel verlangen Sie?“, fragte Herr Lemm
„Wofür?“
„Für Ihr Verschwinden. Ich erwarte bald Gäste,

das wissen Sie doch."
„Ja, das könnte peinlich werden, wenn Ihre Gäste hier hereinplatzen würden. Was ist Ihnen denn die Sache wert?"
„Hundert Mark", sagte der Hausherr. Der Weihnachtsmann lachte und ging ins Zimmer. „Holt mal eure Eltern", sagte er zu Petra und Thomas. „Engel Gabriel will uns noch die Weihnachtsgeschichte erzählen."
Die Kinder liefen in die Diele. „Kommt", schrieen sie. „Engel Gabriel will uns was erzählen." Herr Lemm sah seine Frau an.
„Halt mir die Kinder etwas vom Leibe", flüsterte er, „ich rufe jetzt die Polizei an!" – „Tu es nicht", bat sie, „denk doch daran, was in den Kindern vorgehen muss, wenn Polizisten …" – „Das ist mir jetzt völlig egal", unterbrach Herr Lemm. „Ich tu's."
„Kommt doch", riefen die Kinder. Herr Lemm nahm den Hörer ab und wählte. Die Kinder kamen neugierig näher. „Hier Lemm", flüsterte er. „Lemm, Berlin-Dahlem. Bitte schicken Sie ein Überfallkommando." – „Sprechen sie bitte etwas lauter", sagte der Polizeibeamte. „Ich kann nicht lauter sprechen, wegen der Kinder. Hier bei mir zu Haus sind drei Weihnachtsmänner und ein Engel und die gehen nicht weg …"
Frau Lemm hatte versucht, die Kinder wegzuscheuchen, es war ihr nicht gelungen. Petra und Thomas standen neben ihrem Vater und schauten ihn an. Herr Lemm verstummte.
„Was ist mit den Weihnachtsmännern?", fragte der Beamte, doch Herr Lemm schwieg weiter.
„Fröhliche Weihnachten", sagte der Beamte und hängte auf.
Da erst wurde Herrn Lemm klar, wie verzweifelt seine Lage war.
„Komm Pappi", riefen die Kinder, „Engel Gabriel will anfangen." Sie zogen ihn ins Weihnachtszimmer.
„Zweihundertfünfzig", sagte er leise zum Weihnachtsmann, der auf der Couch saß …
„Pst", antwortete der und zeigte auf den Engel, der „Es begab sich aber zu der Zeit" sagte und langsam fortfuhr. „Dreihundert." Als der Engel begann, den Kindern zu erzählen, was der Satz „Und sie war schwanger" bedeute, sagte Herr Lemm „Vierhundert", und der Weihnachtsmann nickte.
„Jetzt müssen wir leider gehen, liebe Kinder", sagte er. „Seid hübsch brav, widersprecht euren Lehrern, wo es geht, haltet die Augen offen und redet, ohne gefragt zu werden. Versprecht ihr mir das?"
Die Kinder versprachen es, und nacheinander verließen der Weihnachtsmann, Knecht Ruprecht, Sankt Nikolaus und der Engel Gabriel das Haus.
„Ich fand es nicht richtig, dass du Geld genommen hast", sagte Knecht Ruprecht auf der Straße.
„Das war nicht geplant!"
„Leute, die sich Weihnachtsmänner mieten, sollen auch dafür zahlen", meinte Engel Gabriel.
„Aber nicht so viel."
„Wieso nicht? Alles wird heutzutage teurer, auch das Bescheren."
„Expropriation der Expropriateure", sagte der Weihnachtsmann.
„Richtig", sagte Sankt Nikolaus. „Wo steht geschrieben, dass der Weihnachtsmann immer nur etwas bringt? Manchmal holt er auch was."
„In einer Gesellschaft, deren Losung ‚Hastuwasbistuwas' heißt, kann auch der Weihnachtsmann nicht sauber bleiben", sagte Engel Gabriel. „Es ist kalt", sagte der Weihnachtsmann.
„Vielleicht sollten wir das Geld einem wohltätigen Zweck zur Verfügung stellen", schlug Knecht Ruprecht vor.
„Erst einmal sollten wir eine Kneipe finden, die noch auf hat", sagte der Weihnachtsmann. Sie fanden eine, nahmen ihre Bärte ab, setzten sich und spendierten eine Lokalrunde, bevor sie weiter beratschlagten.

Weihnachten
Robert Gernhardt

Ich bin Erika.
Jetzt kommt Weihnachten.
Ich schenke Vati ein Tischfeuerzeug zu 22,50 DM.
Vati schenkt Michael Tennisschläger zu 22 DM.
Michael schenkt Mutti eine Schälmaschine zu 19,70 DM.
Mutti schenkt mir Schallplatten im Wert von 18 DM.
4,50 DM muss ich noch bekommen.
Von wem?
Ich bin so gespannt auf Weihnachten.

Der Chef als Weihnachtsmann
R.N., IHK-Zeitschrift *Unsere Wirtschaft,* 1996

Ein ungewöhnliches Weihnachtsgeschenk hatte sich ein Kaufhaus-Konzern für sein Personal ausgedacht: Die Beschäftigten erhielten Warengutscheine, die sie nach Belieben in den Filialen des Konzerns einlösen konnten. Die Gutschriften sind im Gegensatz zu den sonst üblichen Auszahlungen steuerfrei, das Geld verbleibt im Konzern, wirkt dessen (und nur dessen) Konsumflaute entgegen und sichert (dessen) Arbeitsplätze. Leider besitzt das Personal ohnehin von den meisten Sortimentsartikeln bereits einige Überstücke zu Vorzugspreisen.
Dennoch: 1996 wird dieser Geniestreich Schule machen. Gewöhnlich gut unterrichtete Kreise berichten von Vorstandssitzungen in anderen Branchen, in denen schon jetzt Pakete für das nächste Fest geschnürt werden. Sozialabgaben lassen sich einsparen: In der Automobilindustrie durch Gutscheine für höhenverstellbare Innenspiegel, im Maschinenbau durch Gutscheine für Robotergreifarm-Software-Bausteine, in der Pharmabranche durch Gutscheine für gentechnisch hergestelltes Human-Insulin und in der gebeutelten Raumfahrtindustrie durch Gutscheine für ein ferngesteuertes Experiment mit Kaulquappen unter Bedingungen der Schwerelosigkeit.
Das ist etwas für die Kinder und schafft unmittelbar Akzeptanz für moderne Technologien.
Was machen indessen die Dienstleister? Können Versicherungen ihren Mitarbeitern einen abgebrannten Weihnachtsbaum gutschreiben? Sollen Bankangestellte sich untereinander eine kostenlose Anlageberatung gewähren? Wer sich jetzt nichts einfallen lässt, wird zum nächsten Weihnachtsfest von den eigenen Mitarbeitern ignoriert werden. Hoffentlich wird ein findiger Buch-Verlag bald eine Weihnachtsfibel für Unternehmer herausgeben.

Dieter Süverkrüp

Dieter Süverkrüp

Morgen kommt der Weihnachtsmann

Frohe Botschaft

Zeichnungen von Willi Steinert

„Siehe, ich verkündige euch große Freude!"

„Ja, und? Welche Tips können Sie uns nennen!"

Christkind verkehrt

Hans Fallada

Ich hatte mir zu Weihnachten ein Puppentheater gewünscht, ein Puppentheater aus Pappe, mit Proszenium, Soffitten und Hintergrund, mit den Figuren für Wilhelm Tell – alles aus Pappe. Auf meines Bruders Uli Wunschzettel aber hatte eine Robinsonade gestanden, aus Blei, Robinson und Freitag und Palmen und eine Hütte und das „Pappchen“ in seinem Rutenkäfig, alles aus Blei. Einmal ist es soweit, und die kleine silberne Bimmel klingelt, und die Tür tut sich auf, und der Baum strahlt, und wir marschieren auf ihn zu, wie die Orgelpfeifen, nach dem Alter: erst Uli, dann ich, dann Margarete, dann Elisabeth. Und nun stehen wir vor dem Baum, rechts und links von ihm Mama und Papa, und wir sagen jeder etwas auf: ein Weihnachtslied oder ein paar hausgemachte Verse. Während das geschieht, ist es verboten, nach den Tischen zu schielen, aber ich wage doch einen Blick – und da, links von mir, steht das Puppentheater, strahlend, und der Vorhang ist aufgezogen, und Tell ist auf der Bühne und Geßler – welches Glück!

Aber wie nun Elisabeth als die letzte ihr Sprüchlein gesagt hat und wir zu unseren Tischen dürfen, da führt mich Mama nicht nach links, nicht zu dem Puppentheater, sondern nach rechts, wo auf einem großen Brett mit gelbem Sand und grünem kurzem Moos und blaugestrichenem Meer die Robinsonade aus Blei aufgebaut ist –: „Dein Bruder Uli“, sagt Mama, „ist voriges Jahr viel besser weggekommen als du. Und deshalb bekommst du in diesem Jahr den Robinson, der ist viel schöner.“

Und nun standen wir beide da, wie die rechten Küster, und versuchten zu spielen, er mit „meinem“ Puppentheater, ich mit „seinem“ Robinson, und das Herz war uns schwer, und zu freuen hatten wir uns doch auch. Und ab und an wagten wir einen Blick zum andern und fanden, der konnte gar nichts mit „unserem“ Spielzeug anfangen.

Aber das Seltsame an diesem sonst ganz unweihnachtlichen Weihnachtserlebnis war, dass wir – Uli und ich – nun nicht etwa, als die weihnachtlichen Freuden verrauscht und wir mit unserem Spielzeug aus dem Bescherungs- in „unser“ Zimmer übergesiedelt waren, dass wir da nicht etwa unsere Weihnachtsgeschenke austauschten und das so falsch Begonnene richtig vollendeten …

Nein, das Seltsame war, dass Uli leidenschaftlich an seinem Puppentheater hing und dass ich wie ein Hofhund über meinem Robinson wachte. Von all den vielen Weihnachtsfesten meiner Kindheit ist mir nur dieses eine unvergesslich und deutlich geblieben: mit dem spähenden Entdeckerblick zum Tisch, mit dem „Besser-Wegkommen“, mit dem Sich-freuen-Müssen, mit dem verlegenen Schuldgefühl. Kein Spielzeug hat den Glanz dieses falschen Robinsons, es ist mitgegangen mit mir durch mein Leben, und heute noch, wenn ich nicht einschlafen kann, spiele ich Robinson.

Schenken

Joachim Ringelnatz

Schenke groß oder klein,
aber immer gediegen!
Wenn die Bedachten die Gaben wiegen,
sei dein Gewissen rein.

Schenke herzlich und frei!
Schenke dabei,
was in dir wohnt
an Meinung, Geschmack und Humor,
so dass die eigne Freude zuvor
dich reichlich belohnt.

Schenke mit Geist ohne List!
Sei eingedenk,
dass ein Geschenk
du selbser bist!

Das Geschenk der Weisen

Eine Weihnachtsgeschichte

O. Henry, eigentlich William S. Porter, amerikanischer Schriftsteller (1862–1910)

Ein Dollar und siebenundachtzig Cent. Das war alles. Und sechzig Cent davon ja Pennies. Stück für Stück ersparte Pennies, wenn man hin und wieder den Kaufmann, Gemüsemann oder Fleischer beschwatzt hatte, bis einem die Wangen brannten im stillen Vorwurf der Knauserei, die solch ein Herumfeilschen mit sich brachte. Dreimal zählte Della nach. Ein Dollar und siebenundachtzig Cent. Und morgen war Weihnachten. Da blieb einem nichts anderes, als sich auf die schäbige kleine Chaise zu werfen und zu heulen. Das tat Della. Was zu der moralischen Betrachtung reizt, das Leben bestehe aus Schluchzen, Schniefen und Lächeln, vor allem aus Schniefen. Während die Dame des Hauses allmählich von dem ersten Zustand in den zweiten übergeht, werfen wir einen Blick auf das Heim. Eine möblierte Wohnung für acht Dollar die Woche. Sie war nicht gerade bettelhaft zu nennen; höchstens für jene Polizisten, die speziell auf Bettler gehetzt wurden. Unten im Hausflur war ein Briefkasten, in den nie ein Brief fiel, und ein Klingelknopf, dem keines Sterblichen Finger je ein Klingelzeichen entlocken konnte. Dazu gehörte auch eine Karte, die den Namen „Mr. James Dillingham jr." trug. Das „Dillingham" war in einer früheren Zeit der Wohlhabenheit, als der Eigentümer dreißig Dollar die Woche verdiente, hingepfeffert worden. Jetzt, da das Einkommen auf zwanzig Dollar zusammengeschrumpft war, wirkten die Buchstaben des „Dillingham" verschwommen, als trügen sie sich allen Ernstes mit dem Gedanken, sich zu einem bescheidenen und anspruchslosen „D" zusammenzuziehen. Aber wenn Mr. James Dillingham jr. nach Hause und oben in seine Wohnung kam, wurde er „Jim" gerufen und von Mrs. James Dillingham jr., die bereits als Della vorgestellt wurde, herzlich umarmt. Was alles sehr schön ist.

Della hörte auf zu weinen und fuhr mit der Puderquaste über ihre Wangen. Sie stand am Fenster und blickte trübselig hinaus auf eine graue Katze, die auf einem grauen Zaun in einem grauen Hinterhof spazierte. Morgen war Weihnachten, und sie hatte nur einen Dollar siebenundachtzig, um für Jim ein Geschenk zu kaufen. Monatelang hatte sie jeden Penny gespart, wo sie nur konnte, und dies war das Resultat. Zwanzig Dollar die Woche reichten nicht weit. Die Ausgaben waren größer gewesen, als sie gerechnet hatte. Das ist immer so. Nur einen Dollar siebenundachtzig, um für Jim ein Geschenk zu kaufen. Für ihren Jim. So manche glückliche Stunde hatte sie damit verbracht, sich etwas Hübsches für ihn auszudenken. Etwas Schönes, Seltenes, Gediegenes – etwas, was annähernd der Ehre würdig war, Jim zu gehören. Zwischen den Fenstern stand ein Trumeau. Vielleicht haben Sie schon einmal einen Trumeau in einer möblierten Wohnung zu acht Dollar gesehen. Ein sehr dünner und beweglicher Mensch kann, indem er sein Spiegelbild in einer raschen Folge von Längsstreifen betrachtet, eine ziemlich genaue Vorstellung von seinem Aussehen erhalten. Della war eine schlanke Person und beherrschte diese Kunst. Plötzlich wirbelte sie von dem Fenster fort und stand vor dem Spiegel. Ihre Augen glänzten und funkelten, aber ihr Gesicht hatte in zwanzig Sekunden die Farbe verloren. Flink löste sie ihr Haar und ließ es in voller Länge herabfallen. Zwei Dinge besaßen die James Dillinghams jr., auf die sie beide unheimlich stolz waren. Das eine war Jims goldene Uhr, die seinem Vater und davor seinem Großvater gehört hatte. Das andere war Dellas Haar. Hätte die Königin von Saba in der Wohnung jenseits des Luftschachts gelebt, dann hätte Della eines Tages ihr Haar zum Trocknen aus dem Fenster gehängt, um Ihrer Majestät Juwelen und Vorzüge im Wert herabzusetzen. Wäre König Salomo der Portier gewesen und hätte all seine Schätze im Erdgeschoss aufgehäuft, Jim hätte jedesmal seine Uhr gezückt, wenn er vorbeigegangen wäre, bloß um zu sehen, wie sich der andere vor Neid den

Weihnachtsgedanken des Privatiers Dipfelhuber.

„Die Güter dieser Welt sind doch wirklich gerecht verteilt. Diese Leute beneiden mich offenbar um meinen Pelz und dabei würde er ihnen bei der Arbeit doch nur lästig sein!“

Bart raufte. Jetzt floss also Dellas Haar wellig und glänzend an ihr herab wie ein brauner Wasserfall. Es reichte bis unter die Kniekehlen und umhüllte sie wie ein Gewand. Nervös und hastig steckte sie es wieder auf. Einen Augenblick taumelte sie und stand ganz still, während ein paar Tränen auf den abgetretenen Teppich fielen.
Die alte braune Jacke angezogen, den alten braunen Hut aufgesetzt, und mit wehenden Röcken und immer noch das helle Funkeln in den Augen, schoss sie zur Tür hinaus und lief die Treppe hinab auf die Straße. Wo sie stehen blieb, lautete das Firmenschild Mme. Sofronie. Alle Sorten Haarersatz. Della rannte die Treppe hinauf und versuchte atemschöpfend, sich zu sammeln.
Madame, groß, zu weiß und frostig, sah kaum nach „Sofronie" aus.
„Wollen Sie mein Haar kaufen?", fragte Della.
„Ich kaufe Haar", sagte Madame. „Nehmen Sie den Hut ab, damit wir es einmal ansehen können."
Der braune Wasserfall stürzte in Wellen herab.
„Zwanzig Dollar", sagte Madame, mit kundiger Hand die Masse anhebend.
„Geben Sie nur schnell her", sagte Della.
Oh, und die nächsten beiden Stunden trippelten auf rosigen Schwingen. Nehmen Sie es nicht so genau mit der zerhackten Metapher. Sie durchwühlte die Läden nach dem Geschenk für Jim. Schließlich fand sie es. Bestimmt war es für Jim und für niemand sonst gemacht. Keins gab es in den Läden, das diesem glich, und sie hatte in allen das Oberste zuunterst gekehrt. Es war eine Uhrkette aus Platin, einfach und edel im Dessin, die ihren Wert auf angemessene Weise durch das Material und nicht durch eine auf den Schein berechnete Verzierung offenbarte – wie es bei allen guten Dingen sein sollte. Sie war sogar der Uhr würdig. Kaum hatte sie die Kette erblickt, als sie auch schon wusste, dass sie Jim gehören müsse. Sie war wie er. Überlegene Ruhe und Wert – das passte auf beide. Einundzwanzig Dollar nahm man ihr dafür ab, und mit den siebenundachtzig Cent eilte sie nach Hause. Mit dieser Kette an der Uhr konnte Jim wirklich in jeder Gesellschaft um die Zeit besorgt sein. So großartig die Uhr war, manchmal blickte er wegen des alten Lederriemchens, das er an Stelle einer Kette benutzte, nur verstohlen nach ihr.
Als Della zu Hause angelangt war, wich ihr Rausch ein wenig der Vorsicht und der Vernunft. Sie holte ihre Brennschere heraus, zündete das Gas an und machte sich ans Werk, die Verheerungen auszubessern, die von Freigebigkeit in Verein mit Liebe angerichtet worden waren. Was stets eine gewaltige Aufgabe ist, liebe Freunde - eine Mammutaufgabe. Nach vierzig Minuten war ihr Kopf dicht mit kleinen Löckchen bedeckt, mit denen sie wundervoll aussah, wie ein schwänzender Schuljunge. Lange, sorgfältig und kritisch betrachtete sie ihr Spiegelbild.
„Wenn mich Jim nicht umbringt, bevor er mich ein zweites Mal ansieht, wird er sagen, ich sehe aus wie ein Chormädel von Coney Island", meinte sie bei sich. „Aber was – oh, was hätte ich denn mit einem Dollar siebenundachtzig anfangen sollen?"
Um sieben war der Kaffee gekocht, und die Bratpfanne stand hinten auf der Kochmaschine, heiß und bereit, die Kotelette zu braten.
Jim verspätete sich nie. Della ließ die Uhrkette in ihrer Hand verschwinden und setzte sich auf die Tischkante nahe der Tür, durch die er immer eintrat. Dann hörte sie seinen Schritt auf der Treppe, unten, auf den ersten Stufen, und wurde einen Augenblick blass. Sie hatte sich angewöhnt, wegen der einfachsten Alltäglichkeit stille kleine Gebete zu murmeln, und jetzt flüsterte sie „Bitte, lieber Gott, mach, dass er mich noch hübsch findet."
Die Tür öffnete sich, Jim trat ein und schloss sie. Er sah mager und sehr feierlich aus. Armer Junge, er war erst zweiundzwanzig – und schon mit Familie belastet! Er brauchte einen neuen Mantel und hatte auch keine Handschuhe.
Jim blieb an der Tür stehen, reglos wie ein Vorstehhund, der eine Wachtel ausgemacht hat. Seine Augen waren auf Della geheftet, und ein Ausdruck lag in ihnen, den sie nicht zu deuten vermochte und der sie erschreckte. Es war

weder Ärger noch Verwunderung, weder Missbilligung noch Abneigung, noch überhaupt eins der Gefühle, auf die sie sich gefasst gemacht hatte. Er starrte sie nur unverwandt an mit diesem eigentümlichen Gesichtsausdruck.
Della rutschte langsam vom Tisch und ging zu ihm. „Jim, Liebster", rief sie, „sieh mich nicht so an. Ich hab' mein Haar abschneiden lassen und verkauft, weil ich Weihnachten ohne ein Geschenk für dich nicht überlebt hätte. Es wird wieder wachsen – du nimmst es nicht tragisch, nicht wahr? Ich musste es einfach tun. Mein Haar wächst unheimlich schnell. Sag mir fröhliche Weihnachten, Jim, und lass uns glücklich sein. Du ahnst nicht, was für ein hübsches, was für ein schönes, wunderschönes Geschenk ich für dich bekommen habe."
„Du hast dein Haar abgeschnitten?", fragte Jim mühsam, als könne er selbst nach schwerster geistiger Arbeit nicht an den Punkt gelangen, diese offenkundige Tatsache zu begreifen.
„Abgeschnitten und verkauft", sagte Della. „Hast du mich jetzt nicht noch ebenso lieb? Ich bin auch ohne mein Haar noch dieselbe, nicht wahr?"
Jim blickte neugierig im Zimmer umher.
„Du sagst, dein Haar ist weg?", bemerkte er mit nahezu idiotischem Gesichtsausdruck.
„Du brauchst nicht danach zu suchen", sagte Della. „Ich sag' dir doch, es ist verkauft – verkauft und weg. Heute ist Heiligabend, Jungchen. Sei nett zu mir, denn es ist ja für dich weg. Vielleicht waren die Haare auf meinem Kopf gezählt", fuhr sie mit einer jähen, feierlichen Zärtlichkeit fort, „aber nie könnte jemand meine Liebe zu dir zählen. Soll ich die Kotelette aufsetzen, Jim?"
Jim schien im Nu aus seiner Starrheit zu erwachen. Er umarmte seine Della. Wir wollen inzwischen mit diskreten Forscherblicken zehn Sekunden lang eine an sich unwichtige Sache in anderer Richtung betrachten. Acht Dollar die Woche oder eine Million im Jahr – was ist der Unterschied? Ein Mathematiker oder ein Witzbold würde uns eine falsche Antwort geben. Die Weisen brachten wertvolle Ge-

Wenn Maria und Joseph heute Obdach suchen müßten!

„Vordrängeln jibt's nich! Immer hinten anstellen, — den andern pressiert's ooch!"

schenke, aber dies war nicht darunter. Diese dunkle Behauptung soll später erläutert werden. Jim zog ein Päckchen aus der Manteltasche und warf es auf den Tisch.
„Täusch dich nicht über mich, Dell", sagte er. „Du darfst nicht glauben, dass etwas wie Haare schneiden oder stutzen oder waschen mich dahin bringen könnte, mein Mädchen weniger lieb zu haben. Aber wenn du das Päckchen auspackst, wirst du sehen, warum du mich zuerst eine Weile aus der Fassung gebracht hast."
Weiße Finger rissen hurtig an der Strippe und am Papier. Und dann ein verzückter Freudenschrei, und dann – ach! – ein schnelles weibliches Hinüberwechseln zu hysterischen Tränen und Klagen, die dem Herrn des Hauses den umgehenden Einsatz aller Trostmöglichkeiten abforderten.
Denn da lagen die Kämme – die Garnitur Kämme, die Della seit langem in einem Broadway-Schaufenster angeschmachtet hatte. Wunderschöne Kämme, echt Schildpatt mit juwelenverzierten Rändern – gerade in der Schattierung, die zu dem schönen, verschwundenen Haar gepasst hätte. Es waren teure Kämme, das wusste sie, und ihr Herz hatte nach ihnen gebettelt und gebarmt, ohne die leiseste Hoffnung, sie je zu besitzen. Und nun waren sie ihr eigen; aber die Flechten, die der ersehnte Schmuck hätte zieren sollen, waren fort. Doch sie presste sie zärtlich an die Brust und war schließlich so weit, dass sie mit schwimmenden Augen und einem Lächeln aufblicken und sagen konnte: „Mein Haar wächst so schnell, Jim!" Und dann sprang Della auf wie ein gebranntes Kätzchen und rief: „Oh, oh!"
Jim hatte ja noch nicht sein schönes Geschenk gesehen. Ungestüm hielt sie es ihm auf der geöffneten Hand entgegen. Das leblose, kostbare Metall schien im Abglanz ihres strahlenden, brennenden Eifers zu blitzen.
„Ist die nicht toll, Jim? Die ganze Stadt hab' ich danach abgejagt. Jetzt musst du hundertmal am Tag nachsehen, wie spät es ist. Gib mir die Uhr. Ich möchte sehen, wie sich die Kette dazu macht."
Statt zu gehorchen, ließ er sich auf die Chaiselongue fallen, legte die Hände im Nacken zusammen und lächelte. „Dell", sagte er, „wir wollen unsere Weihnachtsgeschenke beiseite legen und eine Weile aufheben. Sie sind zu hübsch, um sie jetzt schon in Gebrauch zu nehmen. Ich habe die Uhr verkauft, um das Geld für die Kämme zu haben. Wie wäre es, wenn du die Kotelette braten würdest?"
Die Weisen waren, wie ihr wisst, weise Männer – wunderbar weise Männer –, die dem Kind in der Krippe Geschenke brachten. Sie haben die Kunst erfunden, Weihnachtsgeschenke zu machen. Da sie weise waren, waren natürlich auch ihre Geschenke weise und hatten vielleicht den Vorzug, umgetauscht werden zu können, falls es Dubletten gab. Und hier habe ich euch nun schlecht und recht die ereignislose Geschichte von zwei törichten Kindern in einer möblierten Wohnung erzählt, die höchst unweise die größten Schätze ihres Hauses füreinander opferten. Doch mit einem letzten Wort sei den heutigen Weisen gesagt, dass diese beiden die weisesten aller Schenkenden waren. Von allen, die Geschenke geben und empfangen, sind sie die weisesten. Überall sind sie die weisesten. Sie sind die wahren Weisen.

Die Ware Weihnacht ist nicht die wahre Weihnacht

Kurt Marti

Weihnachtsnüsse

Nikolaus hatte sich in den letzten Jahren nicht mehr gezeigt. Nun war er wieder einmal gekommen. Polternd wie früher, weißbärtig wie immer. Gesegnete Weihnacht!, rief er aus, und: Fröhliche Walstatt! Wohlgemut zog er die weißen Handschuhe aus. Heini, der Jüngste, schrie vorlaut: Juchhee! Da musste der Weihnachtsmann lachen. Mit lockerem Schwinger streckte er Onkel Samuel nieder. Wir freuten uns sehr, dass das Fest so heiter begann und dankten dem Gast: Ei, hast du uns heuer schöne Nüsse gebracht! Flugs stimmte Klotilde an. Wir sangen so gut wir konnten: Sankt Nikolaus, Sankt Nikolaus, komm pack uns deine Nüsse aus! Er tat's, und danach lag Tante Dorette schon neben dem Gatten, selig entspannt wie dieser. Leutselig strahlte der Gast im roten Mantel: Nüsse, ihr Lieben, extra schöne Nüsse für euch, und silberne Sterne direkt aus dem Elsaß! Ein Edelstein blitzte an seiner Rechten, die ohne viel Aufwand Fridolin traf. Der Junge kippte, wir klatschten Beifall und wollten den funkelnden Ring am kleinen Finger des großen Nikolaus küssen, als wäre es der eines Bischofs. Na na, mahnte da der Besucher, alles was recht ist! Heini hüpfte und jauchzte: Nüsse und Sterne, Sterne und Nüsse! Er fiel, gefällt, und sah, wonach ihn gelüstet hatte, die Sterne im Elsaß, ihre blitzende Pracht. Klotildchen vergaß sich und kitzelte den – weißen Nikolausbart – Ungeduld oder Neugier? Mit ausgebreiteten Armen stürzte sie dankbar in die gewünschte Entrückung. Ich war der Fallenden ausgewichen und rief oder wollte jedenfalls rufen: O'glückliche Walstatt! – da stiegen bereits die Sterne, silberne erst, dann in vielen leuchtenden Farben.

Post Festum

Erich Weinert

Nun ist es Schluss mit dem Geschenkgeschiebe,
vor lauter Stimmung ist man schon ganz krumm.
Bedarf gedeckt an Tannenduft und Liebe!
Man krempelt seine Seele wieder um.
Ja, omne animal post festum triste.
Man holt mit einem wehen Abschiedsblick
den letzten Strunk aus der Zigarrenkiste,
und rechnet ab mit seinem Weihnachtsglück.

Noch rauchen leicht die letzten Christbaumtrümmer,
es tropft die letzte Träne Stearin.
Es träumt das Grammophon im Nebenzimmer,
das man vergessen, wieder aufzuziehn.
Ein dumpfes Grollen tönt aus allen Mägen,
die alles zu verdauen sich heiß bemühn,
worüber melancholisch Nadeln regnen;
und manche Glatze färbt sich wieder grün.

Der Grog ist kalt und will sich nicht mehr leeren,
die Erdbeerbowle sickert ins Klavier,
es glimmen still, wo sie nicht hingehören,
Zigarrenstummel zwischen Schnaps und Bier.
Der Lautsprechtrichter spricht nur noch gebrochen;
und nur die Eingeweide sprechen mit.
Sonst wird kein stimmungsvolles Wort gesprochen.
Und sanft darüber schwebt ein Defizit.

So kippt man langsam aus den Feiertagen
gut bürgerlich zurück in sein Kontor,
die Seele überfüllt und auch den Magen,
und kommt sich ziemlich ausgemistet vor.
Der Strahl der Liebe hat uns hell geschienen.
Und war das Ende auch nicht ganz so schön:
Der Mensch kann nicht das ganze Jahr verdienen;
er muss auch einmal seelisch in sich gehen!

Der Weihnachtsabend des Kellners

Erich Kästner

Aller Welt dreht er den Rücken,
und sein Blick geht zu Protest.
Und dann murmelt er beim Bücken:
„Ach, du liebes Weihnachtsfest!“

Im Lokal sind nur zwei Kunden.
(Fröhlich sehn die auch nicht aus.)
Und der Kellner zählt die Stunden.
Doch er darf noch nicht nach Haus.

Denn vielleicht kommt doch noch einer,
welcher keinen Christbaum hat
und allein ist, wie sonst keiner,
in der feierlichen Stadt. –

Dann schon lieber Kellner bleiben
und zur Nacht nach Hause gehn,
als jetzt durch die Straßen treiben
und vor fremden Fenstern stehn!

… uns wird nichts geschenkt.

Bete und arbeite!

Der Wahre Jacob

Auf dem Weihnachtstisch der Behaglichen drängen sich köstliche Stoffe, das bunte, zierliche, sinnreiche Spielzeug, glitzernder Tand. Kein Stück, das nicht aus der Qual arbeitgehassten Elends erwachsen ist! In den Schwindsuchtsgrüften der Hausindustrie sind die Herrlichkeiten entstanden, und die Freude der in goldner Wiege geborenen Kinder wird erkauft mit der Verwüstung der Proletarierjugend, die nie etwas anderes kennen lernt als Arbeit, Arbeit; denen nie ein Licht und ein Lächeln des Daseins leuchtet, die immer nur säen und niemals ernten! – Und dennoch werden diese von der Arbeit Zerrütteten beneidet von Tausenden und Abertausenden. O, für die proletarische Welt ist eine glückselige Weihnacht hereingebrochen, keine zwei Feiertage bloß, nein Feierwochen, Feiermonate. Nachdem die Arbeiter die Jahre über bis zur Erschöpfung ausgepresst wurden, dürfen sie ausruhen von der Mühsal, sie dürfen in den Tag hinein leben, ihre Hände liegen untätig; denn die allgütige Vorsehung der christlichen Gesellschaft hat ihnen gnädig Alles abgenommen, Alles: Arbeit, Lohn, Brot, Kleidung und Wärme.

Das Schlaraffenland der Bettler hat begonnen, die endlose Weihnacht der Arbeitslosigkeit. Die Geschäftshäufung vor dem Feste der Geschenke ließ sie vielleicht noch ein paar Pfennige verdienen – mit dem neuen Jahr sind sie überflüssig, abgetan, mögen sie auf dem Straßenpflaster wohnen und von den Steinen sich nähren. – Kein Stückchen Brot, kein Quentchen Arbeit vermag der Christengott der grausamen Notwendigkeit des kapitalistischen Zwangs abzutrotzen, der Herr und Meister der Schöpfung des Weltalls ist ohnmächtig, auch nur einem von dem wirtschaftlichen Erdbeben der Zeit niedergeworfenen Proletarier Arbeit zu geben …

Die Familie des Fabrikanten ist diesmal nicht sehr zufrieden mit den Spenden des Hausherrn; in den letzten Jahren war der Segen reichlicher. „Ja, was wollt ihr“, sagt entschuldigend der Mann zu den lieben Seinen, die mürrisch und verdrossen die stille Nacht, die heilige Nacht begehen, „was wollt ihr, es sind schlechte Zeiten. Man muss sich einschränken. Ich habe 30.000 Mark weniger verdient als im Vorjahr. Hundert Arbeiter habe ich schon entlassen müssen, fünfzig gehen zum neuen Jahr. Und da beneiden diese Arbeiter uns; wenn sie wüssten, wie schwere Sorgen wir haben! Zum Überfluss waren sie noch unzufrieden, als ich ihre Löhne herabsetzte. Die brauchen sich nicht zu sorgen, wie sie die Arbeit herbeischaffen, wir aber, wir …“

Niemand in dem trauten Familienkreise des guten, frommen Fabrikanten denkt bei dieser Weihnachtsbeichte an etwas anderes als an die geminderten Weihnachtsgaben. Niemand denkt an das Weihnachtslos der Arbeitslosen, an ihre Frauen und Kinder.

Aller Liebessingsang und alle Friedensseligkeit müssen an diesem furchtbaren Weihnachtsfest der Arbeitslosigkeit verstummen und erbleichen. Die fast zweitausendjährige Herrschaft des Glaubens an die christliche Menschenbrüderschaft hat nicht nur nicht vermocht, die edle Arbeit von der Folter der kapitalistischen Schreckensherrschaft zu befreien, sie hat es bis zur Stunde nicht einmal erreicht, Allen Arbeit zu schaffen, die arbeiten wollen. Die tausendfältig beschmutzte, entehrte und betrogene Arbeit, die den Menschen zum Krüppel macht, ist wahrlich schon die schwerste, grauenvollste Anklage gegen eine Gesellschaftsordnung, die die christliche Nächstenliebe als Fundament behauptet. Aber die gewalttätigste und elendeste Arbeit ist immer noch besser als keine Arbeit. Ist wirklich diese christlich geschminkte Gesellschaftsordnung des Kapitalismus auch nur einen Pfifferling wert, die unfähig ist, überhaupt nur dauernde ausreichende Arbeitsgelegenheit zu gewähren! Welche Hoffnungen und welches Vertrauen soll das Proletariat noch hegen, das in schlimmerer Lage ist als Sklaven und Leibeigene, weil es

ihnen sogar verwehrt ist, zu arbeiten!
Zum Feiern verdammt – das ist das Todesurteil zugleich für die Arbeiter und die kapitalistische Gesellschaftsordnung, die toll und besinnungslos taumelt zwischen dem Zwangsstaat ausbeutender, verheerender Arbeitsüberbürdung und der Anarchie des arbeitslosen Hungers.
Bete und arbeite – so ruft uns der Pfaff mit salbender Gottgefälligkeit in die Ohren. Gut, wir wollen beten, wenn wir auch nicht glauben. Aber wie sollen wir arbeiten, wo Niemand unsere Hände und Muskeln begehrt? Euer Spruch ist eine Lüge – das Beten wie das Arbeiten. Oder könnt Ihr seine Wahrheit beweisen. Nun, wohlan, schaffet uns Arbeit, wir lechzen nach Arbeit! Das Recht auf Arbeit werdet ihr uns doch im Diesseits noch zugestehen, wenn ihr auch unsere Menschenrechte auf Glück dem Jenseits überweist.
Gebt uns Arbeit, die ihr uns heißt, zu beten und zu arbeiten! Ihr schweigt? ...
Zwischen den Leiden der Arbeit und der Verzweiflung der Arbeitslosigkeit ist diese Welt, eure christliche Welt eingespannt. Zweitausend Jahre lang habt ihr Zeit gehabt, das Grauen dieser furchtbaren Wahl zu bannen. Wir glauben an eure Künste nicht mehr. Nichts anderes habt ihr versucht, als uns an die Ewigkeit des Elends zu gewöhnen. Aber eure heuchlerischen Liebesreden haben die Sehnsucht in uns entzündet nach einer besseren Welt auf Erden. Wir verbrennen eure Weihnachtsbäume, die nur den Wenigen leuchten, und wir verlachen eure listigen Weihnachtslieder, mit denen ihr unser Darben zu speisen tröstet.
Not lehrt denken. Not lehrt erkennen. Not lehrt kämpfen. An diesem Weihnachtsfest der Arbeitslosen entzünden sich uns Millionen Lichter an dem weltüberspannenden Freiheitsbaum der Zukunft. Die wahrhaftige Heilsbotschaft des Sozialismus scheint weckend, sammelnd, befeuernd durch diese Nacht des Hungers und der Qual. So lange noch ein Mensch von der Arbeit gebeugt und von der Arbeitslosigkeit vernichtet wird, so lange ist unser Kampf nicht beendigt. Ein neuer Klang tönt um das Weihnachtsfest der befreiten Arbeit: Arbeite und lebe!

O du fröhliche ...

Zeichnung von Hermann Groth

„Wenn man so am Heiligenabend die armen Leute sieht, freut man sich doch, dass man es geschafft hat!“

Wunschzettel eines Arbeitslosen

Ilse Kibgis

eine Bewerbung, die ankommt
Arbeit
und ein bisschen mehr als Brot
ein paar neue Freunde
und eine Frau, die ihr Gesicht
wieder findet
ein Beruhigungsmittel
gegen die Angst
einen Urlaub in Biedenkopf
einen Prämiensparvertrag
für die Renovierung der Wohnung
vielleicht auch
keinen Prämiensparvertrag
für die Renovierung der Wohnung
keinen Urlaub in Biedenkopf
kein Beruhigungsmittel
gegen die Angst
keine Frau, die ihr Gesicht
wieder findet
keine neuen Freunde
nur eine Bewerbung, die ankommt
Arbeit
und ein bisschen mehr als Brot

✫ Weihnachtsabend ✫

Ein Bäumchen pflanzten sie dem Kinde zum Gedächtnis
Am Weihnachtsabend als ein heiliges Vermächtnis.
Ein hartes Schicksal riß die zarte Blüte ab
Und alle Hoffnung sank dahin ins Kindergrab.

Abonnements

werden beim Verlag und dessen bekannten Agenten entgegengenommen, und zwar zum

vorauszahlbaren

Vierteljahrspreis von:

Mk. 4,40 für Deutschland (direkt per Brief-Couvert)

Fl. 2,75 für Oesterreich (direkt per Brief-Couvert)

Shill. 2,– für alle übrigen Länder des Weltpostvereins (Kreuzband).

Inserate

die dreigespaltene Petitzeile

2 Pence = 25 Pfg. = 30 Cts.

Der Sozialdemokrat

Organ der Sozialdemokratie deutscher Zunge.

Erscheint wöchentlich einmal in London.

Verlag der German Cooperative Publishing Co.
E. Bernstein & Co., London N. W.
114 Kentish Town Road.

Postsendungen franko gegen franko.
Gewöhnliche Briefe nach England kosten Doppelporto.

№ 52.

Briefe an die Redaktion und Expedition des in Deutschland und Oesterreich verbotenen „Sozialdemokrat" wolle man unter Beobachtung äußerster Vorsicht abgehen lassen. In der Regel schicke man uns die Briefe nicht direkt, sondern an die bekannten Deckadressen. In zweifelhaften Fällen eingeschrieben.

23. Dezember 1888.

Parteigenossen!
Vergesst die Verfolgten
und Gemaßregelten nicht!

Der Sozialdemokrat
Organ der Sozialdemokratie deutscher Zunge, 23. Dezember 1888

Krieg auf Erden

Friede auf Erden – wird es am 25. Dezember, dem Tag, an welchem die Christenheit die Geburt ihres Heilands feiert, von allen Kanzeln ertönen, die Christenheit selbst aber unterbricht keinen Augenblick ihre Rüstungen, bis der „Krieg auf Erden" zur Notwendigkeit, zur Tatsache geworden.
Dieser Gegensatz datiert nicht erst aus unseren Tagen, man könnte sagen, er ist so alt wie das Christentum selber. Unzählige Male ist er schon gekennzeichnet worden – von Gegnern wie von Exaltierten des Christentums, von Satirikern wie von Schwärmern und Moralisten. Es liegt nicht in unserer Absicht, die Zahl der sentimentalen Betrachtungen über diesen Gegenstand noch um eine zu vermehren. Schon deshalb nicht, weil wir ihn für durchaus natürlich, im Wesen der Sache begründet halten. Es ist durchaus kein Zufall, kein Widerspruch, dass gerade zu einer Zeit, wo mehr wie je für die „Erhaltung der Religion", worunter natürlich die christliche gemeint ist, gearbeitet und geworben wird, die Kriegsrüstungen mit besonders großem Eifer betrieben werden, und zwar beides überall von denselben Leuten.
Das Christentum hebt die Klassengegensätze, welche die moderne Gesellschaft spalten, nicht auf, so wenig es die Klassengegensätze der alten und mittelalterlichen Welt aufhob. Seinen ersten Gründern mag dieses Ideal vorgeschwebt haben, und von ihnen auch der Ruf stammen: Friede auf Erden und den Menschen ein Wohlgefallen! Aber es ist bekannt, wie bald das Christentum aus einem Evangelium unterdrückter Sklaven Religion für alle, für Reich und Arm, und schließlich Staatsreligion wurde. Von diesem Augenblick an hatte es nur noch die Mission, die Klassengegensätze zu vertuschen, den Reichen etliche Almosen zugunsten der Armen zu entlocken und die Armen durch moralische Tröstungen mit ihrem Lose zu versöhnen. Diese Mission ist in der Geschichte deutlich zum Ausdruck gekommen. Jedesmal, wo Staat und Gesellschaft durch ernsthafte Versuche der arbeitenden Klassen, ihre Ketten zu sprengen, in Gefahr gerieten, aus dem Leim zu gehen, hat sich das Christentum als Verteidigungsmittel zu bewähren gehabt – in den meisten Fällen erst, nachdem vorher ein „wohltätiger Aderlass" praktiziert worden war.
Bedarf der Klassenstaat der Religion, um die sozialen Gegensätze zu vertuschen, so bedarf er des Heeres, um dieselben aufrecht zu erhalten, um den Besitzenden und Ausbeutenden ihre Privilegien zu sichern. Die Kanonen sind die letzten Gründe der Könige, sagt ein bekanntes Sprichwort, und das gilt natürlich auch von den

Königen der Industrie, des Handels, der Landwirtschaft, der Finanz. Sie brauchen Kanonen, Bajonette, um ihre gesellschaftlichen Ansprüche zu unterstützen, und sind daher begeisterte Anhänger und Stützen der stehenden Heere. Solange der moderne Klassenstaat mit seinem wirtschaftlichen Kampf aller gegen alle, mit seiner Ausbeutung der großen Masse der besitzlosen Produzenten durch die besitzenden Nichtstuer besteht, ist aber außerdem an Beseitigung der Kriege von Nation gegen Nation nicht zu denken. Wo Ausbeutung ist, entsteht Krieg – daheim zwischen Ausbeutern und Ausgebeuteten, draußen zwischen den Ausbeutern untereinander um die Ausbeutungsgebiete. Hinter allen politischen Herrschaftsfragen, so fern sie dem wirtschaftlichen Konflikt zu stehen scheinen, steckt in letzter Instanz doch das Ausbeuterinteresse. Die Bourgeoisie ist international – „diesen Kuss der ganzen Welt", schwärmt sie, und sendet ihre Kattune und Phantasieartikel nach Afrika, um die Neger in Stand zu setzen, sich zu schmücken, und lässt sich Arbeiter aus der Kassubei oder sonst woher kommen, um den heimischen Arbeitern die Lust nach den schönen Dingen, die sie produzieren, zu vertreiben; aber sie ist zugleich sehr national: Das Interesse des Handels erfordert es, dass sie draußen „schneidig" aufzutreten vermag, sowohl ihren Käufern als ihren Konkurrenten fremder Nationalität gegenüber. Die Größe der Nationalität setzt sich draußen in die Größe des Profites um, in Handelsprivilegien, in direkte Monopole. Dieser „Zwiespalt der Natur" bewirkt es, dass sie gleichzeitig für den Weltfrieden schwärmt – um keine Störung im Geschäft zu erleiden – und doch den Chauvinismus nährt und dem Kriegsmoloch Hekatomben opfert.

Wie der Profit die nationalen Beziehungen beeinflusst, ja geradezu diktiert, zeigen die jüngsten Wandlungen in der Haltung der deutschen Bourgeoispresse gegenüber England. Als die Aktien der Eroberung Afrikas noch hoch standen, als der Reichsphilister sich noch in dem Wahn befand, er brauche nur ein paar Gardeleutnants nach Afrika zu schicken, und der ganze schwarze Erdteil werde in Furcht vor dem großen Deutschen Reich erbeben, da kannte das Gehetze gegen England keine Grenzen. Wie konnten die Engländer es wagen, auch noch Interessen in Afrika zu haben? Dass dieser unverschämten Nation sobald als möglich das Handwerk gelegt werden müsse, wurde nationaler Glaubenssatz, über den der Leser der *Kölnischen Zeitung,* der *National-Zeitung* etc. zeitweise sogar den „Erbfeind im Westen" ganz vergaß und am liebsten mit dem „Schelmfranzos" über das „perfide Albion" hergefallen wäre. Nachdem sich aber gezeigt, dass es in Afrika Leute gibt, die so unzivilisiert sind, sich durch protziges Auftreten nicht imponieren zu lassen, nachdem das famose Deutsch-Ostafrika nicht nur finanziell, sondern auch moralisch verkracht ist, weil man, mit einem Wort, die Rechnung ohne die Araber gemacht, da erwacht plötzlich in den deutschen Gemütern die Erkenntnis, dass, da man doch eigentlich nur nach Afrika gegangen ist, um es der europäischen Zivilisation zu erschließen, auch alle europäischen Nationen an diesem Kulturwerk einträchtig Hand in Hand arbeiten müssen. Der Reichsbourgeois sieht nun auf einmal in dem Engländer nicht mehr den perfiden Egoisten, der so gemütlos ist, nicht sofort die Segel zu streichen, wo der ideale deutsche Konkurrent ihm entgegentritt, sondern den christlichen Bruder, der gleich ihm – wenn auch vielleicht nicht von der gleichen Höhe der Gesinnung – die humansten Zwecke verfolgt. Und der Vernichter der Koalitionsfreiheit der deutschen Arbeiter, der Schwärmer für Kontrakt- und Zwangsarbeit, der Verehrer der Peitsche als Erziehungsmittel für die „faulen Neger", schließt einen Bruderbund mit dem „Unterdrücker Irlands", um – den Sklavenhandel auszurotten. Und in den deutschen Kirchen wird am Weihnachtstage den Gläubigen vorerzählt werden, eine wie herrliche Sache es doch um das Christentum sei, das den armen Negern die Freiheit bringe. „Friede auf Erden und den Menschen ein Wohlgefallen."

Jawohl, Friede auf Erden! Und wenn den christlichen „Befreiern" Afrikas das Feuer nicht mehr auf den Nägeln brennt, dann wird von neuem gehetzt und von neuem gewühlt und um die fetten Bissen gerauft, dass es nur eine Art hat. Nein, solange der Kapitalismus besteht, solange die menschliche Gesellschaft gespalten ist in Besitzende und Nichtbesitzende, solange der Profit regiert, solange wird auch der Krieg nicht aufhören, Glück und Wohlstand der Völker zu bedrohen. Wie die Konkurrenz im Kleinen den Menschen zum Feinde seines Nebenmenschen macht, ihn in dessen Ruin seinen Vorteil erblicken lässt, so treibt sie die Völker immer wieder zum Kampf gegeneinander, streut sie den Samen der Zwietracht zwischen den Nationen. Und indem das Christentum das Privateigentum heiligt und es für eine „göttliche" Institution erklärt, die zu bekämpfen eine Sünde ist, heiligt es den Krieg, erklärt es ihn für eine göttliche Einrichtung, dasselbe Christentum, das den Frieden predigt. Dank diesem Widerspruch haben ihm neunzehn Jahrhunderte nicht gereicht, diesen Frieden zur Wahrheit zu machen, und wird es ihn überhaupt nicht zur Wahrheit machen.

Bis an die Zähne bewaffnet stehen die christlichen Nationen einander gegenüber. Je mehr der Konkurrenzkampf in dem Schoße der Gesellschaft sich zuspitzt, umso mehr spitzen sich auch ihre Beziehungen zu. Wie das Unternehmertum, schließen auch sie zeitweise Verträge ab, um irgendeinen dritten Konkurrenten zu meistern, sich Märkte zu sichern oder die Massen in Schach zu halten. Aber wie jenes, so sinnen auch sie nur darauf, diese Verträge im gegebenen Moment wieder zu brechen – die Gesetze der Konkurrenz, des Profits verlangen es so.

Ausbeutung auf Erden, Besitzende und Besitzlose auf Erden, Ausbeuter und Ausgebeutete auf Erden, individueller Kampf ums Dasein auf Erden – Krieg auf Erden. Krieg, Krieg und wiederum Krieg.

Mitten in die Choräle der Frommen, in die Predigten der Gottesmänner ertönen die Signale des Hasses und der Zerstörung. Friede auf Erden und den Menschen ein Wohlgefallen, heißt es in den Gesängen und den Kanzeltexten; Krieg auf Erden und den Menschen Opfer und Entbehrung, Not und Tod – das sind die Aussichten, unter denen die Christenheit ihr Weihnachten feiert – im Jahre des Heils Eintausend achthundert und achtundachtzig.

Zwischen Herrmanns-Schlacht und Weihenacht

Peter Scherr, *Simplicissismus,* 1911

Die Witwe Herrmann möchte Geld beziehn,
und sie verklagt den Fiskus von Berlin.

Wie – sorgt denn Vater Herrmann nicht für Brot?
Nein – ein Beamter Jagows schlug ihn tot!

Es war in Moabit vor Jahr und Tag.
Die Herrmanns-Schlacht heisst's, wo er unterlag.

Ein Kämpfer Traugotts stach ihn mit dem Spieß,
bis ihn sein Geist, wie er sein Weib verließ.

Und weil er doch bloß ein Prolete war,
erwog man auch die Sühne nur in bar:

Hier, Witwe, haben Sie ein Pflaster drauf,
dann aber Schluss – Sie halten uns nur auf!

Jedoch: Was tut dies Weib? Es hält sich stramm
und will und will gleich eine Rente hamm!

Und läuft für Herrmanns Kinder zum Gericht,
der Fiskus aber spricht: Mich fangt ihr nicht!

Und immer, wenn die Witwe kommt und klagt,
wird – leider, leider! der Termin vertagt.

Nun, zwischen Herrmanns-Schlacht und Weihenacht,
wird dieses Spiel zum fünften Mal vollbracht.

Die Witwe denkt und hofft: ein christlich Fest –
vielleicht, dass er sich diesmal rühren lässt!

Ach Gott, er ist doch sonst so lieb und gut …
wie – forder' ich denn zu viel für Herrmanns Blut?

Umsonst, umsonst – er hält die Rente fest –
weil sich – der Täter nicht ermitteln lässt.

Die Witwe spricht: Ihr Kinder, seid nur still –
vielleicht im nächsten Jahr – wie Gott es will!

Der arme Fiskus hat nur eben jetzt
viel Geld bei Denkmalsbauten zugesetzt.

Übt fleißig, dass ihr euch ein Christkind – malt,
bis der uns Vaters Leiche doch bezahlt!

Weihnachten 1911.

Der Weihnachtsengel in Crimmitschau.

„Was, mit 'n Aufriehrern woll'n Se sich verbriedern!? Das kennte uns grade bassen!"

Aus einer Weihnachtspredigt

des Hofpredigers Breihals aus Mottenburg im Verein für innere Mission in Crimmitschau,
Der Wahre Jakob, 1904

... O, über die Sündhaftigkeit dieser irregeleiteten Volksmassen! Nur nach irdischen Gütern steht ihr gieriges Verlangen, nach höherem Lohn und kürzerer Arbeitszeit schreien sie, aufgehetzt von jener roten Rotte, die nicht wert ist, den Namen Christen und Deutsche zu tragen. Wie die Herren wollen sie leben mit ihren Weibern, uneingedenk jenes schönen, für die Arbeiter bestimmten Bibelwortes: Im Schweiße deines Angesichts sollst du dein Brot essen. Aufsässig sind sie geworden gegen ihre gütigen Brotgeber, die ihnen ertragreiche Arbeitsgelegenheit gewährt haben. Schwelgend von den Streikgroschen wollen sie ihre Tage verbringen in Müßiggang, ihren Kindern ein böses Beispiel gebend. Doch der Herr lässt seiner nicht spotten. Er hat die strafende Gerechtigkeit erweckt in der Brust unserer hohen Obrigkeit, der wir untertan zu sein haben, weil sie Gewalt über uns hat. Wenigstens der heilige Weihnachtsabend soll nicht entweiht werden durch gemeinsame Prassereien des betörten Volkes und unflätige Reden der Hetzer. Verboten ist der geplante sozialdemokratische Weihnachtsradau. So manche verführte Seele wird nun im stillen Kämmerlein Buße tun. Beten wir, Geliebte im Herrn, mit echt christlichem Mitgefühl, dass ihnen die Erleuchtung kommen möge über die Sündhaftigkeit ihres ganzen bisherigen Treibens!
Aber gedenken wir auch gleichzeitig der gottgesegneten Organe der hohen Obrigkeit, der Herren Gendarmen, denen die schwere Aufgabe zugefallen ist, in selbstloser Aufopferung den Geist des Aufruhrs aus den Gassen von Crimmitschau zu verscheuchen und sich auch in ihrem jetzigen Zivilverhältnis zu bewähren als das, was man ihnen mit Recht in ihrer früheren militärischen Tätigkeit nachgerühmt hat, als Stellvertreter Gottes auf Erden. Möge ihr Wirken in dieser zuchtlosen Stadt von Erfolg gekrönt sein, auf dass es auch in Crimmitschau endlich heiße: Frieden auf Erden und den Menschen ein Wohlgefallen!
Doch wenn das ordnungswidrige, göttlichen und menschlichen Geboten zuwiderlaufende Gebaren der niederen Volksschichten uns Seufzer der Qual erpresst, dass wir in einem solchen sozialdemokratischen Sodom und Gomorrha unsere Seele vor Ansteckung bewahren müssen, so träufelt doch das menschenfreundliche, von christlicher Nächstenliebe durchglühte Verhalten der Arbeitgeber lindernden Balsam in unser wundes Herz.
Welche Opfer bringen nicht die Crimmitschauer Fabrikanten für die Bewahrung der Ordnung, die Quelle allen irdischen Glücks! Auf Monate hinaus verzichten sie auf den Gewinn, den ihnen die Ausnutzung des sauer ersparten Kapitals in den Fabriken eingebracht haben würde. Und nun gar der Edelmut ihrer christlichen und jüdischen Mitbrüder, die ohne Unterschied des Glaubens und der Partei treu zu ihnen stehen in ihren patriotischen Nöten! Böse Menschen, die für menschlichen Edelmut keinen Sinn haben, behaupten, die auswärtigen Fabrikanten unterstützten ihre Crimmitschauer Kollegen und feuerten sie an zum Ausharren im Kampfe gegen die Begehrlichkeit der Arbeiter, um dann die Kundschaft wegzufangen und selbst die Crimmitschauer Profite zu schlucken. Pfui über solche Verdächtigung! Glaubt den Lästerzungen nicht! Haben die Fabrikanten nicht selbst wie bei einem Rütlischwur in Kottbus feierlich versichert, dass sie keinen Vorteil ziehen wollen von der Bedrängnis der Crimmitschauer Fabrikanten? Wenn sie jetzt Bestellungen auf Crimmitschauer Waren annehmen, so tun sie das schweren Herzens, um die Bestellungen nicht ins Ausland gehen zu lassen. Also reiner unverfälschter Patriotismus ist es, was da bei diesen hochherzigen Unternehmern zu Tage tritt. Nachher, wenn der Aufruhr gedämpft ist, werden sie dem Kunden, der weiter Crimmitschauer Ware bei ihnen bestellen will, entrüstet zurufen: Hebe dich weg von mir, Versucher!
Ja, meine verehrten Andächtigen, die Liebe

überwindet alles, auch die Verlockungen der Konkurrenz.
Darum verzaget nicht, Geliebte im Herrn, die Treue gegen Arbeitgeber, Obrigkeit und Kirche wird den Sieg behalten. Amen!

Das Christkind flog nach Crimmitschau

J. S. (*Der Wahre Jakob,* 1904)

Das Christkind flog nach Crimmitschau,
es rührte froh die Schwingen:
Den armen Weberkindern wollt'
es Weihnachtsgaben bringen.

Doch als es an das Stadttor kam,
da mocht' es schier verzagen,
es packte ein sächsischer Landgendarm
das Christkindlein beim Kragen.

Man schleppt es in das Wachlokal;
und als man aus seinen Papieren
ersah, dass es kein Streikbrecher war,
da wollt' man's arretieren. –

Das Christkind flog zum Gotteshaus;
doch als der Pfarrer vernommen,
zu welchem Zweck das Kindlein war
nach Crimmitschau gekommen,

durchbohrt es der fromme Gottesmann
mit zornerfüllten Blicken,
und plärrte „Weh!" und schlug ein Kreuz
und wandte ihm den Rücken.

Welch' Segenswünsche das Christkind drauf
der Obrigkeit bescherte –
ich wünschte nicht, dass der Staatsanwalt
davon ein Wörtlein hörte!

Nur dieses vertrau' ich euch heimlich an –
verschwiegen sind wir Poeten –
dass das Christkindlein noch selbigen Tags
aus der Landeskirche getreten.

Crimmitschau

A. T. (*Der Wahre Jacob,* 1904)

Noch brüstet, der schaffenden Menschheit zum Hohn,
Gott Mammon sich auf seinem güldenen Thron,
er hat, was ihr heilig gewesen, verletzt
und hat ihr den Fuß auf den Nacken gesetzt.

Er stürzte hinab sie in Elend und Not,
vergebens rang sie um Freiheit und Brot,
vergebens stiegen die Seufzer empor,
zum Himmel aus der Enterbten Chor.

Erleuchtete Geister, tapfer und gut,
erprobten vergebens an ihm ihren Mut,
ausstrahlen ließen sie des Wissens Licht,
doch brachen die alten Ketten sie nicht.

Die Mammonsdiener, verblendet ganz
von ihres gleißenden Goldes Glanz,
sie schrieen: So wie es ist zurzeit,
so wird es bleiben in Ewigkeit!

Der armen Weber bescheidene Schar
mit blassem Antlitz und schlichtem Haar,
sie hat die Verhöhnung der Menschheit gesühnt
und gegen den Gott sich zu kämpfen erkühnt.

Und seiner Macht, die brutal sie verletzt,
hat sie ihren Willen entgegengesetzt.
Es waren, einmütig im Kampfe zu schau'n,
die Männer und Knaben, die Mädchen und Frau'n.

Sie haben dem Hunger getrotzt und der Not,
wie ihnen der Menschheit Genius gebot,
und die Geschlossenheit, die sie erdacht,
sie hat Gott Mammon erbeben gemacht.

Wie auch der Zukunft Waage sich neigt,
längst ist der befreiende Weg gezeigt,
und jeder begreift zu dieser Frist,
dass Mammons Herrschaft nicht ewig ist.

Auf Posten

(Zeichnung von Bruno Paul)

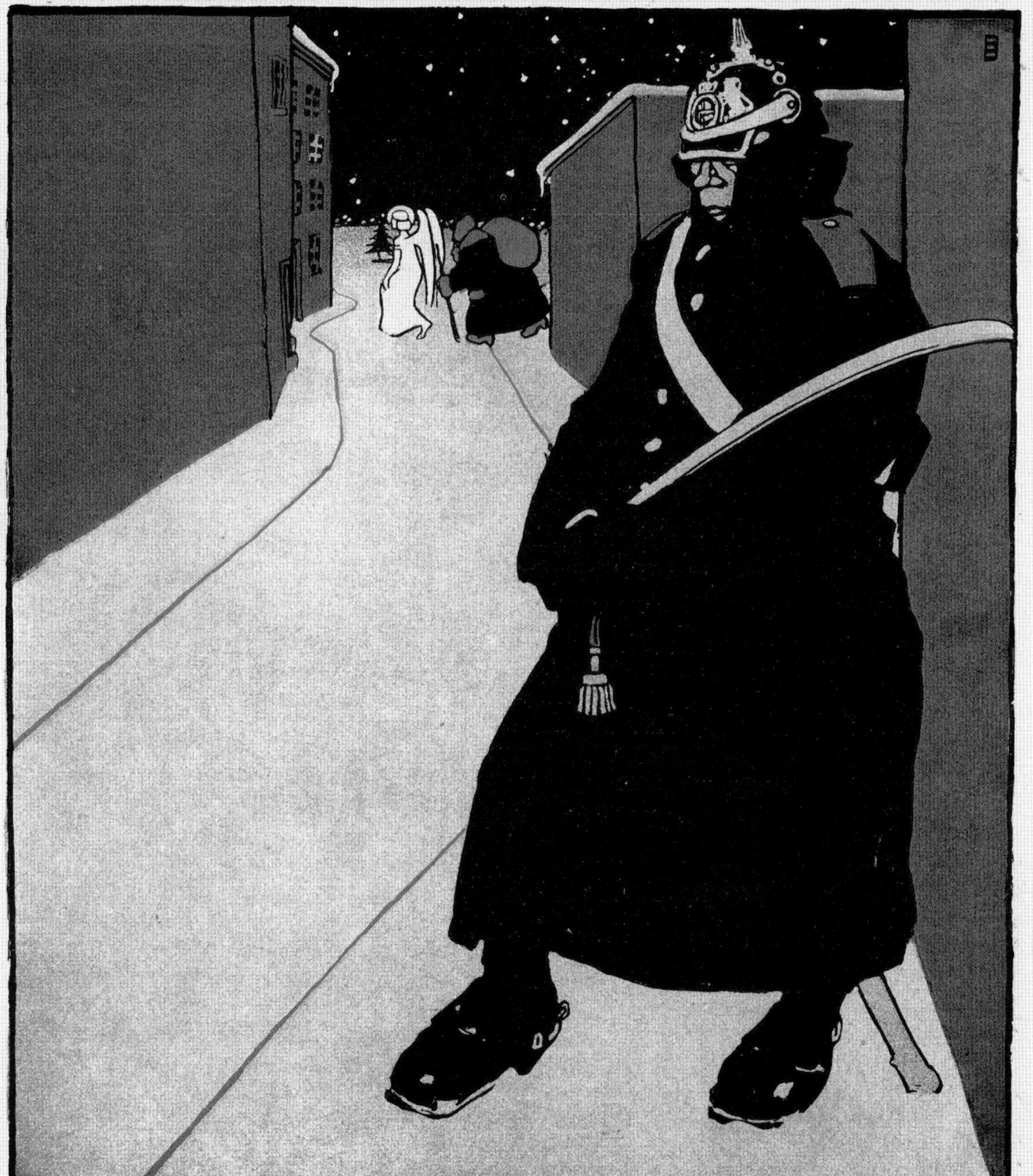

„Wenn ander Leute schlafen,
Dann muß ich wachen,
Muß Schildwach steh'n, juhe!
Patrullen geh'n."

(Altes Soldatenlied)

Crimmitschauer Kapuzinerpredigt

Süddeutscher Postillon, 1904

Zum Besten der ausgesperrten Arbeiter und Arbeiterinnen in Crimmitschau.

Heissa, juchheissa, dideldumdei,
das geht ja hoch wie am 1. Mai!
Alle Tage faulenzen und bummeln
und den Herrgott um seine Tage beschummeln,
statt lieber in den Fabriken drinnen,
fleißig zu weben und fleißig zu spinnen!
Meint ihr etwa, der Fabrikant
solle selber anlegen seine Hand,
um früh bis abends an den Maschinen,
sich sein bisschen Brot zu verdienen?

Jawohl, das wäre euch Burschen recht!
Während ihr selber schlemmt und zecht,
möchte sich euer Brotherr rackern
und vor Ängsten schwitzen und gackern!
Nein, das hieße: die Ordnung der Welt
radikal auf den Kopf gestellt!
Reiche und Arme muss es geben,
sonst pfeife ich auf das ganze Leben
und auf den Himmel noch obendrein -
Donnerwetter, Ordnung muss sein!

Euch bestimmte der Herr zum Schaffen,
aber nicht zum Bummeln und Gaffen,
wie es euch lehren die Sozialisten,
diese verwünschten Antichristen!
Schaffen sollt ihr von früh bis spät,
schaffen sei euer Morgengebet,
schaffen sei euer Abendsegen,
eh' ihr euch tut zur Ruhe legen.
Sollt nicht fragen um hohen Lohn;
glaubt, euer Brotherr, der weiß es schon,
was euch nützt und was euch frommt,
dass ihr kein Zipperlein bekommt.

Dankbar solltet ihr küssen die Hände,
dass er euch schanzen lässt ohne Ende,
väterlich eure Seele bewahrt,
vor des Müßigangs schändlicher Art.
Ihr aber seid nicht von Dank entzunden,
wollt nur schaffen zehn lumpige Stunden,
recht darum taten die Arbeitsherrn,
gänzlich zur Strafe euch auszusperr'n.
Voll den Segen der Arbeit zu fassen,
wollten sie euch mal bummeln lassen,
wer aber hieß euch denn Teufelsbrut
so lange zu bummeln, wie ihr's jetzt tut?

Schreien möcht' man vor Jammer: Au!
über die Lage in Crimmitschau.
Dieses Sodom und dieses Gomorrha,
das uns weckt kein freudiges Hurra!
Mit den erbettelten Arbeitsgroschen
stopft ihr euch jetzt eure großen Goschen,
lebt von Almosen in Saus und Braus
und lacht noch die Fabrikanten aus.
„Bete und arbeite!", singt euer Dichter,
ihr aber seid ein faules Gelichter,
denkt schon lange nicht mehr an's Beten,
tut lieber aus der Kirche austreten,
um die Seelenhirten, die teuern,
schmählich zu prellen um die Kirchensteuern.

Darum war es nur recht vom Staat,
dass er das Fest verbieten tat,
weil ihr ja doch bei den Weihnachtsfeiern
tut keine frommen Lieder leiern.
Hättet wohl gar mit frechen Zungen

eure Marseillaise gesungen,
statt der „Stillen, heiligen Nacht“,
oder andern Unfug gemacht.
Haben sich nicht eure Pfarrer erboten,
euch anstatt der verwünschten Roten
Reden zu halten, wie sich's gebührt?
Ihr aber habt nicht darauf reagiert!
Drum hab' ich mit euch auch kein Erbarmen
und sperre euch in das schwarze Loch,
dann sind wir eurer ledig doch!

Ja, die Gendarmen, die sind ein Segen,
die lauern euch auf auf allen Wegen,
dass ihr den Braven kein Härchen krümmt,
die man statt eurer in Diensten nimmt.
Euch Bande, euch muss man nur tüchtig zwiebeln
und euch begießen mit Jauchekübeln,
dass ihr eueren starren Nacken biegt
und dann ganz gehorsamst zu Kreuze kriecht.
Am besten steckte man euch ins Zuchthaus,
dann wäre es gleich mit eurer Wucht aus,
denn der gehört zu den größten Sündern,
der andere tut an der Arbeit hindern.

O, hätte ich die Macht im deutschen Land,
ich drückte euch gräulich an die Wand,
dass ihr vor Ängsten solltet quietschen,
statt in den Schenken Schnaps zu pietschen!
Und erst die Weiber und die Mädel!
Die haben bloß dummes Zeug im Schädel,
Und wenn heute Schiller tät wiederkehren,
der hieße die Weiber nimmer verehren,
so sündigen sie jetzt in dieser Zeit
gegen die amtlich gestempelte Sittsamkeit.

Und eure hochgepriesenen Führer!
Die sind des Hasses und Aufruhrs Schürer,
drum sollte man sie hängen verkehrt an die Wand,
damit wieder Ruhe würde im Land.
So aus den Fabriken fortzulaufen,
das heißt doch wahrhaftig: Tinte saufen!
Ihr aber, ihr seid schon längst besoffen,
von euch ist nichts Gutes mehr zu hoffen.
Ihr seid tote Sozialdemokraten,
drum müsst ihr dafür in der Hölle braten,
denn wollt ihr dereinst in den Himmel mit,
so gibt euch Sankt Petrus einen Tritt.
Ja, ihr seid ohne allen Zweifel,
sogar zu schlecht noch für den Teufel.
Drum kehrt, ihr Lieben, beizeiten um!
Ich habe gesprochen – Schinkterettäh bum!

Drei heilige Könige

Josef Maria Frank (*Lachen Links,* 1926)

Durch Flockengewirr und Glockenklang
stapften drei Männer die Straße entlang.
Die Kleider dünn; zerrissen die Sohlen;
in blassen Gesichtern Augen wie Kohlen;
ein wehes Lächeln um jeden Mund,
sie bettelten schon die zwölfte Stund'.
Sie hatten Hunger und froren sehr.
Es schleppten sich ihre Füße so schwer.
So stapften sie durch die Heilige Nacht,
  ein Arbeitsmann, der nicht Arbeit gewann,
  ein Bauer ohne Feld und Gespann
  und ein bettelarmer Dichtersmann …

Sie trugen nicht Myrrhen und Wohlgeruch,
sie trugen nicht Seiden und feines Tuch,
sie trugen nicht Gold und Edelgestein,
sie trugen nicht einen silbernen Schrein,
sie trugen nicht schimmernde Waffenwehr,
sie hatten auch nicht ein Dienerheer. -
Sie trugen jeder ein ärmliches Kleid
und unter ihm eine Welt voll Leid.
So stapften sie durch die Heilige Nacht,
  ein Arbeitsmann, der nicht Arbeit gewann,
  ein Bauer ohne Feld und Gespann
  und ein bettelarmer Dichtersmann …

Da hörten sie aus dem Schnee hervor
plötzlich ein Wimmern klingen ans Ohr;
da standen sie still und sahen ein Kind
verlassen da liegen in Kälte und Wind;
da sahen sie plötzlich eines Sternes Schein
und sprachen: Es kann der Erlöser sein? –
Und zogen die Röcke sich aus, und warm
lag darin das Kind in wiegendem Arm.
Sie wiegten es lächelnd, trotz Kälte und Nacht
  ein Arbeitsmann, der nicht Arbeit gewann,
  ein Bauer ohne Feld und Gespann
  und ein bettelarmer Dichtersmann …

Heiligabend bei Generaldirektor Krause

Gustav Junghans (*Der wahre Jacob,* 1928)

Frau Generaldirektor prüft wie immer
noch einmal der Geschenke Zahl.
Es steht, etwas entfernt vom Kerzenschimmer,
daneben auch der Tisch für's Personal.

So was macht sich versöhnlicher und netter,
denn Frau Direktor ist so seelengut.
Sie schenkt der Köchin Gerocks „Palmenblätter"
und einen nicht mehr ganz modernen Hut.

Der Hausherr spürt mit leicht verklärten Mienen
die alte deutsche Einheitsrührung fast.
Zum Weihnachtskarpfen sind wie stets erschienen,
der Herr Pastor nebst Frau als Ehrengast.

Er schenkt der Hausfrau milde Scherzesworte,
den Kindern einen hohlen Weihnachtsmann
und einen Seitenblick der Sahnentorte
und fängt vom Vaterland zu reden an.

Dann rauscht das Tischgebet zur Zimmerdecke,
die „Stille Nacht" rauscht machtvoll hinterher.
Und dann rollt man zum Klirren der Bestecke
tiefinnere Probleme hin und her:

Dass unser Volk zum Religiösen neige,
und dass der Karpfen seinesgleichen sucht,
dass Christus rein german'sche Züge zeige,
wenn er die Wechsler aus dem Tempel flucht.

Und dass er nur symbolisch meint hienieden,
wenn er befiehlt, dass man die Feinde liebt …
Man glaubt nicht, welchen tiefen Seelenfrieden
ein Bankkonto und eine Weihnacht gibt.

Moritat vom Stadtstreicher Rackebrand

Rudolf Otto Wiemer

Nicht weit, in der Petrosilienstaße,
da wohnte der Stadtstreicher Rackebrand.
Er trug einen Schnurrbart unter der Nase
und ein Weib tätowiert auf der linken Hand.
Meist saß er zu Hause und feierte krank,
das war sein wunder Punkt.
Und wenn er dann noch Schnaps dazu trank,
dann hat es bei ihm gefunkt.

Im Kaiserbazar von Julius Kümpfe,
da kaufte er kurz vor Ladenschluss
für eine Mark zwanzig zwei schwarze Strümpfe
und eine Pistole mit sieben Schuss.
Das Schießding ist zwar für Kinder bestimmt,
doch war der Kauf nicht dumm,
denn wenn der Rackebrand was unternimmt,
dann weiß er auch warum.

Er wusste: In der Barmherzigkeitsgasse,
da haben sie grad Moneten gezählt,
dreitausend Mark in der Kirchenkasse,
und so was hat ihm schon lange gefehlt.
Er nahm das Fahrrad und stellt's an die Wand
bei Bäckermeister Hopf.
Dann zieht er den Strumpf mit geschickter Hand
sich über den dicken Kopf.

Er eilte empor die dreizehn Stufen,
und gleich darauf der Rentamtmann Spieß
hörte mit grässlicher Stimme rufen:
„Rasch das Geld her! Oder ich schieß!"
Er sagte nicht ja, er sagte nicht nein,
er murmelte nur dumpf
und packte dem Räuber die Geldscheine ein
in seinen zweiten Strumpf.

Dann ist der Kerl mit dem Fahrrad verschwunden
und zog den Strumpf von seinem Gesicht.
Die Polizei, die suchte zehn Stunden,
doch Rackebrand, nee, den fanden sie nicht.
Zu seinem Glück fing es an zu schnei'n
und hat drei Tage geschneit.
Die Leute, die kauften Geschenke ein,
es war um die Weihnachtszeit.

Und in dem Kaufhaus von Adalbert Paasche
erschien am Tag darauf Rackebrand
und kaufte in der dritten Etage
ein golden durchwirktes Engelsgewand.
Dazu zwei Flügel aus weichem Flaum,
die Platte mit „Stille Nacht"
und Kerzen und einen Tannenbaum –
dabei hat er manchmal gelacht.

Und Heiligabend, so konnte man lesen,
hat in den Baracken ein Engel geweilt,
er ist bei den armen Schluckern gewesen
und hat Zwanzigmarkscheine ausgeteilt.
Dann sah man ihn noch bei der Bahnhofsmission
und vor dem Herbergstor.
Zur Mette riefen die Glocken schon,
vom Turm herab sang der Chor.

Und Rackebrand, als der Richter ihn fragte,
was er bei dem allen sich vorgestellt,
zwinkerte eine Weile und sagte:
„Mit Verlaub, Herr Gerichtsrat: Brot für die Welt."
Er wurde verurteilt zu zweieinhalb Jahr,
doch das tat ihm keineswegs leid.
Laut sang er, als schon längst Sommer war:
„O du fröhliche Weihnachtszeit!"

Weihnachten

Kurt Tucholsky (Theobald Tiger, 1919)

Nikolaus der Gute
kommt mit einer Rute,
greift in seinen vollen Sack –
dir ein Päckchen – mir ein Pack.
Ruth Maria kriegt ein Buch
und ein Baumwolltaschentuch,
Noske einen Ehrensäbel
und ein Buch vom alten Bebel,
sozusagen zur Erheiterung,
zur Gelehrsamkeitserweiterung . . .
Marloh kriegt ein Kaiserbild
und 'nen blanken Ehrenschild.
Oberst Reinhard kriegt zum Hohn
die gesetzliche Pension ...
Tante Lo, die, wie ihr wisst,
immer, immer müde ist,
kriegt von mir ein dickes Kissen. –
Und auch hinter die Kulissen
kommt der gute Weihnachtsmann:
Nimmt sich mancher Leute an,
schenkt da einen ganzen Sack
guten alten Kunstgeschmack.
Schenkt der Orska alle Rollen
Wedekinder, kesse Bollen –
(Hosenrollen mag sie nicht:
dabei sieht man nur Gesicht …).
Der kriegt eine Bauerntruhe,
Fräulein Hippel neue Schuhe,
jener hält die liebste Hand –
Und das Land? Und das Land?
Bitt ich dich, so sehr ich kann:
Schenk ihm Ruhe –
lieber Weihnachtsmann!

Stille Nacht

Dieter Süverkrüp

Stille Nacht, heilige Nacht!
Weihnachtsgeld wird gebracht
durch Herrn Ruprecht vom Lo-hohnbüro.
Schweigend geht die Belegschaft aufs Klo,
zählend, wie viele Krümel,
gnädig vom Herrntisch gefallen.

Stille Nacht, heilige Nacht!
Falscher Trost. Oh, wie lacht
der Direktor mit randvollem Mund,
singt uns gnädig zu göttlicher Stund:
„Arbeitsfriede auf Erden!"
Wir fallen wieder drauf rein.

Billige Nacht, eilige Nacht!
Ratenkauf, leichtgemacht
durch der Engel Alleluja.
Die gehören zum Werbe-Etat.
Denn der Vater im Himmel
ist Präsident vom Konzern.

Stille Nacht, heilige Nacht!
Lichterbaum angemacht.
Und ein liebliches Liedlein gesingt.
Und ein Eierlikörchen getrinkt.
Und die Kinder geprügelt,
bis sie hübsch andächtig sind.

Gute Nacht, peinliche Nacht!
Fernsehspiel ausgemacht.
Und im Magen ein flaues Gefühl,
weil die Liebe nicht hochkommen will.
Noch zwei Nächte zum Schlafen.
Dann wieder rinn in' Betrieb!

Stille Nacht, heilige Nacht!
Weihnachtsfest rumgebracht.
Großes Gähnen im Portemonnaie.
Überstunden tun immer noch weh.
Falschen Frieden auf Erden
feierten wir mit den Herrn.

Wilde Nacht, streikende Nacht!
Eines Tags, nicht ganz sacht,
pfeifen wir auf die Gnade der Herrn,
übernimmt mal das Volk den Konzern
und die Führung im Staate.
Das wird ein Weihnachtsfest wer'n!!!

Leise schnieselt der Re-

Dieter Süverkrüp

Leise schnieselt der Re-
aktionär seinen Tee,
sitzt bei der Lampe noch spät,
blättert im Aktienpaket.

Ordnend Scheinchen auf Schein,
fällt Erinnerung ihm ein.
„Kriegsweihnacht vierzig war still,
trotzdem sehr stark im Gefühl!

Heut geht alles zu glatt;
alle Welt frisst sich satt!
Und zu der Innerlichkeit
ist keine Sau mehr bereit!
Leider lief der Krieg schief.
Trotzdem tröstet es tief:
Hatte man schlau investiert,
hat sich der Hitler rentiert.

So ein Krieg, wenn er klappt,
wirft er unerhört ab.
Nicht allein Bomben aufs Feld,
nein, auch ‚bezahlt und Geld!'w"

Aus dem Aktienpaket
steigt ein heißes Gebet:
„Mache, du gütiger Gott,
unser Geschäft nicht kapott!

Sieh, wir wurden verkeilt.
Unser Land ist geteilt.
Zwar sind wir heut übern Berg,
dennoch: politisch als Zwerg!

Herr, es ist dir doch klar:
diese rote Gefahr
tritt nicht nur uns in den Bauch,
sondern der Frömmigkeit auch!

Denk mal dran, wie der Krieg
dir die Menschen zutrieb!
Haste da nich 'ne Idee??
Mach doch nicht immer nur Schnee!!"

Leise schnieselt der Re-
aktionär seinen Tee.
Horcht nur, wie lieblich es knallt!
Fürchtet euch, Kriegskind kommt bald!

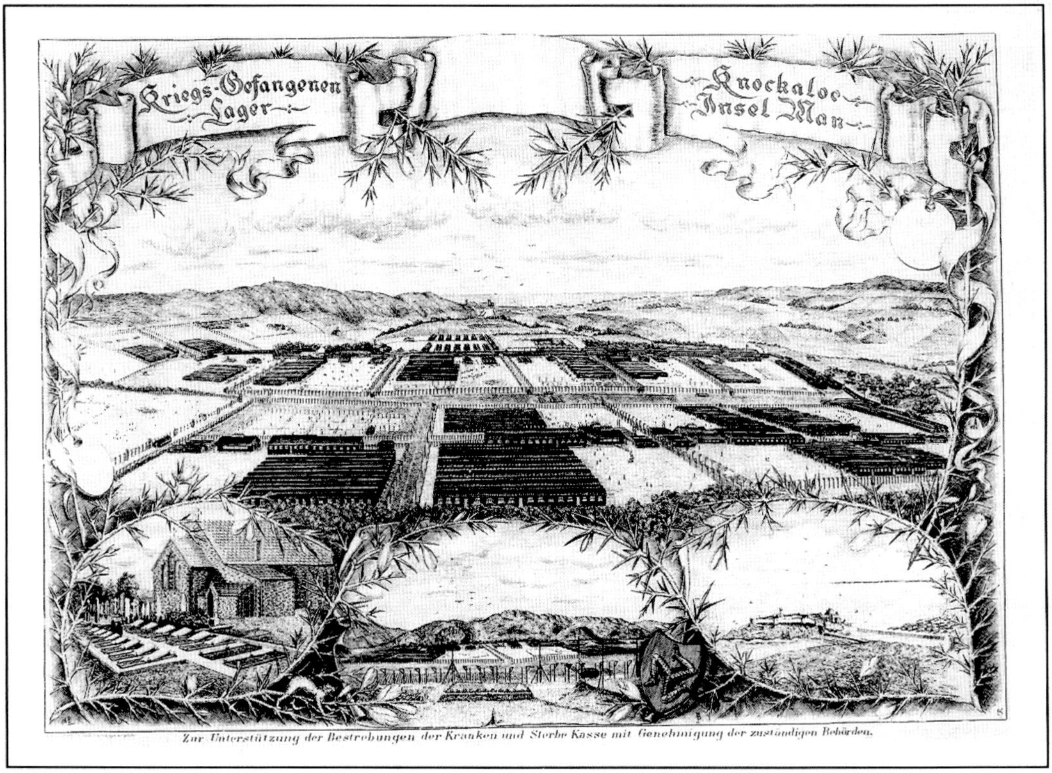
Kriegs-Gefangenen
Lager
Knockaloe
Insel Man
Zur Unterstützung der Bestrebungen der Kranken und Sterbe Kasse mit Genehmigung der zuständigen Behörden.

Weihnachtsgedanken
Michael Kalthoff

Warum arbeiten die Männer heute?
Der Betrieb muss laufen!
Eigentlich immer dasselbe:
Der Betrieb muss laufen!
Immer!
Samstags, sonntags, an Feiertagen.
Immer!
Es ist Heiligabend.
Auf dem Weg nach Hause von der Weihnachtsfeier
in der Familie.
Es war schön:
Endlich wieder einmal alle zusammen.
Einmal im Jahr!
Das Werk ist hell erleuchtet.
Es wird gearbeitet.
Auch am Heiligen Abend.
Notbesetzung!
Aber der Betrieb muss laufen.
Ein Stillstand bedeutet Produktionsausfall.
Was mag in den Köpfen der Männer vorgehen?
Traurigkeit?
Gedanken an zu Hause?
Weihnachten?
Religion?
Zweihundert Prozent Lohnzuschlag?
Frisst die Steuer.
Immer!

Weihnachtliches Volkslied
Therese Angeloff

Morgen, Kinder, wird's nichts geben,
sagt der Bundes-Weihnachtsmann,
weil wir in der Krise leben
spare jeder, wo er kann.
Seid zu Opfern stets bereit!
Nicht nur in der Weihnachtszeit.

Lohn- und auch Gehaltsempfänger,
ob ihr jung seid oder alt,
schnallt brav eure Gürtel enger,
für den Bundes-Sparhaushalt!
Übt euch in Bescheidenheit!
Nicht nur in der Weihnachtszeit.

Für die Kranken und die Renten
sind die Bundeskassen leer.
Für die Schüler und Studenten
zahlt der Staat kein BAFÖG mehr.
Doch Millionen schenkte gern,
er den Herrn vom Flick-Konzern.

Die von Sparsamkeit stets sprechen,
ließen sich zum Dank von Flick
korrumpieren und bestechen,
Schmiergeld macht die Konten dick.
Und die Korruption gedeiht,
nicht nur in der Weihnachtszeit.

Einmal, Kinder, wird's was geben!
Denn das eine ist gewiss:
Was politisch wir erleben,
ist ein großer Volksbeschiss.
Sehen das erst alle ein,
heißa! Dann wird Zahltag sein.

Wenn nicht mehr von Monopolen
wird beherrscht hier unser Staat,
wird das Volk zurück sich holen,
was man ihm gestohlen hat.
Dann gibt es Gerechtigkeit,
nicht nur in der Weihnachtszeit.

Szene im Himmel.

„Der Platz da muß sofort jeräumt werden, alter Herr! Welt wird von jetzt ab von preußischem Junker rejiert werden — Widerrede jibt's nich, sonst wird Bude einfach jeschlossen!"

Frieden –
darf nicht nur ein Wunsch sein.

Weihnachten

Lehmann (*Der Wahre Jakob,* 1912)

Die Nacht, da Christ geboren ward,
die Weihnacht, kehrte wieder!
Nun preist, ihr Gläubigen, Gott den Herrn
und singet fromme Lieder!
Den Heiland, der am Kreuze starb,
inbrünstig zu verehren,
beugt heute betend eure Knie
vor Kanzeln und Altären!

Was einst der Gottessohn gelehrt,
die Saaten, die er streute,
in euren Herzen keimten sie
und tragen Früchte heute!
Die frohe, feste Zuversicht
kann euch kein Zweifel rauben:
Denn offenkundig winkt der Lohn
dem echten Christenglauben.

Blickt hin ins ferne Morgenland!
Dort fechten gläubige Heere
im Namen der Dreieinigkeit
zu eures Heilands Ehre;
blutüberströmt verreckt der Feind
durch eures Schwertes Hiebe!
Herr Jesu Christ, wir loben dich,
hab Dank, du Gott der Liebe!

Und vorwärts geht es mit Gebet,
vorwärts durch Mord und Leichen,
und über der Verwüstung Graus
ragt fromm des Kreuzes Zeichen!
Der Allerbarmer lieh euch Kraft,
die Feinde auszumerzen –
und wer daran zu zweifeln wagt,
trägt Jesu nicht im Herzen!

Drum Fluch der glaubenslosen Schar,
den roten Antichristen,
die tief verderbt zu Basel jüngst,
des Friedens Banner hissten,
die Völkerstreit und Kriegesgreuel
beschimpften und verfluchten,
den gottgewollten Massenmord
euch zu verekeln suchten!

O haltet fest am Christentum,
ihr gläubigen Millionen,
und dienet eurem Heiland fromm
mit Säbeln und Kanonen,
und mordet, schändet, brennt und raubt
getrost in Jesu Namen
und tanzt um euren Weihnachtsbaum
und singt Hosiannah! Amen.

Morgen kommt der Weihnachtsmann

Hoffmann von Fallersleben

Morgen kommt der Weihnachtsmann,
kommt mit seinen Gaben:
Trommel, Pfeifen und Gewehr,
Fahn' und Säbel und noch mehr,
ja, ein ganzes Kriegesheer
möcht ich gerne haben!

Bring uns, lieber Weihnachtsmann,
bring auch morgen, bringe:
Musketier und Grenadier,
Zottelbär und Panthertier,
Ross und Esel, Schaf und Stier,
lauter schöne Dinge!

Doch du weißt ja unsern Wunsch,
kennst ja unsre Herzen!
Kinder, Vater und Mama,
auch sogar der Großpapa,
alle, alle sind wir da.
warten dein mit Schmerzen.

Weihnachtliche Vorfreude

Der kleine Frieden im Großen Krieg

Michael Jürgs

Oberst Maximilian Ebermayer, Kommandeur der 10. Bayerischen Feldartilleriebrigade, trägt handschriftlich in seine schwarze Kladde am 25. Dezember ein: „Weihnachtswetter. Nebel und Raureif, die Straßen fest gefroren. Auf meiner gewohnten Fahrt nach Warneton sprach ich wie gewöhnlich auf der Division vor, traf aber nur wenige Offiziere – der Stab hat die Nacht über scharf gezecht … Der Tag ist ruhig geblieben. Hauptmann Fuchs meldet mir aus Messines, dass bei der petite Douve Ferme zwischen den Engländern und unserer Infanterie eine Art Waffenstillstand herrsche. Sie sollen sogar Zigarren und Schokolade austauschen. Ich habe der Division Meldung gemacht, um unsere Leute zur Vorsicht zu mahnen. Ich traue den Engländern nicht …"

Seinen Untergebenen dagegen schon, denn sie „stiegen über die Gräben und trafen sich im Vorfelde, in der Mitte der Stellungen, zur Verbrüderung; und zum Austausch von Zigaretten und Erinnerungsgegenständen", geriet Carl Mühlegg noch als achtzigjähriger Mann ins Schwärmen, Soldaten hüben wie drüben, die „einander nichts getan haben und persönlich keine Feinde waren; die Eltern, Frauen und Kinder zu Hause haben und die nun im Wunder der Hl. Nacht, im Mythos der Geburtsstunde Christi, sich gegenseitig beschenkten und freundschaftlich die Hände drückten … Es war eine sternklare Neumondnacht, von den Leuchtkugeln beider Fronten erhellt: für mich eine schöne Illumination der Hl. Nacht."

Und überhaupt: Was hätte man denn machen sollen? fragte sich der englische Brigadegeneral Edward Graf Gleichen, „sie krochen aus ihren Schützengräben und liefen herum, mit Zigarrenkistchen und Wünschen für ein frohes Weihnachtsfest. Was sollten unsere Männer denn tun? Etwa schießen? Man kann doch nicht auf waffenlose Männer schießen."

Etwa zur gleichen Zeit schließt im belgischen Badeort Spa der deutsche Kaiser vor neunhundertundsechzig Gästen, die sich danach an Wein, Sekt, Gänsen laben dürfen, seine Weihnachtsansprache mit den ihm eigenen Leerformeln. Gott möge es geben, dass aus dem harten Ringen ein glorreicher Sieg wachse, „wir stehen auf feindlichem Boden, dem Feinde die Spitze unserer Schwerter und das Herz unserem Gott zugewandt, und wir sprechen es aus, wie es einst der Große Kurfürst getan: In den Staub mit allen Feinden Deutschlands! Amen!" Offiziere werden passend zur Rede mit einem Kästchen Zigarren bedacht, Aufschrift „Flammenschwert" Wilhelm II. trägt dabei selbstverständlich nicht mehr, wie noch vor ein paar Monaten in Kiel, die Admiralsuniform seiner britischen Verwandtschaft, sondern die eines deutschen Feldmarschalls. Geschmückt mit Orden, die er nicht verdient hat. Dekoriert wie ein Tannenbaum.

Im Ballsaal des „Grand Hotel Britannique" – so heißt es nun mal – stehen, von Wachskerzen beleuchtet, auch echte. Jeweils einer auf jedem der Tische, die beladen sind mit Geschenken. Gesungen wird das Lied von der stillen, der heiligen Nacht hier wie in den Gräben an der Front, die keiner der Anwesenden je aus gefährlicher Nähe gesehen hat. Die Stimmung dort ist besser als die Lage hier, die Lage hier besser als die Stimmung dort.

Die Lage dort: Bereits am Morgen dieses 24. Dezember 1914 hatte der seit Tagen andauernde Regen aufgehört. Die Temperaturen sanken langsam unter die Gefriergrenze. Über schwappenden Brühen in unzähligen Granattrichtern wuchs zusehends eine dünne Eisschicht. Der Frühnebel verschwand. Die Körper im Niemandsland zwischen den Schützengräben verloren ihre grau zerfließende Anonymität, bekamen wieder eine feste Gestalt. Viele dieser Toten, seit Wochen ja ungeborgen im Schlamm der Felder Flanderns liegend, trugen Raureif als weißes Leichenhemd.

Auf den ersten Blick sind deshalb ihre Wunden, verursacht von Garben aus Maschinengewehren oder von Granatsplittern, nicht mehr zu erkennen. Frost deckt gnädig auch jene Löcher, die von Ratten in sie gerissen wurden. Fett sind die schwarzpelzigen Leichenfledderer. Der Tod in Flandern, von dem sie prächtig leben, tischt unermüdlich auf. Sie fressen sich satt in den Toten, sie sind schlau und trotzen den Soldaten, die ihnen im Unterstand ans Fell wollen und pro erlegter Beute eine Prämie bekommen, Zigaretten, Brot, manchmal eine Hartwurst. Brot und Wurst und Käse mögen die Ratten auch. Sie vermehren sich laufend, sie kennen keine Fronten. Sogar ihre natürlichen Feinde sind chancenlos: Eine Katze, die sich der Korporal einer schottischen Kompanie bei einem belgischen Bauern ausgeliehen hatte, war im unterirdischen Jagdrevier nach wenigen Stunden verschwunden. Mit Haut und Haaren und Krallen einfach aufgefressen worden.

Selbst die Lebenden konnten sich diese Heerschar kaum vom Leib halten. Manche Ratten waren so groß wie Terrier. Second Lieutenant Cyril F. Drummond von der 135. Batterie der Royal Field Artillery erinnerte sich schaudernd in seinem Kriegstagebuch an einen solchen *old fellow,* dem er lieber ausgewichen sei, als der ihm in einem der engen Laufgräben entgegenkam. Nach den sintflutartigen Regenfällen und Stürmen in den vergangenen Tagen und Nächten greifen Ratten jetzt sogar schwimmend an. In den Gräben steht das Wasser, das im tonerdigen Lehmboden nicht versickert, den Soldaten bis zum Knie. Angeblich sollen Grenadiere nach einem Dammbruch des Ieper-Ijzer-Kanals in ihren Gräben ertrunken, andere trotz aller Rettungsversuche im Schlamm des *No Man's Land* versunken sein.

Die Bezeichnung *No Man's Land* für ein von Gott verlassenes Stück Erde an der Westfront war treffend gewählt. *No man,* kein Mann, hätte in dieser Zone, die im Visier der Scharfschützen kaum Deckung bot, außer im Wasser der Minenlöcher, unter Kadavern von Pferden, neben verwesenden Toten, den Überresten fehlgeschlagener Angriffe, länger überleben können. Hinter den Leichen derer, die es nicht geschafft hatten, weder zu den Feinden noch zurück zu den Ihren, suchten sie nötigenfalls Schutz. So hielten es alle. Es sei beobachtet worden, empörte sich ein Deutscher über die Engländer – und verschwieg, dass es die Soldaten seiner Kompanie genauso machten –, dass die sich aus den Körpern der Gefallenen eine Deckung aufbauen und Verwundete töten würden.

Zu welchem Mutterland, zu welchem Vaterland die Toten einst gehörten, ist im Niemandsland nur noch an den verschiedenen Uniformen erkennbar. Allenfalls die jüngsten Opfer vom letzten mörderischen Angriff auf deutsche Schützengräben am 18. und 19. Dezember, für viele nicht mal Zwanzigjährige bereits die beiden letzten Tage ihres Lebens, haben noch Gesichter.

Der Kesselschmied Heinrich Lersch, verklärend mal Arbeiterpoet genannt, sieht im Fest von Christi Geburt ein „Fest der toten Brüder". Er dichtet. Im Schützengraben. Seine Verse sind erhalten, literarisch betrachtet auch keiner Nachrede wert. Aber im Gegensatz zu denen des hasserfüllten kaiserlichen Hofpoeten ein Dokument der vorherrschenden Gefühlslage, die den kleinen Frieden entstehen lässt:

Es lag schon lange ein Toter vor unserem Drahtverhau.
Die Sonne auf ihn glühte, ihn kühlte Wind und Tau.
Ich sah ihm alle Tage in sein Gesicht hinein.
Und immer fühlt' ich's fester: Es muss mein Bruder sein.
(...)
Bis ich, trotz aller Kugeln, zur Nacht mich ihm genaht
und ihn geholt – begraben – ein fremder Kamerad.
Es irrten meine Augen – mein Herz, du irrst dich nicht,
Es hat ein jeder Toter des Bruders Angesicht.

Bei der Attacke im Ploegsteert-Wald, sechs Tage vor Weihnachten, in der so viele starben, misslang nicht nur die Erstürmung der sächsischen Stellungen. Die englische Artillerie hatte zudem Dutzende von eigenen Soldaten getroffen. In folgenden Kriegen werden solche Verluste mal als Ergebnis von *friendly fire* bezeichnet werden. Hier heißt es noch Richtfeuer.

„Aewer, Korl, sett di doch man lewer up dat nige Sofa!"

Brief an Sophie Liebknecht

Rosa Luxemburg (Breslau, Mitte Dezember 1917)

… genau vor einem Jahr waren Sie bei mir in Wronka, haben mir den schönen Weihnachtsbaum beschert …

Heuer habe ich mir hier einen besorgen lassen, aber man brachte mir einen ganz schäbigen, mit fehlenden Ästen – kein Vergleich mit dem vorjährigen. Ich weiß nicht, wie ich darauf die acht Lichtlein anbringe, die ich erstanden habe. Es ist mein drittes Weihnachten im Kittchen, aber nehmen Sie es nicht tragisch. Ich bin so ruhig und heiter wie immer. Gestern lag ich lange wach – ich kann jetzt nie vor ein Uhr einschlafen, muss aber schon um zehn ins Bett – dann träume ich Verschiedenes im Dunklen. Gestern dachte ich also: Wie merkwürdig das ist, dass ich ständig einem freudigen Rausch lebe – ohne jeden besonderen Grund. So liege ich zum Beispiel hier in der dunklen Zelle auf einer steinharten Matratze, um mich im Hause herrscht die übliche Kirchhofsstille, man kommt sich vor wie im Grabe, vom Fenster her zeichnet sich auf der Decke der Reflex der Laterne, die vor dem Gefängnis die ganze Nacht brennt. Von Zeit zu Zeit hört man nur ganz dumpf das ferne Rattern eines vorbeifahrenden Eisenbahnzuges oder ganz in der Nähe unter den Fenstern das Räuspern der Schildwache, die in ihren schweren Stiefeln ein paar Schritte langsam macht, um die steifen Beine zu bewegen. Der Sand knirscht so hoffnungslos unter diesen Schritten, dass die ganze Öde und Ausweglosigkeit des Daseins daraus klingt in die feuchte, dunkle Nacht. Da liege ich still allein, gewickelt in diese vielfachen schwarzen Tücher der Finsternis, Langeweile, Unfreiheit des Winters – und dabei klopft mein Herz von einer unbegreiflichen, unbekannten inneren Freude, wie wenn ich im strahlenden Sonnenschein über eine blühende Wiese gehen würde. Und ich, ich lächle im Dunkeln dem Leben, wie wenn ich irgendein zauberhaftes Geheimnis wüsste, das alles Böse und Traurige Lügen straft und in lauter Helligkeit und Glück wandelt.

Und dabei suche ich selbst nach einem Grund zu dieser Freude, finde nichts und muss wieder lächeln über mich selbst. Ich glaube, das Geheimnis ist nichts anderes als das Leben selbst, die tiefe nächtliche Finsternis ist so schön und weich wie Sammet, wenn man nur richtig schaut. Und in dem Knirschen des feuchten Sandes unter den langsamen schweren Schritten der Schildwache singt auch ein kleines schönes Lied vom Leben – wenn man nur richtig zu hören weiß …

Ach, Sonitschka, ich habe hier einen scharfen Schmerz erlebt; auf dem Hof, wo ich spaziere, kommen oft Wagen vom Militär, voll bepackt mit Säcken

oder alten Soldatenröcken und Hemden, oft mit Blutflecken … , die werden hier abgeladen, in die Zellen verteilt, geflickt, dann wieder aufgeladen und ans Militär abgeliefert.
Neulich kam so ein Wagen, bespannt, statt mit Pferden, mit Büffeln. Ich sah die Tiere zum ersten Mal in der Nähe. Sie sind kräftiger und breiter gebaut als unsere Rinder, mit flachen Köpfen und flach abgebogenen Hörnern, die Schädel also unseren Schafen ähnlicher, ganz schwarz, mit großen, sanften Augen. Sie stammen aus Rumänien, sind Kriegstrophäen … die Soldaten, die den Wagen führten, erzählten, dass es sehr mühsam war, diese wilden Tiere zu fangen, und noch schwerer, sie, die an die Freiheit gewöhnt waren, zum Lastdienst zu benutzen. Sie wurden furchtbar geprügelt, bis dass für sie das Wort gilt „vae victis" … dazu bekommen sie, die an die üppige rumänische Weide gewöhnt waren, elendes und karges Futter. Sie werden schonungslos ausgenutzt, um alle möglichen Lastwagen zu schleppen, und gehen dabei rasch zugrunde. Vor einigen Tagen kam also ein Wagen mit Säcken hereingefahren, die Last war so hoch aufgetürmt, dass die Büffel nicht über die Schwelle bei der Toreinfahrt konnten. Der begleitende Soldat, ein brutaler Kerl, fing an, derart auf die Tiere mit dem dicken Ende des Peitschenstiels loszuschlagen, dass die Aufseherin ihn empört zur Rede stellte, ob er denn kein Mitleid mit den Tieren hätte! „Mit uns Menschen hat auch niemand Mitleid!", antwortete er mit bösem Lächeln und hieb noch kräftiger ein …
Die Tiere zogen schließlich an und kamen über den Berg, aber eins blutete … Sonitschka, die Büffelhaut ist sprichwörtlich an Dicke und Zähigkeit, und die war zerrissen. Die Tiere standen dann beim Abladen ganz still erschöpft, und eins, das, welches blutete, schaute dabei vor sich hin mit einem Ausdruck in dem schwarzen Gesicht und den sanften schwarzen Augen wie ein verweintes Kind. Es war direkt der Ausdruck eines Kindes, das hart bestraft worden ist und nicht weiß, wofür, weshalb, nicht weiß, wie es der Qual und der rohen Gewalt entgehen soll … ich stand davor, und das Tier blickte mich an, mir rannen die Tränen herunter …
Derweil tummelten sich die Gefangenen geschäftig um den Wagen, luden die schweren Säcke ab und schleppten sie ins Haus, der Soldat aber steckte die Hände in die Hosentaschen, spazierte mit großen Schritten über den Hof, lächelte und pfiff leise einen Gassenhauer. Und der ganze herrliche Krieg zog an mir vorbei …
Schreiben Sie schnell, ich umarme Sie, Sonitschka.

Ihre Rosa

Weihnachten –

So steh ich nun vor deutschen Trümmern
Kurt Tucholsky (Kaspar Hauser)

So steh ich nun vor deutschen Trümmern
und sing mir still mein Weihnachtslied.
Ich brauch mich nicht mehr drum zu kümmern,
was weit in aller Welt geschieht.
Die ist den andern. Uns die Klage.
Ich summe leis', ich merk es kaum,
die Weise meiner Jugendtage:
O Tannebaum!

Wenn ich so der Knecht Ruprecht wäre
und käm in dies Brimborium -
bei Deutschen fruchtet keine Lehre -
weiß Gott! ich kehrte wieder um.
Das letzte Brotkorn geht zur Neige.
Die Gasse grölt. Sie schlagen Schaum.
Ich hing sie gern in deine Zweige,
O Tannebaum!

Ich starre in die Knisterkerzen:
Wer ist an all dem Jammer schuld?
Wer warf uns so in Blut und Schmerzen?
Uns Deutsche mit der Lammsgeduld?
Die leiden nicht. Die warten bieder.
Ich träume meinen alten Traum:
Schlag, Volk, den Kastendünkel nieder!
Glaub diesen Burschen nie, nie wieder!
Dann sing du frei die Weihnachtslieder:
O Tannebaum! O Tannebaum!

Einkäufe

Kurt Tucholsky (Theobald Tiger, 1919)

Was schenke ich dem kleinen Michel
zu diesem kalten Weihnachtsfest?
Den Kullerball? Den Sabberpichel?
Ein Gummikissen, das nicht nässt?
Ein kleines Seifensiederlicht?
Das hat er noch nicht. Das hat er noch nicht!

Wähl ich den Wiederaufbaukasten?
Schenk ich ihm noch mehr Schreibpapier?
Ein Ding mit schwarzweißroten Tasten;
ein patriotisches Klavier?
Ein objektives Kriegsgericht?
Das hat er noch nicht. Das hat er noch nicht!

Schenk ich den Nachttopf ihm auf Rollen?
Schenk ich ein Moratorium?
Ein Sparschwein, kugelig geschwollen,
ein Puppenkrematorium?
Ein neues gescheites Reichsgericht?
Das hat er noch nicht. Das hat er noch nicht!

Ach, liebe Basen, Onkels, Tanten –
schenkt ihr ihm was. Ich find es kaum.
Ihr seid die Fixen und Gewandten,
hängt ihrs ihm untern Tannenbaum.
Doch schenkt ihm keine Reaktion!
Die hat er schon. Die hat er schon!

Weihnachten 43

Manfred Bosch

christbäume
erleuchteten die nacht.
später kamen noch
welche von oben. einer
hatte eine flasche sekt
mit. von drüben
dröhnte die stalinorgel.
es herrschte bombenstimmung.

Weihnachten 1944

H. Walleifner

Abgesehen von ähnlichen Darstellungen wiederkehrender Situationen aus dem Lageralltag – Arbeit im Steinbruch, Schikanen, Terror – entdeckten wir thematisch identische Bilder mehrerer Künstler nur zu einem einzigen Ereignis. Dieses hat sich offenbar wie kein zweites ins Gedächtnis aller Gefangenen eingegraben, da es auch in vielen schriftlichen Zeugnissen überliefert ist: der 24. Dezember 1944.
An diesem Tag mussten die Gefangenen auf dem Appellplatz unter dem erleuchteten Weihnachtsbaum zur Hinrichtung von sechs Leidensgenossen antreten. Diese hatten in ihrer Verzweiflung das Unmögliche versucht und waren geflohen. Von den Häschern der SS eingefangen und im Triumphzug ins Lager zurückgebracht, inszenierte der Lagerkommandant ein perverses „Fest“.
Die Erhängten im Kerzenlicht des Weihnachtsbaums offenbaren ein besonderes Maß an Perversion und Unmenschlichkeit – und doch passt sogar dieses grässliche Verbrechen zum Gedankengut der SS und ihrer Funktionalisierung und Neuinterpretation von Festen.
Als Beleg hierfür lässt sich die Festgabe zum „Julfest 1943“ anführen, die hier als Beispiel für die Alltäglichkeit der Grausamkeit des „Ordens unter dem Totenkopf“ zitiert sei. Lagerkommandant Max Koegel schreibt in dem Heftchen: „Du, mein Kamerad, denke stets daran, dass Du vom Führer an einen Platz gestellt bist, der die besten Mannestugenden von Dir fordert! Mut, Unbestechlichkeit, Treue, Fleiß und Gehorsam muss von Dir verlangt werden, wenn Du als SS-Mann in einem KL. bestehen willst.“
Die besten Mannestugenden – zum Morden, Schlagen, Demütigen. Die ungeschminkte Sprache der Täter, die Sprache der Unmenschlichkeitkeit!

Ein deutsches Wintermärchen

Theodor Plievier

Es war einmal . . .
Aber das hier war erst vor wenigen Jahren, und ein Märchen - ein sehr böses - wird es erst sein, wenn alles vergangen und vergessen sein wird. Die Frau heißt wirklich Karoline Scharlinger, und sie wohnt in Schamers, Kreis Neu-Bistritz. Und der Soldat, um den es sich handelt, hieß wirklich Adolf Scharlinger, und seine Truppe war die Artillerie-Abteilung 187.
Die Frau setzte sich also in Schamers in ihrer Kammer an den Tisch und schrieb:
„Liebster Adolf! Nummer Eins, Zwei, Drei und Vier habe ich erhalten, und heute nun Nummer Fünf. Weißt Du, da tun die Briefträger wieder so dreinschauen, so geizig. Ja, und ich soll Dir halt schreiben, was alles drin war. Weißt, ich hab alles auf einen Stoß zusammengelegt und abgezählt. Zuerst eine Wattehose, drei Unterhosen, zwei Herrenhemden, zwei andere Hosen, drei Polster, sechs Handtücher, sieben Taschentücher und ein Stück grünes Zeug, ja, und noch die kleinen Sachen. Ja, liebster Adolf, nun denk auch an die Weihnacht und vergiss nicht die Nachthemden oder Stoff zu Nachthemden, und auch Seife, und vielleicht kommst Du auch mal an einen Pelz. Die in Neu-Bistritz möchten einem am liebsten das Herz aus dem Leibe herausnehmen. Da kann man beim besten Willen nicht gut ausschauen. Kannst mir glauben, das Leben ist ein großer Kampf. Sei vielmals geküsst von Deiner aufrichtigen Lini."
So schrieb Karoline Scharlinger, und der Briefträger schaute sie scheel an, und die Nachbarn in Neu-Bistritz blickten sie so an, dass sie meinte, sie würden ihr am liebsten das Herz aus dem Leibe nehmen, und beim besten Willen konnte sie bei all ihrer zusammengeraubten Habe nicht gut aussehen.
Ihren Brief schickte sie weg, aber der machte einen langen Weg und ging viele Umwege, und so kam es, dass ihre Weihnachtsbestellung nicht mehr zur rechten Zeit eintraf, auch sonst gab es Gründe, die der Erfüllung ihrer Wünsche im Wege waren.
Die Artillerie-Abteilung 187 war über schlammige Straßen nach Osten gezogen. Der Wagen, auf dem der Soldat Adolf Scharlinger bis dahin Beifahrer gewesen war, war eine glatte Böschung abgerutscht und liegen geblieben, und seither marschierte Scharlinger mit den andern vorn in Reih und Glied. Es war ein weiter Weg, den er zurücklegte. Es ging durch Wochen, und aus Wäldern kamen sie hervor und gingen in weiter Linie über offene Fluren weg. Artilleriegeschosse krepierten in ihren Reihen. Es kam vor, dass Tankungetüme vorbrachen und über ihre Schützenlinie wegkurvten und Leute unter den Gleitketten zermalmt wurden. Die Sonne blieb die ganze Zeit über hinter grauen Wolken verborgen. In manchen Nächten war der Himmel rot von brennendem Schnee; zuletzt blieb der Schnee liegen. Die Kompanie schrumpfte zusammen, aber es ging vorwärts. Sie gelangten bis an die Straße nach Swenigorod, 86 Kilometer vor Moskau. Und hier war es, dass Scharlinger um sein Leben laufen musste. Die Artillerie-Abteilung 187 existierte nicht mehr, auch von dem Infanterie-Regiment, dem die Abteilung zugeteilt war, gab es nur noch Reste. Aus den Trümmern von zwei Regimentern und der Artillerie-Abteilung wurde eine neue Truppe zusammengestellt. Und von jetzt an ging es immer zurück. Sie gruben sich in die Erde ein, und wer keinen Spaten hatte, musste sich mit bloßen Händen in den Schnee eingraben. Aber ihres Bleibens war nur, bis hinter den aufgefegten hohen Schneewellen die Panzer der Russen sichtbar wurden, dann ging es wieder weiter nach hinten. So kam der Heilige Abend heran.
Der Soldat Scharlinger lag in einem Schneeloch. Ringsumher war eine weiße Öde. Die Sterne schienen so nahe wie niemals. Seine zerrissenen Schuhe hatte Scharlinger mit Lumpen umwickelt. Auch um Kopf und Ohren hatte er Lappen gewunden, und die bedeckten sich, während er dort stand und über das weiße Land und zu den flimmernden Sternen aufblickte,

Deutsche Weihnacht

Nazi-Weihnachtsbaum

Arbeiter-Zeitung, 25. Dez. 1932

von seinem Atem mit einer harten Kruste. Er wurde abgelöst, und einige Stunden hockte er mit anderen abgelösten Posten in einem überdeckten Unterstand. Und hier war es, wo er den nach vorn gebrachten Brief von Karoline Scharlinger aus Schamers erhielt; hier an einem niedrigen Feuer war es auch, wo er eine Antwort auf ein Blatt Papier kritzelte. Dann war seine Zeit um, und den nächsten Tag erlebte er nicht mehr. Als dieser nächste Tag da war mit einem klaren Himmel und mit Sonnenschein und einer Luft, in der Myriaden Kristallsternchen flimmerten, wurde Scharlinger von zwei russischen Infanteristen erfroren in einer verlassenen deutschen Stellung aufgefunden. Den Brief Karoline Scharlingers aus Neu-Bistritz und auch die hingekritzelten Zeilen Adolf Scharlingers fanden die Russen in seiner Packtasche.

Die letzten Zeilen Scharlingers lauteten: „Du schreibst, dass Du fünf Pakete erhieltest. Du sollst also noch drei erhalten. Aber mich interessieren die Pakete jetzt ganz und gar nicht, mich interessiert nur noch mein Leben. Ich habe wenig Hoffnung, Dich nochmals zu sehen. Die Zehen habe ich mir schon erfroren. Man kann kaum atmen, die Nase friert einem ab. O Gott, was für Verbrechen haben wir begangen! Viel kann ich nicht mehr schreiben. Ich lebe noch."

So lautet der Brief Adolf Scharlingers an Karoline Scharlinger, und ihre Geschichte ist Wirklichkeit. Wie ein böses Märchen wird es sich erst lesen, wenn alles vergangen, und alles, was Scharlinger und die bei ihm waren, in dem fremden Lande angerichtet haben, wieder vergessen sein wird.

Weihnachtslied

Erich Fried

Heute wird ein Kind geboren,
morgen in Vietnam verloren:
angenagelt an die Wand
und erschossen und verbrannt.

Richard Nixon sagt: Vom Bösen
soll Vietnam die Welt erlösen.
Auch wenn Frau'n und Kinder bluten,
lobet Gott: Das führt zum Guten!

Schickt auch Salven, statt zu beten,
auf die Schwarzen in den Städten:
weil sich still der Ordnung fügen,
die in ihrem Blute liegen.

Auch die Roten sind gefährlich.
Überlegt und fragt euch ehrlich:
Hätt' nicht Hitler Gas gegeben?
Warum lasst denn IHR sie leben?

Auf, dass Friede sei auf Erden,
knallt ab, alle mit Beschwerden!
Das wird Menschen wohl gefallen,
einigen, wenn auch nicht allen!

Ehrt den Herrgott von der Höhe!
Flieger, fliegt in Himmelsnähe!
Werft das Napalm wie im Traum,
dann brennt hell der Weihnachtsbaum!

"SCHÖNE BESCHERUNG....."

Michels Weihnachtsfee. (Modell 1907.)

Das Kapitalunser

Reinhold Oberlercher

Kapital unser, das du bist im Westen,
amortisiert werde deine Investition -
dein Profit komme,
deine Kurse steigen, wie in Wall Street,
also auch in Europen –
Unser täglich Umsatz gib uns heute –
und verlängere uns unsere Kredite,
wie wir sie stunden unsern Gläubigern –
und führe uns nicht in Konkurs,
sondern erlöse uns von den Gewerkschaften.
Denn dein ist die halbe Welt und die Macht
und der Reichtum seit zweihundert Jahren –
Mammon.

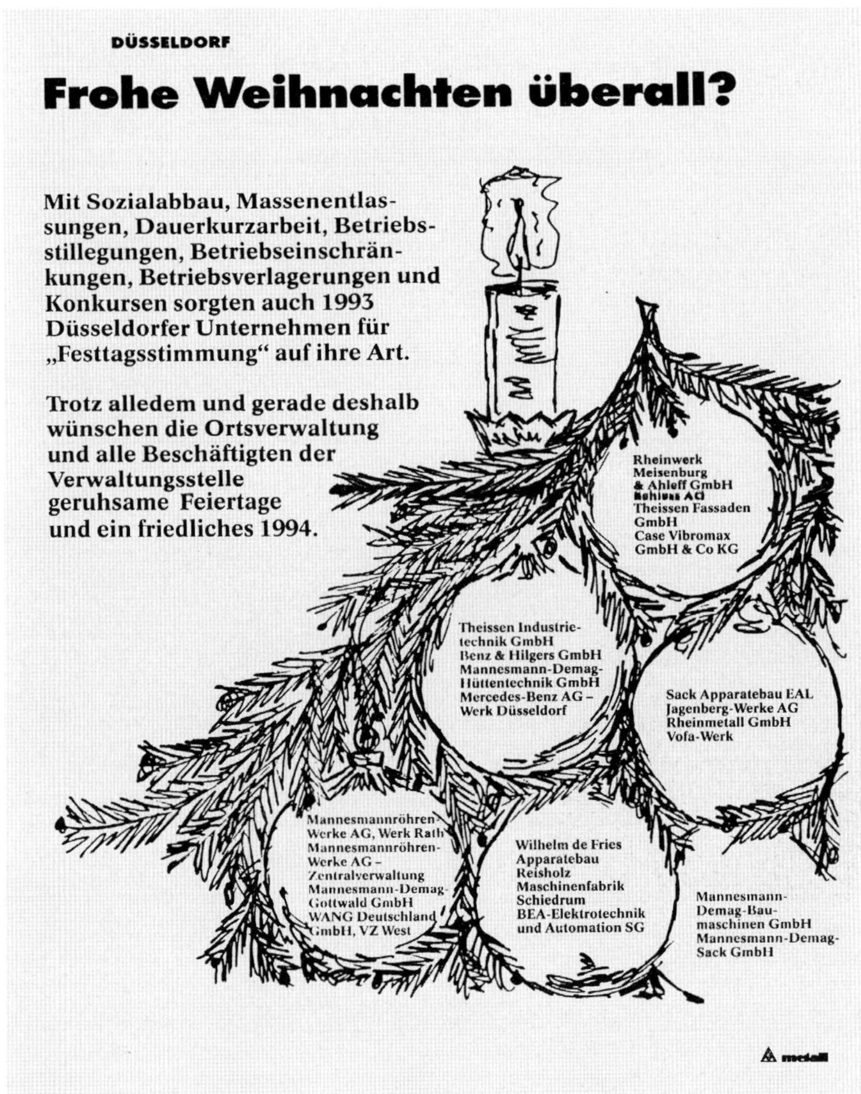

Der Spielverderber-Song

Herbert Mayer

Wir spielen Krieg. Peng, ab die Rübe!
MG nach links! Du hast noch keins?
Verzage nicht. Zum Fest der Liebe
schenkt dir der Vater sicher eins.

Wir spielen Feind. Der Feind muss fallen:
Schon liegt er da, der „Kommunist".
Auch Neger kann man niederknallen,
kurz, alles, was „verdächtig" ist.

Lass dir vom Christkind Bomben geben.
Schmeiß los! Wie echt das kracht und blitzt.
Es kann sogar vom Töten leben,
wer auf dem richtigen Dampfer sitzt.

Für's teure „Vaterland" zu sterben
ist „süß". Du weißt es nur noch nicht.
Getrost! Wen sie als Kind verderben,
tut auch erwachsen „seine Pflicht".

Da hilft nur: Auf die Eltern zielen.
(Man braucht kein Fernrohr-Zielgewehr.)
Ihr lasst die Kinder Mörder spielen?
Schluss! Duldet dieses „Spiel" nicht mehr!

Wann ist denn endlich Frieden

Wolf Biermann

Wann ist denn endlich Frieden
in dieser irren Zeit.
Das große Waffenschmieden
bringt nichts als großes Leid.

Es blutet die Erde
Es weinen die Völker
Es hungern die Kinder
Es droht großer Tod
Es sind nicht die Ketten
Es sind nicht die Bomben

Es ist ja der Mensch,
der den Menschen bedroht.

Die Welt ist zerrissen
und ist im Grund so klein.
Wir werden sterben müssen,
dann wird wohl Frieden sein.

Es blutet die Erde
Es weinen die Völker
Es hungern die Kinder
Es droht großer Tod
Es sind nicht die Ketten
Es sind nicht die Bomben

Es ist ja der Mensch,
der den Menschen bedroht

Hurra, Hurra! Der Brüning-Weihnachtsmann ist da!

Er hat uns Not verordnet
und Lohnabbau diktiert,
den Krankenschein besteuert,
dafür das Heer verteuert.
Er hat sich nicht geniert
Kriegsopfern, Blinden, Kindern
das Brot vom Mund zu reißen.
Um es den Großagrariern
und Schiebern nachzuschmeißen.
Auch Stillgeld ist ein Luxus,
das Trinken überhaupt.
Wir brauchen Panzerkreuzer.
Wer hungert — wird beraubt!
Ein deutscher Mann ist niemals
arbeitslos:
Die 4 Millionen sind vom Feind
bestochen,
sonst hätten sie sich längst verkrochen
und unsre arme Wirtschaft wär' sie
Das hat sogar die SPD begriffen
drum stellte sie sich Mann für Mann
zum Schutz der Notverordnung an.
(So folgt der Hund, wenn ihm
sein Herr gepfiffen.)
Herr Hitler rüstet unterdes zum
Wotansfeste
Sein Christbaumschmuck ist
anerkannt der beste
(Man kann zum Fest der Liebe
sich im Hängen üben!)
Wie jeder Papst fischt Adolf auch im
Trüben.

Es schließen Brüning, Hitler, Braun
(das war den Brüdern zuzutraun)
Burgfrieden unterm Weihnachtsbaum
auf daß die Dividenden steigen.

Doch aus ist dieser schöne Traum
wenn die Proleten zeigen,
daß sie zu kämpfen lernten . .
Wer Hakenkreuze sät, wird
rote Fäuste ernten!

Wenn die fünfte Kerze brennt –
hast du Weihnachten verpennt.

Weihnachtsabend

Kontraste aus der Großstadt 1900

E. Kl. (*Süddeutscher Postillon,* 1900)

I. Zwischen 5 und 6 Uhr nachmittags.

Im Westen ist die Sonne verglüht. Brandrot leuchtet es noch am Horizont, bereits in düsteres Grau übergehend. Scharf und grell heben sich die Konturen einer Kirche vom dämmrig-hellen Hintergrunde ab. Frosthart der Boden, da und dort ein bisschen Schnee, der kurz zuvor gefallen und noch nicht vom Gewühl der Großstadt zertreten ist – eine echte, rechte Weihnachtsstimmung!

Eben flammen die ersten Straßenlaternen und elektrischen Bogenlampen auf. Wie das haftet auf den Straßen! Welch Wogen und Treiben! Heute hat niemand Zeit – jede Minute ist kostbar. In den Läden – dieses Gedränge! Kunterbunt liegen die Waren - niemand hat Zeit, sie zu ordnen. Nur rasch, nur rasch! Die Kunden wollen flink bedient sein, denn sie haben heute noch viel, viel zu besorgen! Die k l e i n e n Leute natürlich, die am heiligen Abend erst ihren Wochenlohn und womöglich ihr Weihnachtsgeschenk erhalten haben. Die G r o ß e n sind mit ihren Einkäufen längst fertig; d i e besorgen höchstens noch einige Leckerbissen, damit sie während der Feiertage nicht Not leiden. Aber die andern, die haben's eilig. In der Hast und drängenden Arbeit vor dem Feste finden sie erst im letzten Augenblick Zeit, an ihre Lieben zu denken.

Und dann – der Geldbeutel! Weiß man denn, ob man sein Geld nicht noch notwendiger braucht? Ob man nicht kurz vor dem „Fest der Liebe" von brutalem Unternehmerübermut auf die Straße geworfen wird? – Und bei den kleinen Handwerkern – ei, da heißt's noch schuften! Was nur irgend an Aufträgen einging, wurde angenommen. Man wird doch bei den schlechten Zeiten nichts zurückweisen?

Aber – ob man's auch rechtzeitig liefern kann? Gleichviel – es m u s s ! Tag und Nacht geht's ohne Ruh und Rast, damit die Besteller befriedigt werden. Schlaf? Unsinn! Dazu ist nach den Feiertagen Zeit. Da gibt's sowieso nichts zu tun. Aber heute – da muss noch einmal die letzte Kraft angespannt werden! Wehe, wenn man einen Kunden sitzen ließe! Den wäre man los für a l l e Zeit.

Überall Leben, überall Hast, überall nervöse, drängende Unruhe! Die Fußsteige fassen den Verkehr nicht – die Hälfte der Menschen läuft auf der Straße, alle mit Schachteln und Paketen, Hocken und Körben beladen. Aber auch die Straße braucht ihren Raum. Fuhrwerk an Fuhrwerk, Wagen an Wagen! Die Straßenbahnen sind überfüllt. Kaum können sie sich durch das Menschengewühl durcharbeiten, und unaufhörlich schrillt ihr lautes Klingeln. In endloser Reihe rollen die Postwagen, durch Feldpostkarren und sonstiges Aushilfsmaterial verstärkt, zu den Bahnhöfen. Alles Weihnachtspakete!

Ob sie noch zurecht kommen? Wer fragt danach? Bauernwagen rasseln nach den Vororten, mit Schätzen für den Weihnachtstisch beladen, Equipagen „fliegen" zur Bescherung, Droschken rumpeln schwerfällig über's Pflaster und die Signalglocken der Radler machen einen Heidenlärm. Aber alles ist froher Stimmung! Man stößt sich, man drängt sich, man tritt sich – aber niemand schimpft. Es ist ja Weihnachtsabend, da ist das nicht anders! Bums – da fährt einem unversehens einer mit dem Christbaum ins Gesicht! Na – schadet nichts – weiter! An den einsameren Plätzen noch ein letztes Feilschen und Handeln um die schäbigen Überreste des schönen Tannenwaldes, der dort gestanden, dann ist ausverkauft – dann geht's schmunzelnd heim zu Muttern. Von den Buden mit dem Christbaumflitter lautes Rufen – alle möchten ihren Kram so bald als möglich loswerden, um heimeilen zu können. Heim! heim! heim! – das ist die Parole, die unhörbar und doch so fühlbar alle beherrscht.

Nun sammeln sich die Leute vor der Kirche und blicken hinauf zum Turm. Der Verkehr stockt, doch gebieterisch bricht er sich wieder Bahn. Die Wartenden werden in die Ecken und Winkel gedrängt, dass sie nicht stören. Und plötzlich wird Licht in der Höhe! In der großen Glockenstube, die so unheimlich finster dagelegen, regt sich ein seltsames Leben. Da holt die Uhr zum Schlage aus, und dröhnend zittern sechs dumpfe, schwere Schläge durch die Winterluft. In den umliegenden Häusern öffnen sich die Fenster, in den „besseren Familien“ flammen die Christbäume auf, und nun klingt es ernst und feierlich wie Posaunenklang vom Turm: „Stille Nacht, heilige Nacht“, „O du fröhliche, o du selige“ und dann „Vom Himmel hoch, da komm ich her“. Seltsam, wie die alten Weisen noch immer die Herzen ergreifen! Wer halbwegs eine Minute erübrigen kann, bleibt stehen und lauscht; viele summen und singen leise mit, und wehe, wer etwa ein rohes und spöttisches Wort äußern wollte! Er würde energisch zur Ruhe verwiesen. Die alte christliche Weihnachtslegende, sie hat ihren Zauber noch lange nicht verloren!

II. Zwischen 10 und 11 Uhr abends.

Wie ganz anders jetzt! Die Menschenflut hat sich verlaufen; wer heim konnte, weilt längst bei den Seinen. Auf den Straßen ist es ruhig und still, bloß die Straßenbahnen und Postwagen poltern noch, und dann und wann eine Droschke, die einen verspäteten Passagier zu den Nachtzügen bringt. Auch die Lichterbäume sind verlöscht und die großen Geschäfte haben rasselnd ihre Rolljalousien heruntergelassen. Zwar in den kleinen Läden will das Geschäft noch nicht ganz schweigen, einige Spätlinge suchen noch immer verstohlen hineinzuhuschen, um rasch noch einige Habseligkeiten zu erwerben. Aber die Polizei ist auf dem Posten, sie fordert energisch Schluss, und die letzten Käufer müssen durch die Hintertür das Lokal verlassen. Nun ist die Kampagne zu Ende, das Halali in der Hetzjagd nach Gewinn ist geblasen und die „Strecke“ kann aufbereitet werden.

Wie öde ist jetzt alles! Selbst die Hauptstraße, die aus dem Zentrum zum Bahnhof führt, macht keine Ausnahme. In den Hausfluren ein Waschen und Scheuern, dass zum Fest alles blank ist. In breiten Wellen schwappt das Wasser über den Bürgersteig. Auch hinter den geschlossenen Läden hört man das Kratzen und Rumpeln der Bürsten. Sonst totenstill! Es ist das Schweigen der Erschöpfung. Bis zum letzten Rest waren alle Nerven und Muskeln und Fibern während der letzten Wochen angespannt, der wahnsinnige Kampf ums Dasein, der verzweifelte Konkurrenzkampf trieb die Menschen wie mit Geißeln – Nun ist’s aus – nun ist Ruhe. Friede auf Erden!

Aber noch nicht ganz. O, wer durch die geschlossenen Läden sehen könnte! Nicht festfreudige Menschen würde er sehen, sondern bleiche, hohlwangige Gesichter mit gierigen, brennenden Augen. Und zitternde Hände würde er sehen, die nervös im Gelde wühlen. „Wie war’s Geschäft?“ „Hat es die Erwartungen erfüllt?“ – „Oder n i c h t ?“ Das ist die Frage, die diese bleichen, übernächtigten Menschen beherrscht. Und es ist eine bange, schicksalsschwere Frage, denn Bankrott und wirtschaftlicher Tod lauern hinter ihr. Hinter diesen zitternden Händen, die da nervös im Gelde wühlen, lauern a n d e r e Hände, die sich weit, weit auftun – und wehe, wer sie nicht füllen kann! Nun marschieren sie auf, die blanken, blitzenden Häufchen der Taler und Doppelkronen – wie zur Parade! Wird’s reichen? Oder müssen nach dem Fest die Geschäftsbücher dem Richter übergeben werden, wie der geschlagene Feldherr nach verlorener Schlacht seinen Degen dem siegreichen Feinde übergibt? Eine dumpfe Verzweiflung, wenn alles Mühen umsonst war. Da läuten k e i n e Feiertagsglocken! Aber auch wer ~~n i c h t~~ als Geschlagener aus dem Konkurrenzkampfe hervorging – sobald die Parade über die blitzenden Häuflein abgenommen ist, fordert die Natur ihr Recht. Die lange Sorge und Anspannung löst sich in stumpfer, müder Gleichgültigkeit. Ein kurzes, rasches Aufflackern der Freude – dann todähnliche Erschöpfung. Ruhe – Ruhe – Ruhe! Weihnachtsstimmung? Hahaha! Wie ein Schlachtfeld, auf dem soeben der letzte Kampf ausgekämpft wurde – der Kampf der wildesten, wüstesten, verzweifeltsten Konkurrenz. Und nun ruhen die „Toten“ friedlich vereint mit den Lebenden im starren Schlaf. „Stille Nacht, heilige Nacht!“

Weihnachtsreportage

Ekkehard Frank

Natürlich wusste Alexander, dass Weihnachten war. Aber warum sollte ihn das von seinem Vorhaben abbringen, im Bahnhofsrestaurant eine Kleinigkeit zu essen, dann einen Kaffee zu trinken und sein Manuskript abzuschließen? Er hielt sich gerne dort auf, zwei- oder dreimal im Monat saß er hier, um zu arbeiten oder zu lesen. Er trottete durch die Halle mit den Fahrkartenschaltern, entschied sich für die Rolltreppe, fuhr nach oben, trat durch den riesigen Bogen in die Bahnsteighalle und steuerte auf die Gaststätte zu. Es war kurz nach zwanzig Uhr, und das Bild des Bahnhofs war nicht anders als beim letzten Besuch Alexanders, vielleicht, dass weniger Deutsche hier waren und noch mehr ausländische Arbeiter in Gruppen herumstanden und dass die Frauen und Männer, die sich dienstlich hier aufhielten, noch etwas böser schauten als sonst.

Alexander betrat den Gastraum, fand einen freien Tisch – er bevorzugte freie Tische, da konnte er sich ausbreiten und kam nicht in die Gefahr, mit jemandem schwätzen zu müssen – bestellte Leberkäse mit Spiegelei und begann zu lesen. Er las auch beim Essen, und er war schon bei der zweiten Tasse Kaffee und der fünften Zigarette, als er die Zeitungen weglegte und sein Schreibpapier zurechtschob. Er schaute auf die Uhr an der Wand, es war genau 21.06 Uhr. Alexander zündete die sechste Zigarette an und kratzte sich mit dem Rücken des rechten Zeigefingers am Kinn; richtig, rasieren könnte er sich auch mal wieder, obwohl ... Alexanders Gedanken wurden unterbrochen. Die Drehtür der Gaststätte schob neue Besucher herein, aber es waren keine üblichen Gäste. Die sechs Männer kamen unübersehbar vom Fernsehen. Eine Kamera (eine elektrische, registrierte Alexander, also vermutlich eine Live-Sendung), ein Mann mit Tonbandgerät, Assistenten und natürlich der Redakteur, ein Mann von vielleicht 28 bis 30 Jahren, relativ lange Haare, kein Bart. Der Redakteur blickte suchend im Raum umher, die anderen warteten. Dann schaute der Redak-

teur zu Alexander, er winkte seiner Truppe, sie kamen auf Alexander zu.
„Wir kommen vom Fernsehen", begann der Redakteur überflüssigerweise, „würden Sie uns ein paar Fragen beantworten?"
Alexander war eher belustigt als beeindruckt.
„Worum geht's denn?"
„Wir machen eine Live-Sendung – ‚Heiligabend auf dem Hauptbahnhof'. In etwa …", er blickte auf seine Stoppuhr, „anderthalb Minuten sind wir wieder dran. Ich würde mich gern ... einfach ein bisschen mit Ihnen unterhalten."
„Bitteschön!" Alexander grinste. „Muss ich geschminkt werden? Krieg ich noch einen Text?"
Der Redakteur grinste auch, etwas unsicher für einen Augenblick, dann gab er schnell seine Regieanweisungen, routinemäßig. Er nahm das übliche, tennisballgroße Mikrophon und baute sich, den Blick fest auf die Stoppuhr gerichtet, vor Alexanders Tisch auf. Als das rote Licht auf der Kamera aufleuchtete, begann er zu reden, in jenem Tonfall, den Reporter bei ihren einleitenden Worten so an sich haben, gedämpft, Bedeutung in der Stimme, eindringlich – voll des Bewusstseins, nun Millionen von Zuschauern etwas sagen zu müssen. „Inzwischen, liebe Zuschauer, sind wir hier in den … äh … die, ähm ... Bahnhofsgaststätte gegangen, um einmal zu sehen und heraus zu bekommen, was sind das für … äh … wer sitzt … hm … heute, während die Glocken läuten, während überall die Kerzen brennen an den festlich geschmückten Tannenbäumen, während Sie zu Hause feiern, im Kreis der Familie feiern, wer ist da nicht in seinem trauten Heim, und … äh … warum nicht. Hinter mir, an dem Tisch da, sitzt ein Mann, allein, er sitzt hier ganz allein am Tisch, und wir wollen ihn nun ... wir möchten ihm gern einmal ein paar Fragen stellen."
Der Redakteur drehte sich zu Alexander, nahm Platz. Die Kamera kam etwas näher gefahren, der Mann mit dem Tonbandgerät drehte an Knöpfen. Der Redakteur schaute Alexander ernst an. „Darf ich Sie fragen, warum Sie heute hier sind?"
Das Mikrophon kam wie ein kurzer rechter Haken unter Alexanders Kinn.
„Oh, ich bin öfters hier. Mir gefällt es hier."
„Nun, ja, na so überaus … ist es ja nicht gerade hier, aber – na gut. Nur – warum sind Sie heute hier?"
„Ich hatte Hunger." Alexander bemühte sich, so normal wie möglich zu sprechen, er wollte dem Redakteur gern helfen. „Der Leberkäse ist ganz ordentlich hier, der Kaffee, na ja …"
Dem Redakteur gefiel der Verlauf des Gesprächs offensichtlich nicht.
„Aber Sie wissen doch, was für ein Tag heute ist?!"
„Ja, Heilig Abend. Sie haben es doch gerade gesagt."
„Und da sitzen Sie, so ganz allein, im ungemütlichen Saal der Bahnhofsgaststätte …"
„Ich finde es gar nicht ungemütlich", unterbrach ihn Alexander.
Es trat eine kleine Pause ein.
Der Redakteur suchte seinen Faden. Dann sagte er: „Aber so ganz allein …?"
„Sehen Sie", erläuterte Alexander geduldig „ich wollte lesen, die Zeitungen hier, und jetzt will ich noch ein wenig schreiben …"
„Einen Brief, nicht wahr?" Der Redakteur griff begierig nach diesem Strohhalm. „Einen Brief. An wen?"
„Keinen Brief. Einen Artikel über Geburtenkontrolle."
„Aber … es ist doch Heilig Abend, überall brennen Kerzen", der Redakteur sah ziemlich unglücklich aus. „Überall sitzen jetzt Familien beisammen, Kinderaugen leuchten … und hier, auf dem Bahnhof, da stehen die Gastarbeiter herum, voll Sehnsucht nach ihrer Heimat, der sie sich … äh … hier näher glauben, hier auf dem Bahnhof … und da hocken Sie da 'rum, allein, einsam, und Sie …"
„Vielleicht habe ich mich nicht deutlich genug ausgedrückt", sagte Alexander. „Ich bin zwar allein, aber überhaupt nicht einsam."
„Ja, vermissen Sie denn gar nichts? Sehnen Sie sich überhaupt nicht nach ein bisschen …"
„Nö. Kann ich wirklich nicht sagen." Alexander schaute den Redakteur an, dann fragte er: „Das enttäuscht Sie?"
Der Redakteur starrte zurück, sagte nichts.

„Ich weiß nicht“, fuhr Alexander fort, „vielleicht hilft es Ihnen ein bisschen weiter, wenn ich Ihnen sage, dass ich schon eine gewisse Freude empfinde, heute Abend.“ Ein schwacher Hoffnungsschimmer trat in die Augen des Redakteurs. „Ja“, sagte Alexander fröhlich, „jetzt ist der ganze Rummel doch endlich wieder mal vorbei, nicht? Jetzt werden die Straßen wieder befreit von dem Tannenklimbim, die Auslagen der Geschäfte sind bald wieder normal, keine Kinderchöre mehr und ... was haben Sie denn?“
Alexander blickte überrascht dem Redakteur nach, der aufgesprungen war und wieder in die Kamera sprach, hastig, ohne das vorige Tremolo. „Nun, liebe Zuschauer, nach diesem … äh … dieser kurzen, hm, Impression wollen wir wieder hinausschalten, zu Harry Zimber auf dem Bahnsteig 11! Harry, bitte melden!“
Das rote Licht auf der Kamera leuchtete noch endlose zwei Sekunden lang, dann erlosch es. Kameramann, Tonmeister, die ganze Crew stand da, die Spannung war abgefallen, sie standen nur und glotzten, glotzten mit herunterhängenden Armen auf Alexander und den Redakteur. Der drehte sich um, langsam, stützte die Hände auf den Tisch, stierte Alexander an, Schweißtropfen auf der Stirn. Dann brüllte er: „Also eines will ich Ihnen noch sagen - solche Typen wie Sie, die können einem tatsächlich die ganze Weihnacht versauen!!“
Alexander zuckte die Schultern. Das Team zog ab, wortlos. Alexander bestellte den dritten Kaffee. Aus Versehen stieß er an die Tasse, die bräunliche Brühe ergoss sich über das Tischtuch. „Schöne Bescherung“, murmelte Alexander und tupfte die Lache mit der Serviette trocken. Dann begann er mit der Arbeit an seinem Artikel.

Achtung!

Wichtige Kundeninformation

Weihnachtsfreude, Weihnachtsleid, ist: Personalabbau bei Massa!

Liebe Kunden,

bitte bringen Sie gegenüber dem Personal Verständnis auf, denn es ist nicht verantwortlich für den

„Abbau von über 1000 Mitarbeitern".

Und es sollen noch mehr werden.

Beschweren Sie sich wegen zu wenig Bedienungspersonal und langen Wartezeiten an der Kasse ***nicht*** bei unserem Personal, wenden Sie sich an die Geschäftsleitung oder ***direkt*** an den Vorstand der Massa AG, Friedrichstraße 12–15, 6508 Alzey.

Darum bittet Sie die Gewerkschaft HBV und die Beschäftigten.

Herausgeber: Gewerkschaft Handel, Banken und Versicherungen, Hauptvorstand, Tersteegenstraße 30, 4000 Düsseldorf 30, Produktion: ID-Verlag, 4000 Düsseldorf 1

Das Iwanbrettl

Wolfgang Sréter

Als ich am Nachmittag des Heiligen Abends das steile Ilzufer hinaufrutschte, durch die dunklen Tannen tastend wie ein Blinder, dem der Stern Bethlehems vergebens leuchtet, war ich durchfroren bis auf die Knochen. Es war keiner dieser sagenhaften Bayerwaldwinter, kalt, trocken und windig, mit Unmengen von gepresstem Schnee auf den Ästen, denn seit einer Woche regnete es, und von der Schneedecke waren nur noch schmutziggraue Flecken übrig. Die letzten Meter kroch ich auf allen Vieren. Ich sehnte mich nach einem doppelten Bärwurz in der Schlossgaststätte, auf deren Eingangstreppe ich schließlich wieder sicheren Schritts zusteuerte.
Die Gaststube war leer. Ich setzte mich an den Kachelofen, dem Christbaum gegenüber. Meinen Mantel behielt ich an, denn der Raum war saukalt. Nur die dicke Wollmütze nahm ich ab, drehte sie aber, noch unschlüssig, in beiden Händen. Hinter der Theke tauchte eine zähe Gestalt auf und wischte sich die Hände an einem schwarzbraunen Schurz. Dann zog sie zwei Schnapsgläser aus einer Schublade, stellte eine Flasche Bärwurz auf ein Tablett und servierte beides hoch über dem Kopf wie eine Lage Champagner.
„Du brauchst mehr als einen Doppelten!", sagte Alois Haselbeck, zwickte dabei meine linke Wange, zuckte fast unmerklich, aber gekonnt mit seinem Schnurrbart und hockte sich neben mich. Kaum eine Stunde später hatten wir unsere Hemden offen bis zum Bauch, denn der Schnaps peitschte unser Blut, und Alois war mittendrin in der Geschichte vom Iwanbrettl, die in dieser Gegend, neben der Geschichte von den Hirten auf dem Felde, der Erscheinung der Engel und den Drei Heiligen Königen, schon jeder einmal erzählt bekommen hat.
Vieles blieb leider verschüttet in des Wirtes krausen Gehirnwindungen, manches war reinstes Erzählerlatein, einiges entpuppte sich als unwahr, und wieder anderes war so haarsträubend entsetzlich, dass ich es nicht übers Herz bringe, den Leser damit zu belasten. Ich habe versucht, die verworrenen Geschehnisse

zusammenzufassen und zu ordnen. Am nächsten Tag begann ich zu schreiben.
Obwohl die Anfänge der Geschichte viel weiter zurückliegen, entschloss ich mich, mit der Zeit zu beginnen, in der die Russen, nach den Horden Dschgingis Khans wieder bis in die Herzkammern Europas hineingebrandet waren.
„Nur die hohen sittlichen Werte unserer abendländisch-christlichen Weltanschauung können einen unerschütterlichen Damm bilden gegen die unheilvolle Vermassung der Menschen, die ihre krasseste Ausdrucksform findet in der Bolschewisierung." So hatte Konrad Adenauer eindringlich auf dem internationalen Kongress der katholischen Unternehmerverbände vor der „asiatischen Front" gewarnt.
Für Alois Haselbeck sagte der Kanzler nichts Neues. Alois' Vater, vom Stamme der Mühlhiasl zu Rabenstein, war stolz auf die Prophezeiungen seines Vorfahren, besonders auf die: „Über den Hühnerkobl und den Falkenstein werden sie kommen und rote Jankerl anhaben." Deswegen und weil man noch keine eigene Armee hatte, die ein Bollwerk hätte errichten können, brachte Vater Haselbeck Anfang der fünfziger Jahre des letzten Jahrhunderts ein Iwanbrettl mit nach Hause. Er hatte es erstanden von Igor, einem russischen Emigranten, der sich nach dem Krieg im Wald, irgendwo beim Dreisessel einquartiert hatte. Seiner sibirischen Heimat dort am nächsten, war er gleichzeitig ausgestattet mit den ungeahnten Vorzügen des freien Westens. Igor verdiente sein Leben mit allerlei Kräutermedizin, Potenzwässerchen, Wünschelrutengehen, Pendeln und eben Iwanbrettln, in manchen Gegenden, die er mit der Post belieferte, auch Russenbord genannt.
Igor lebte gut.
Mutter Haselbeck wartete mit den fünf Kindern am Gartentor, als der Vater mit dem gut verschnürten Paket nach Hause kam. Er machte sich sofort an die Arbeit, und der älteste Sohn, durfte ihm dabei helfen. Da der Vater den elektrischen Anschluss schon vorbereitet hatte, waren nur noch zwei stabile Zimmermannsnägel für das Brett in die Wand zu schlagen und einer direkt darüber. In einer Viertelstunde war alles erledigt, die Verpackung in den Ofen geschoben und gegenüber der Haustüre, im Winkel des ersten Blicks, hing das knallrote Brett mit fünf ebenfalls roten Haken, etwas dunkler und damit geschmackvoll abgesetzt. Unter die Decke, zentriert auf die Mitte des Brettes, kam ein hölzernes Kreuz mit einem gipsernen Jesus.
Am ersten Haken brachte der Vater feierlich eine Literflasche Wodka an, gestiftet vom Großvater. Niemand hätte gedacht, dass ausgerechnet der Schnaps einen tiefen Keil in die Familie treiben würde, aber bleiben wir zunächst bei der Flasche. Sie war mit einem Korbgeflecht umwickelt und hatte ein Etikett mit der Aufschrift „Wodka" in kyrillischen Buchstaben.
Der zweite Haken war für die Uhr vorgesehen. Sie wurde vom Vater täglich aufgezogen und wenn nötig gestellt. An den dritten kam die Sonnenbrille, der vierte blieb frei und am fünften Haken hingen die Hausschlüssel, mit einem kleinen roten Plastikanhänger, ebenfalls kyrillisch beschriftet. Als alles fertig war, verließ der Vater das Haus, die Mutter schloss die Türe, und alle waren gespannt, was passieren würde.
Alois Haselbeck riss die Tür von außen auf. Er blickte wild um sich. Er sah plötzlich aus wie der Russ'. Die Kinder flüchteten unter Mutters Schürze. Die Mutter wich mit ihnen in den Hausgang zurück. Des Vaters Blick fiel auf das knallrote Brett. Er brummte dreimal gefährlich wie der russische Bär, presste zwischen den Lippen ein fürchterliches *dawai* hervor, nahm die Literflasche vom Haken, trank sie in einem Zug leer, legte Uhr und Sonnenbrille an, blieb kurz und verwundert vor dem leeren Haken stehen, sagte: „Ein Jammer, dass der Kugelschreiber noch nicht gekommen ist", steckte die Hausschlüssel in den Hosensack, diesmal mit einem zufriedenen Brummen. Torkelte um die eigene Achse, verdrehte die Augen und schlug der Länge nach hin. Sofort kamen die Kinder aus ihrem Versteck hervor, tanzten um den Vater herum und sangen nach einer bekannten französischen Melodie: „Der Russ' ist tot, der Russ' ist tot."
Vater Haselbeck war allerdings alles andere als tot. Auf allen Vieren versuchte er vor die Tür zu

kriechen, und nachdem er dies endlich geschafft hatte, hörte man von draußen sein Würgen, das in seiner Lautstärke einer russischen Panzerdivision ähnlich war.
Ich brauche dem aufgeklärten Leser nicht zu erzählen, dass das Iwanbrettl aus der schmerzhaften Erfahrung derer entstanden war, die Anfang der vierziger Jahre des letzten Jahrhunderts ihre deutsche Heimat tief drin im Feindesland vor Stalingrad verteidigen ließen und sich jetzt ohne den Schutz einer starken Armee den Barbaren hilflos ausgeliefert fühlten. Die Aufrüstung war noch nicht beschlossene Sache, und so musste man nicht nur im Bayerischen Wald am eisernen Vorhang mit einem roten Brett vorlieb nehmen, das ein eher schwacher Schutz war gegen alles, was als kommunistisch bezeichnet werden konnte. Zu dieser Zeit schaute in vielen Hausgängen der jungen Republik unser Herrgott auf eine Flasche Schnaps, eine Uhr und eine Sonnenbrille, denn darauf, so glaubte man, sei der Iwan besonders scharf. Manchmal blickte das brechende Auge Jesu auch auf einen Kugelschreiber, verziert mit einer nackten Frau, wie sie von den amerikanischen Befreiern in Umlauf gebracht wurden. In strenggläubigen Haushalten wurde der Stift ersetzt durch ein paar Stiefel. Diese Maßnahme war nicht unumstritten, denn man war zwar darüber aufgeklärt worden, dass der Russ' in Fußlappen einher marschierte, was aber würde passieren, wenn die Stiefel nicht passten, zu groß oder zu klein waren, dem Iwan die schwarze Farbe missfiel, oder, nicht auszudenken, irgendwo der Schuh drückte? Am letzten Haken hingen immer die Hausschlüssel. Die unvermeidliche Enteignung sollte damit solange wie möglich hinausgeschoben werden.
Die Kruzifixe waren mit einer geweihten Flüssigkeit getränkt, um das Holz unbrennbar zu machen. Wenn schon der Teufel die Heimat überfiel, so sollte er doch mit dem heiligen Kreuz seine Borschtsuppe nicht unterheizen können.
Vergessen habe ich zu erwähnen, dass kurz nach des Vaters Auftritt der Großvater in der Schlafzimmertüre erschien und begeistert rief: „Es haut hin, es haut hin!" Die elektrische Leitung nämlich an der Rückseite des Russenbordes löste im Schlafgemach eine Alarmglocke aus. Deshalb hieß auch später die gewerblich eingetragene Warenbezeichnung: Iwanbrett mit eingebauter Russenwarnanlage. Da noch niemand Erfahrungen damit hatte, ob der Wodka diese Unmenschen milde stimmen würde oder ihre wahre Natur erst damit aufbräche, hatte Vater Haselbeck neben dem Ehelager unter einem Fleckerlteppich eine Falltür eingebaut. Sie erlaubte es der Familie, in einen fensterlosen Raum zu verschwinden und unterstützt von ein paar Vorräten abzuwarten, bis der Ami zurückschlagen würde. Bezüglich der Amerikaner war sich das Familienoberhaupt hundertprozentig sicher.
Schon bald nach der ersten Freude über die wunderbare Errungenschaft kam es zu einem ernsten Zwischenfall. Bei der täglichen Funktionsprüfung des Iwanbrettls stellte der Vater ein „Verdunsten" des Wodkas fest. Nach etlichen schlaflosen Nächten im Besenschrank auf der Lauer stehend erwischte Haselbeck den Großvater in flagranti, wie dieser die Sicherung löste und sich dann über die Flasche hermachte. Der Vater stand dem Schwiegervater wutschnaubend gegenüber, blendete ihn unnötig lange mit der Taschenlampe, nannte ihn einen Banditen und Räuber, einen Verräter und vaterlandslosen Gesellen, einen Umstürzler und Volksfeind, und schloss seine Beschimpfung mit überschnappender Stimme, der Großvater sei schlimmer als Herbert Wehner. Dies war nun selbst Frau Haselbeck zuviel. Hätte ihre Mutter noch gelebt, sie hätte damit gedroht, zu ihr zurückzugehen. So stellte sie sich wenigstens an die Seite ihres Vaters und schützend vor die heulenden Kinder. Trotz des Gebrülls schlief der Kleinste fest auf ihrem Arm, denn es war keine Nacht vergangen, ohne dass die Katze die Leuchtziffern der Uhr am Iwanbrettl angesprungen hatte. Sie hatte damit die Familie in den Keller gehetzt, oft schon kurz nach dem Einschlafen.
„Die Iwanbrettl haben sich nicht durchgesetzt, sie waren technisch nicht ausgereift", sagte Alois mit schwerer Zunge.

Er (der Pfarrer) *ist zunächst „nolens volens“ Funktionär des Brauchtums, und zwar amtiert er als „Zeremonienmeister“. Dieser Begriff enthält nichts Abschätziges. Wenn wir einmal eingesehen haben, dass jeder Mensch auf die Hilfe der Gesellschaft und ihrer Riten angewiesen ist, sträuben wir uns nicht dagegen, dass das Zeremoniell einen Leiter haben muss, der seinen Ablauf mit Befehlsworten, Gesten und Symbolen lenkt und es mit der Rezitation von traditionellen oder originalen, aber situationsgerechten Texten bereichert. Der Dienst des Zeremonienmeisters ist bei dieser Veranstaltung so wichtig wie der des Totengräbers oder des Wirtes, der das Beerdigungsmahl zubereitet.*

Walter Neidhart

Quellenverzeichnis

Heinrich Albertz, Eine andere Weihnachtsgeschichte. Entnommen aus: Martin Scharpe (Hrsg.): Heilige Nacht. Heiliger Tag. © Radius-Verlag, Stuttgart 2001.

Wolf Biermann, Wann ist endlich Frieden. Entnommen aus: Nachlaß 1 von Wolf Biermann, © Verlag Kiepenheuer & Witsch, Köln 1977

Wolfgang Borchert, Die drei dunklen Könige. Entnommen aus: Wolfgang Borchert, Das Gesamtwerk. © Rowohlt Verlag GmbH, Reinbek bei Hamburg 1949.

Heinrich Böll, Die Kunde von Bethlhem. Entnommen aus: Heinrich Böll, Romane und Erzählungen 1951–1954, (Werke 2). © Verlag Kiepenheuer & Witsch, Köln o.J.

Bertolt Brecht, Maria. Entnommen aus: Bertolt Brecht, Die Gedichte in einem Band. © Suhrkamp Verlag, Frankfurt am Main 1981.

Bertolt Brecht, Weihnachtslegende. Entnommen aus: Bertolt Brecht, Die Gedichte in einem Band. © Suhrkamp Verlag, Frankfurt am Main 1981.

Karlheinz Deschner und Horst Herrmann, Der Anti-Katechismus. 200 Gründe gegen die Kirchen und für die Welt. © Karlheinz Deschner und Horst Herrmann.

Kurt Eisner, Der heiligste Abend. Entnommen aus: Welt werde froh! Ein Kurt-Eisner-Buch, zum 10. Jahrestage der Ermordung Kurt Eisners. Hrsg. von der Büchergilde Gutenberg, Berlin 1929 [aus dem Nachlass Kurt Eisners zusammengestellt von Erich Knauf].

Hans Fallada, Christkind verkehrt. Entnommen aus: Hans Fallada, Ausgewählte Werke in Einzelausgaben, Bd. 9: Märchen und Geschichten. © Aufbau-Verlag, Berlin und Weimar 1985.

Ekkehard Frank, Weihnachtsreportage. © Ekkehard Frank.

Erich Fried, Bethlehem heißt auf deutsch Haus des Brotes. Entnommen aus: Erich Fried, Gesammelte Werke, Bd. 2. © Verlag Klaus Wagenbach, Berlin 1993, NA 1998.

Erich Fried, Weihnachtslied. Entnommen aus: Erich Fried, Befreiung von der Flucht. © Claassen Verlag in der Ullstein Buchverlage GmbH, Berlin 1968.

Roswitha Fröhlich, Warum der Weihnachtsmann ein Mann ist (Schüleraufsatz). © Roswitha Fröhlich.

Robert Gernhardt, Weihnachten. Entnommen aus: Ders., Prosamen. © Robert Gernhardt 1962. S. Fischer Verlag GmbH, Frankfurt am Main.

Robert Gernhardt, Die Geburt. Entnommen aus: Ders., Lichte Gedichte. © Robert Gernhardt 1997. S. Fischer Verlag GmbH, Frankfurt am Main.

Robert Gernhardt, Die Falle. Eine Weihnachtsgeschichte. © Robert Gernhardt 1993. S. Fischer Verlag GmbH, Frankfurt am Main.

Günter Grass, Advent. Entnommen aus: Günter Grass, Gedichte und Kurzprosa (Werkausgabe in 18 Bänden, Band 1). © Steidl Verlag, Göttingen 1997/2002.

Erwin Grosche: Engelchens Weihnachtslexikon. Mit Zeichnungen von Dagmar Geisler. © Deutscher Taschenbuch Verlag, München 2000, S. 9, 25, 27, 43, 56, 96; Umschlagabbildung.

Max von der Grün, Wir sind eine demokratische Familie. © Max von der Grün.

Hanna Hanisch, Wird Weihnachten abgeschafft? Entnommen aus: Vorlesebuch Religion 2. © Verlag Ernst Kaufmann, Lahr.

Ursula Haucke, Alles Glaubenssache. Entnommen aus: Ursula Haucke, „Papa, Charly hat gesagt …“: Neues von Vater und Sohn. © Rowohlt Taschenbuch Verlag GmbH, Reinbek bei Hamburg 1983.

Agnes Hüfner, Weihnachten zu Hause. © Agnes Hüfner.

Hanns Dieter Hüsch, Die Bescherung. Entnommen aus: Hanns Dieter Hüsch, Du kommst auch drin vor. Gedankengänge eines fahrenden Poeten. © Kindler Verlag GmbH, München 1990.

Reinhard Jung, Ansprache des Vorsitzenden … © Mechthild Heider.

Michael Jürgs: Der kleine Frieden im Großen Krieg. Entnommen aus: Michael Jürgs, Der kleine Frieden im Großen Krieg. © Bertelsmann Verlag, München 2003.

Erich Kästner, Weihnachtslied, chemisch gereinigt + Dem Revolutionär Jesus zum Geburtstag + Der Weihnachtsabend eines Kellners. © Atrium Verlag, Zürich.

Erich Kästner, Interview mit dem Weihnachtsmann. © Thomas Kästner.

Ilse Kibgis, Wunschzettel eines Arbeitslosen. © Ilse Kibgis.

Georg Kreisler, Weihnachten bringt alles durcheinander. © Georg Kreisler.

Kurt Marti, Flucht der Heiligen Familie. Entnommen aus: Kurt Marti, Unter der Hintertreppe der Engel. Wortstücke und Notizen, Werke Band 2. Aus: Paraburi, Abratzky oder Die kleine Brockhütte, Zärtlichkeit und Schmerz. © Nagel & Kimche im Carl Hanser Verlag, München – Wien 1996.

Kurt Marti, Vermutung. Entnommen aus: Kurt Marti, Unter der Hintertreppe der Engel. Wortstücke und Notizen, Werke Band 2. Aus: Paraburi, Abratzky oder Die kleine Brockhütte, Zärtlichkeit und Schmerz. © Nagel & Kimche im Carl Hanser Verlag, München – Wien 1996.

Kurt Marti, Die Ware Weihnacht ist nicht die wahre Weihnacht. Entnommen aus: Kurt Marti, Unter der Hintertreppe der Engel. Wortstücke und Notizen, Werke Band 2. Aus: Paraburi, Abratzky oder Die kleine Brockhütte, Zärtlichkeit und Schmerz. © Nagel & Kimche im Carl Hanser Verlag, München – Wien 1996.

Peter Noll, Jesus und der Ungehorsam. Entnommen aus: Peter Noll, Gedanken über Unruhe und Ordnung. © Sibylle Noll.

Reinhold Oberlercher, Das Kapitalunser. © Reinhold Oberlercher.

Adelheid Popp, Wie Vater den Weihnachtsbaum zerschlug. Entnommen aus: Adelheid Popp, Jugend einer Arbeiterin. © Verlag J.H.W. Dietz Nachf., Bonn 1991.

Gustav Radbruch, Die Jahreszeiten. Eine Weihnachtsrede. Entnommen aus: Gustav Radbruch Gesamtausgabe, Band 4, Kulturphilosophische und kulturhistorische Schriften, © C.F. Müller Verlag 2002.

Joachim Ringelnatz, Schenken. Entnommen aus: Joachim Ringelnatz, Und auf einmal steht es neben dir. Aus: Gesammelte Gedichte. Lizenzausgabe. Büchergilde Gutenberg (Diogenes), Frankfurt am Main 1996.

Joachim Ringelnatz, Die Weihnachtsfeier des Seemanns Kuttel Daddeldu. Entnommen aus: Joachim Ringelnatz, Und auf einmal steht es neben dir. Aus: Gesammelte Gedichte. Lizenzausgabe. Büchergilde Gutenberg (Diogenes), Frankfurt am Main 1996.

Peter Schütt, Weihnachtsballade.
© Peter Schütt.

Peter Schütt, Der Tannenbaum im sauren Regen. © Peter Schütt.

Peter Schütt, Die göttliche Wende der Weltgeschichte. © Peter Schütt.

Peter Schütt, Ermittlungsverfahren.
© Peter Schütt.

Dieter Süverkrüp, Stille Nacht (1969).
© Dieter Süverkrüp.

Dieter Süverkrüp, Leise schnieselt der Reaktionär seinen Tee (1969). © Dieter Süverkrüp.

Dieter Süverkrüp, Weihnachtslied (1968).
© Dieter Süverkrüp.

Dieter Süverkrüp, Von allerley Weihnachts-Wundern (1977). © Dieter Süverkrüp.

Kurt Tucholsky, Einkäufe. Entnommen aus: Kurt Tucholsky, Gesammelte Werke. © Rowohlt Verlag GmbH, Reinbek bei Hamburg 1960.

Kurt Tucholsky, Weihnachten (Nikolaus der Gute). Entnommen aus: Kurt Tucholsky, Gesammelte Werke. © Rowohlt Verlag, Reinbek bei Hamburg 1960.

Kurt Tucholsky, Weihnachten (So steh ich hier vor deutschen Trümmern). Entnommen aus: Kurt Tucholsky, Gesammelte Werke. © Rowohlt Verlag, Reinbek bei Hamburg 1960.

Karl Valentin, Wenn ich einmal Herrgott wär. Entnommen aus: Karl Valentin, Gesammelte Werke in einem Band. © Piper Verlag, München 1985.

H. Walleifner, Weihnachten 1944. Entnommen aus: Hans Simon-Pelanda, Kunst und KZ. Die Künstler des KZ Flossenbürg. Ihrer Stimme Gehör geben. © Pahl-Rugenstein, Bonn 2002.

Uwe Wandrey, Kommet Ihr Kunden!
© Uwe Wandrey.

Uwe Wandrey, Vertrauen. © Uwe Wandrey.

Erich Weinert, Post Festum. Entnommen aus: Erich Weinert, Gesammelte Gedichte, Band 1: Gedichte 1919–1925. © Aufbau-Verlag, Berlin und Weimar 1970.

Rudolf Otto Wiemer, Die Moritat vom Stadtstreicher Rackebrand. © Rudolf Otto Wiemer Erben, Hildesheim.